公司治理研究文丛

徐向艺 主编

公司治理：理论与实证研究

GONGSI ZHILI
LILUN YU SHIZHENG YANJIU

徐向艺 著

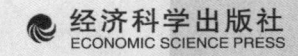

经济科学出版社
ECONOMIC SCIENCE PRESS

图书在版编目（CIP）数据

公司治理：理论与实证研究／徐向艺著. —北京：经济科学出版社，2008.7

（公司治理研究文丛／徐向艺主编）

ISBN 978 – 7 – 5058 – 7314 – 8

Ⅰ. 公… Ⅱ. 徐… Ⅲ. 公司—企业管理—研究 Ⅳ. F276.6

中国版本图书馆 CIP 数据核字（2008）第 095159 号

《公司治理研究文丛》主编

主　编：徐向艺
副主编：陈志军　谢永珍　钟耕深

《公司治理研究文丛》学术委员会委员

李维安　南开大学商学院院长、教授、博士生导师
郑海航　首都经贸大学副校长、教授、博士生导师
徐向艺　山东大学管理学院院长、教授、博士生导师
武常歧　北京大学光华管理学院副院长、教授、博士生导师
何顺文　香港浸会大学工商管理学院院长、教授、博士生导师
李海舰　中国社会科学院《中国工业经济》杂志社社长、教授、博士生导师
李新春　中山大学管理学院院长、教授、博士生导师
高　闯　辽宁大学工商管理学院院长、教授、博士生导师
卢昌崇　东北财经大学工商管理学院院长、教授、博士生导师
刘俊海　中国人民大学法学院教授、博士生导师

总　　序

公司治理是公司价值的源泉，是企业组织基业长青的基石，也是资本市场健康发展的保障。亚洲金融风暴、美国安然事件后，越来越多的人注意到一些公司由于财务信息披露不及时、不充分，使得股东权益受损的现象不断出现，促使投资大众的注意焦点转向公司的治理水平。良好的公司治理能够给公司及股东带来长期收益预期已经成为共识。20多年来，公司治理已经成为各国公司制度改革的一项重要内容，无论是在国内还是国外、理论界还是实务界都给予了公司治理以极大的关注。近年来各国公司治理实务的发展，使得投资者、政府监管部门及上市公司自身都对公司治理产生了浓厚的兴趣。为了满足公司治理实践的需要，我国公司治理理论工作者对公司治理进行了系统而卓有成效的研究，取得了丰富的研究成果。为了展示已经或未来取得的理论成果，我们组织出版了这套《公司治理研究文丛》。

一、公司治理的主要研究成果

国内外关于公司治理的研究成果主要体现在以下几个方面：

一是关于公司治理的基本理论研究。这方面的研究探索，主要围绕公司治理为什么会产生、公司治理是什么、公司治理的目的是什么等问题而展开。国外的学者在公司治理理论研究方面进行了开创性的研究，如科斯（R. H. Coase, 1937）、詹森和麦克林（Jensen and Meckling, 1972）、伯利和米恩斯（Berle and Means, 1968）、约翰·库宾和丹尼斯·里奇（John Cubbin and Dennis Leech，1983）、哈罗德·德姆塞茨和肯尼斯（Harold Demsetz and Kenneth，1985）、奥利弗·哈特（Oliver Hart，1995）、法玛和詹森（Fama and Jensen，1983）等对所有权与控制权进行了系统研究；詹森（Jensen，1976）、麦克林（Meckling，1976）、法玛（Fama，1980）、威廉姆森（Williamson，1996）等对代理成本进行了长期的研究。国内方面，李维安、钱颖一、吴敬琏、张维迎等学者对公司治理的涵义及研究对象进行了系统研究与阐述。尤其李维安对于公司治理的理论研究打破了传统的以监督与控制为目的的窠臼，提出了公司治理的核心是建立一套科学的决策机制，制衡只是为了保证决策的有效执行，并指出公司治理要维护利益相关者的利益，而并非仅仅是维护股东利益的新颖观点。

二是关于公司治理模式的研究。围绕这一主题的研究主要是探索何种治理模式更加有效，全球范围内公司治理模式是趋同还是存异等问题。在全球经济一体化的今天，贸易壁垒被打破，公司的竞争力及其业绩更容易按照国际标准衡量，那些具有良好公司治理的国家和公司更容易在全球范围内获得更多的资源与竞争优势，其治理模式容易被效仿，如英美模式与日德模式等。而如果一个国家的公司治理体制不利于本国公司在全球资本市场以及产品市场获取更多的竞争优势，则应该改变其治理体制。公司治理绝非仅仅是公司精英关注的问题，国家决策者也应该给予公司治理以极大的关注，因为国家间或者公司间的竞争也是治理模式的竞争。由于各种治理模式与其治理环境、治理文化、股权结构的高度相关性以及经济改革的路径依赖而存续，但因全球经济一体化的发展，全球治理模式在一定程度上有趋同的趋势。大卫·沙尔尼（David Charny，1997）、卢西恩·别布丘克和马克·罗伊（Bebchuk，Lucian A and Mark. J. Roe，1999）、罗纳德·吉尔森（Ronald. J. Gilson，2001）、莱因哈特·施密特和斯宾德勒（Schmidt，Reinhard H and Gerald Spindler，2002）等学者在公司治理模式的研究方面提出了创新性的观点。

三是关于公司治理的应用研究。围绕这一主题，学者们对公司治理的操作层面如股权结构的选择、机构投资者与公司治理、董事会的结构与运作、跨国公司的治理以及公司治理原则等相关问题进行了系统的研究。如德姆塞茨（Demsetz，1983）、萨登（Thadden，1998）、帕加诺和瑞尔（Pagano and Rell，1998）、班尼德森和沃芬森（Bennedsen and Wolfenzon，2000）、戈麦斯和诺瓦斯（Gomes and Novaes，2005）等对于股权结构与股权制衡的研究；阿尔钦和德姆塞茨（Armen A. Alchina and Harold Demsetz，1972）、霍斯基森·希尔和金（Robert E. Hoskisson and Charles W. L. Hill and Hicheon Kim，1993）等对公司内部治理的研究；法玛（Fama，1980）、杰里米（Jeremy，1993）、扎杰克和维斯特弗（Edward J. Zajac and James D. Westphal，1996）；里迪克和塞斯（Kwnneth J. Rediker and Anju Seth，1995）等对董事会的内部结构及其运作的研究；杜明（John H. Dumming，1988）、提斯（David J. Teece，1986）以及巴克利和卡森（Peter J. Buckly and Mark Casson，1991）等对跨国公司治理进行了较为系统的研究；约翰·庞德（John Pound，1988）、鲍罗斯（Stephen D. Prowse，1990）、辉（John C. Coffee, Jr.，1991）、卡特（Hagman T. Carter，1992）、波森（Pozen Robert C，1994）以及肖特和卡罗吉斯（Helen Short and Kevin Keasey，1997）等研究了机构投资者在公司治理中的作用等。在国内方面，李维安对跨国公司治理、网络治理以及企业集团治理进行了系统研究，并制定了第一个中国公司治理原则，为公司治理实务的研究提供了指引；席酉民对集团治理进行了卓有成效的研究，其成果对我国企业集团治理的改善发挥了重要作用。

四是关于公司治理的实证研究。这一方面的研究旨在探索公司治理结构以及公司治理机制与公司绩效间的关系，如股权结构与绩效、治理结构与信息披露以及公司绩效的关系等。詹森和麦克森（Jensen and Meckling，1976）对内部股东比例与公司价值关系的研究；拉波塔（La Porta，1999，2000，2002）、克拉森斯（Claessens，2000，2002）、雷蒙和林斯（Lemmon and Lins，2003）等对控制权与现金流权分离对公司价值的影响的研究；德姆塞茨（Demsetz，1983）、康奈尔和塞维斯（McConnell and Servaes，1990）、徐向艺（2004）等对公司治理结构与公司绩效间关系的研究；菲弗（Pfeffer，1972）、詹森和法玛（Jensen and Fama，1983）、詹森（Michael C. Jensen，1990）、特里科（Tricker，1995）、巴加特和布莱克（Bhagat and Black，1999）、尼克斯（Nikos，1999）、戈亚尔和帕克（Goyal and Park，2001）、于东智（2001）、沈艺峰（2002）、基尔和尼克森Geoffrey C. Kiel，Gavin J. Nicholson（2003）、李维安和李建标（2003）、兰道和简森（Trond Randoy and Jan Inge Jenssen，2004）等对董事会特征与公司绩效关系的研究；本森（George J. Benson，1982）、惠廷顿（Geoffrey Whittington，1993）、福克（John J. Forker，1992）等对公司治理与信息披露关系的实证研究等。这些研究成果对我国公司治理优化的宏观政策与微观对策的制定具有重要现实意义。

　　五是公司治理评价的研究。这一领域的研究是基于投资者、政府监管部门以及上市公司对公司治理状况进行评价的客观要求而进行的。20世纪90年代后期至今很多学者以及研究机构将公司治理的研究集中于公司治理的评价。如1998年标准普尔的公司治理服务系统；1999年欧洲戴米诺的公司治理评价系统；2000年里昂证券的公司治理评价系统；此外还有俄罗斯的布朗斯威克（Brunswick Warburg）评价系统；世界银行公司评价系统；泰国公司治理评价系统、韩国公司治理评价系统以及日本公司治理评价系统等。国内南开大学公司治理研究中心李维安等开发的公司治理评价系统是国内在这方面取得的代表性成果。不同的公司治理评价系统，分别基于不同治理环境的需要，设置评价与诊断公司治理状况的指标与方法，为降低投资者的信息不对称、监管部门的有效监管以及上市公司提升公司治理效率等提供了有价值的参考。

二、当前公司治理的热点问题

目前关于上述公司治理五个方面的研究，已经形成了较为完整的体系，并对我国公司治理实践起着重要的指导作用。然而公司治理的研究是无止境的，对于我国上市公司而言，公司治理实践中还存在着诸多问题，如究竟怎样的股权结构是合理的？提升董事会的独立性是否有助于上市公司监督效率的提高，也有助于决策效率的改善？如何衡量上市公司的治理风险并有效规避？为什么上市公司要履行社会责任，我国上市公司社会责任的履行状况如何？中小股东的利益应给予怎样的保护等均为我国公司治理实践中迫切需要解决的问题。

基于目前我国公司治理实践的需要，我们组织出版的这套《公司治理研究文丛》将对公司治理中存在的十大热点问题（不限于）进行系统研究与探索：

1. 信息不对称条件下的委托代理问题的研究。公司委托代理关系是公司治理的核心问题之一，没有委托代理关系，也就没有公司治理问题。公司存在委托代理关系，就必然产生代理成本。对代理成本的研究应全方位展开，要关注代理成本的衡量、代理成本的控制、资本结构对于代理成本的影响、股权制衡对代理成本的影响、董事会特征对于代理成本的影响等。本文丛对于代理成本的研究，则更关注于监事会特征对于代理成本的影响，并发现作为一种监督董事和高层管理人员机构，我国上市公司提高监事会的运作效率、完善监事的激励以及变更监事会主席对于降低代理成本具有显著的作用。因此，我国应关注于监事会这一内部监督机构的完善，短期内不能简单依赖于外部的监督。

2. 对于公司治理中的股东权益尤其是后股权分置改革时代中小股东的权益保护机制的探索。股东利益保护是公司治理的目的之一，对中小股东利益的有效保护更是公司制度公平与效率的前提。对中小股东权益保护制度的建设是衡量一国上市公司治理状况优劣、资本市场完善程度乃至国家竞争优势的标志。关注于中小股东权益保护问题的研究对于提高公司价值、维护资本市场的稳定、有效发挥资本市场资源配置的功能以及提升国家竞争力都具有重要意义。后股权分置时期，随着市场机制的强化和市场运行规则的改变，上市公司原有制衡机制将面临调整，股东之间的主要矛盾将由股权流动性冲突转变为股份优势、资金优势和信息优势冲突，这些变化必然给中小股东权益保护带来新的挑战。如由于全流通后，分类表决制等保护性规则的失效、控股股东由恶意"圈钱"和直接占用等自利行为到利用其控制权便利，从事内幕交易和市场操纵行为，可能会进一步加剧对中小股东利益的侵害、股权激励制度在增强管理层积极性和归属感的同时，也可能出现通过盈余管理、选择性信息披露、内幕交易等手段侵占小股东利益，资本控制权市场的日趋活跃可能出现的虚假或者恶意收购行为对中小股东权益的损害等问题。

3. 母子公司治理、控制与协调问题研究。在企业集团研究中，母子公司治理是理论界和企业界普遍关注、探寻的重要内容。海外母子型企业集团发展史长于中国，但海外学者对其研究时间并不长。国内学者对此研究始于20世纪90年代，总体上看，对母子公司治理与控制理论研究还不深入，实践总结尚不全面。中国企业集团的快速发展迫切需要研究母子公司治理与管理控制理论。对中国母子公司治理模式、治理手段、治理绩效系统研究并探讨对策，从理论上建立起母子公司治理的研究框架，在实践上对母子公司提升治理绩效提供指导建议。

4. 上市公司控制权安排研究。公司控制权是一种依附于公司的独立人格而派生的具有利益内容的经济性权利，公司控制权安排是公司治理制度安排的关键环节。如何合理配置上市公司控制权并有效促使控制权转移是提高公司绩效、保护投资者利益的重要问题。特别是在中国上市公司中,行政干预、内部人控制的现象十分严重,因此控制权安排这一问题就显得更为重要。中国上市公司控制权安排的研究主要集中在以下三个方面,即:控制权初始配置、控制权私有收益和控制权市场转移。中国上市公司控制权安排的变迁是一个由竞争性利益集团推动的周期演变过程,不同利益集团的不同行为方式形成了不同的控制权配置和转移方式。可以说,中国上市公司控制权安排存在的一系列问题,归根到底都是制度问题。对于构建上市公司控制权安排的优化模型而言,恰当的制度体系可以降低复杂系统中绝大多数个体的信息成本和组织的协调成本,抑制机会主义行为。

5. 上市公司关联交易及其治理问题研究。无论在西方国家还是我国,上市公司关联方之间通过资产交易、资金融通、接受或者提供担保以及赊销等方式进行交易引起的利益冲突问题日益严重。如何解决关联交易问题已经成为上市公司、参与投资各方、证券监管机构以及会计规范制定部门不容回避的重要课题。但目前无论是规范关联交易的相关制度还是法律监管均有待完善,如何将关联交易限制在其所涉利益主体之间均衡状态的范围之内成为一个很现实的问题。我们认为,对关联交易的研究应采用规范研究与实证研究的方法,旨在探索如何通过良好的外部法律制度建设以及内部治理结构与治理机制的完善规避由于大股东与上市公司的非公允关联交易而对公司利益相关者造成的利益侵害。

6. 公司治理中的独立董事制度的研究。建立独立董事制度是我国完善法人治理结构、保护中小投资者利益的重大制度创新。各国对于独立董事治理效果的研究由于样本不同、研究方法的不同形成了不同的结论。我们认为,应采用我国上市公司面板数据,从独立董事职能出发,关注于独立董事监督效果的实证研究;采用规范研究方法从独立董事选聘、独立董事激励、独立董事决策与监督、信息保障以及独立董事责任与风险控制等视角探讨独立董事的运作机制。

7. 董事会治理效率与业绩评价机制研究。董事会作为公司治理机制的重要组成部分，对公司的运作负有最终责任，其治理效率直接关系到公司业绩和利益相关者的利益。目前关于董事会的研究大多集中于董事会特征与公司绩效关系的实证研究，本论文集对于董事会部分的研究将深入到决定董事会治理质量因素的研究、董事会治理效率的研究以及董事会治理绩效的评价等方面。

8. 上市公司信息披露及其监管问题由于上市公司的所有权与经营权相分离，公司内部经理人员与其他利益相关者之间存在信息不对称。为了减少信息不对称及其对利益相关性者的损害，各国都要求上市公司向其他利益相关者和观众披露公司信息。但是由于一些公司信息披露不及时、不全面、不真实导致公司治理失效。我们应比较分析不同国家信息披露的监管模式，提出建立健全我国上市公司信息披露有效监管机制的对策。

9. 公司治理风险的预警与监控问题研究。目前国内外大量公司治理风险事件的发生或则使得公司破产倒闭，如美国安然、世通以及帕玛拉特等；或则使得投资者的利益严重受损，如国内的原科龙系、德龙系、三九集团等。因此，在公司治理实践中迫切需要建立公司治理风险预警系统，以便对公司治理的风险进行即时的预警与监控，规避风险事件的发生，确保上市公司的稳定发展以及投资者的利益。目前国外已有部分学者或者机构对公司治理的风险进行了研究，如布朗斯威克（Brunswick）、澳洲个人健康保险管理委员会（PHIAC）等，我国大陆学者对风险的研究多数集中于管理风险如财务风险、营销风险等，而没有针对公司治理建立风险预警指标体系与预警模型。应此，极有必要基于公司治理实践的需要，结合我国上市公司的治理环境，采用规范分析与实证分析的方法，建立公司治理风险预警的理论指标体系，促进上市公司通过治理结构以及治理机制的建设与完善规避治理风险。

10. 上市公司社会责任研究。20世纪80年代末以来，掀起了一场广泛的、涉及公司法基本原理的公司管制的大讨论，其主要焦点围绕着公司股东、董事、监事、职工、债权人以及其他利益相关者的利益关系，涉及如何重新认识股东的法律地位、公司经营决策与执行、公司的社会责任等基本问题。目前公司应履行社会责任已经成为共识。对于社会责任的研究包括社会责任的内容、履行社会责任对公司绩效的影响以及企业社会责任评价等，通过这方面的研究，以期引导上市公司有效履行社会责任。

三、《公司治理研究文丛》的组编出发点

《公司治理研究文丛》是由山东省人文社科研究基地——山东大学公司治理研究中心组编，国家985哲学社会科学研究基金项目支持。山东大学公司治理研究始于20世纪90年代初，在国内较早开展现代公司治理与组织管理研究并获得一批在学术界引人注目的成果。山东大学公司治理研究中心2006年被批准为山东省人文社科强化研究基地。中心现已与美国辛辛那提大学管理学院、加拿大阿尔伯塔大学商学院、荷兰阿姆斯特丹大学、芬兰瓦萨大学等开展国际合作研究。近三年来，山东大学公司治理研究中心成员承担国家自然科学基金、国家社会科学基金项目6项、省部级项目21项，承担国际合作项目4项。中心曾为海信集团、山东高速集团、将军集团等十余家大型股份公司或企业集团进行公司治理方案设计。《公司治理研究文丛》组编的首批著作均是该中心成员的研究成果。当然，该文丛是开放式理论研究平台，我们将遴选国内外学者研究公司治理最新成果，反映公司治理理论研究、政策研究的最新成就。一方面我们适应国际经济一体化的潮流，逐步实现现代公司治理研究范式的规范化、国际化；另一方面直面我国改革开放的丰富实践，推动公司治理理论的广泛应用，促进我国公司治理的优化。这就是我们组编这套文丛的出发点。

徐向艺

2008年6月17日

前　　言

我自1991年给学生开设"公司管理"和"公司治理"课程，至今已有17个年头了。其间我给硕士生开设"企业组织与公司治理"、给博士生开设"公司治理专题研究"，在教学研究的基础上，我出版了6部研究公司制度和公司治理著作。其中一部是我研究企业改革与公司治理论文的结集，收录了我1991～2001年间发表的50多篇论文。自那部书的出版至今已近7年了，这期间我自己和我的博士生、硕士生合作发表了40多篇论文，其中大多是研究公司治理问题。我选择了其中近20篇编纂出版。于是就有了这本书。本书与前一部文集不同，我花费了较大精力对发表的论文重新进行了梳理，有的做了较大的修改，力图使本书的内容有内在的逻辑性。

本书主要分为六篇内容：

第一篇　公司资本结构与公司治理

本篇包括四部分内容。一是资本结构与利益相关者控制权研究。资本结构与控制权之间的相互作用机制，又使得控制权的分配与转移作用于企业的资本结构，促进资本结构的优化。二是财务杠杆、大股东持股与公司价值分析。本部分在实证分析方法上突破现有的研究模式，把公司价值方程与股权结构和债务结构决定方程结合构建了联立方程组，实证结果的可靠性和稳定性得到改进。三是股权结构与公司治理绩效的实证分析。本部分在上述理论的基础上，从股权属性和股权集中度两个方面，用实证方法对我国上市公司股权结构与公司治理绩效的关系进行分析。四是关于债权的治理效应分析。本部分以2002～2004年度沪市上市公司为样本（样本总量为2284组数据），对我国上市公司的债权治理效率进行了实证分析。结果表明我国上市公司负债对其公司绩效有重要影响。本部分对这一结果进行了原因分析，并提出了政策建议。

第二篇　公司的控制权安排

本篇包括四部分内容。一是企业控制权的演进与本质的分析。现代公司控制权在其发展中呈现出不同以往企业制度的不同特性，即控制权来源的多维性、控制权的可分割性和控制权的动态性。二是控制权私有收益计量方法的比较及其改进分析。本部分首先概括了国内外现有关于度量控制权私有收益的不同方法，然后对现存方法进行比较分析及评价，最后在对现有计量方法进行改进的基础上提出适用于我国上市公司控制权私有收益的计量方法并对其应用进行理论上的探讨。三是上市公司控制权私有收益实证研究。本部分的主要目的是通过对中国上市公司控股股东的私有收益规模的测度并对其影响因素进行多变量线性回归分析，以期对制约我国上市公司控股股东对中小股东的侵害行为提出建设性意见。四是后股权分置改革时代的上市公司控制权机制研究。本部分在对股权分置时代中国上市公司控制权机制存在的缺陷进行分析的基础上，探讨了股权分置改革对中国上市公司控制权机制的影响机理，之后论述了后股权分置改革时代优化上市公司控制权机制的几点建议。

第三篇　上市公司关联交易及治理

本章包括两部分内容。一是公司关联交易的经济学分析。关联企业间是否发生关联交易取决于两个因素：其一，关联企业间是否存在控制与从属关系，或者共同受第三方的控制或影响，这是关联交易的决策及贯彻执行得以进行的保证；其二，关联交易的双方或一方将在预期时期内从交易中获得净收益，这是关联交易得以进行的前提。在这两种因素的作用下，即使是明显不公允的关联交易，仍将实际发生（如果不进行相应的监管）。二是我国上市公司关联交易决定因素的实证分析。本部分通过建立数学模型对其进行定量分析，得出以下结论：第一大股东与关联交易呈正相关性并通过显著性检验；高层管理人员持股比例与关联交易呈正相关性，但未通过显著性检验；第一大股东之外的前五位大股东持股比例与关联交易数量未呈现相关性；独立董事比例与上市公司关联交易呈现负相关性。

第四篇　公司治理中的权力与利益关系

本篇包括三部分内容。一是公司权力及权力的配置问题分析。公司治理的制度设计就必须恰当的配置企业中的各种权力关系，其本质就是权力的治理。因此，权力是理解治理结构的一把钥匙。二是高管报酬激励与公司绩效的关系研究。本部分选取深、沪 A 股上市公司 1107 家，分别从报酬形式、总经理来源形式、公司规模、行业竞争环境、地区分布、股权结构、代理成本等方面对高管人员报酬（高管薪酬和高管持股）激励与公司治理绩效之间的相关关系进行分析，最后根据实证分析的结果，提出相关的政策建议。三是股权结构和董事会结构对 CEO 薪酬的影响研究。实证研究表明，我国引进独立董事制度以来，CEO 薪酬水平以及薪酬业绩之间的关联性得到了显著的改善。独立董事对公司治理机制的完善需要同时进行产权改革，以及通过设立次级委员会的方式，加强独立董事对公司治理的影响程度。

第五篇 公司有限责任与股份价值评估权制度

本篇包括四部分内容。一是现代企业母子公司体制的法律透视。本部分提出了公司法人人格否认法理的应用、实施举证责任倒置原则、公司董事应履行"诚信义务"及子公司自我保护的对策建议。二是母子公司制条件下母公司恶意经营行为及其治理。本部分结合我国实践，分析母公司恶意经营行为的方式及成因，并提出对母公司恶意经营行为的控制途径。三是异议股东股份价值评估权的适用性分析。该部分研究为股份公司适用异议股东股份价值评估权制度提供了理论基础。四是公司治理中的中小股东权益保护机制研究。公司治理制度安排是围绕着对股东利益的保护而展开的。因此，如何确保股东的利益，特别是作为弱势群体的中小股东的利益，是公司治理所要解决的核心问题。

第六篇 公司管理层收购与价值评估

本篇研究了两方面的内容。一是竞争条件下管理层收购的投资价值及最优投资时机选择。本部分利用期权博弈方法，结合传统的战略分析研究管理层收购中目标企业的投资价值和最优投资决策。二是分析了基于实物期权方法的管理层收购中的企业价值评估方法。本部分采用实物期权方法从交易双方的角度研究管理层收购中的企业价值评估模型，首先介绍企业自身价值评估的实物期权方法，随后对企业的投资价值进行分析计算，最后形成企业价值评估的整体框架。

本书的内容是我近几年研究公司治理问题的主要成果。需要说明的是，其中许多成果是我和我的博士生、硕士生共同开展研究的，有的文章发表时也属上了他们的名字，他们是：卞江、陈振华、高军、马磊、杨秀华、张立达、张晓峰、王俊韡、孙召永等。这些青年学者勤于读书、敏于思考、思想活跃，在和他们合作研究过程中，我也学到了许多东西。出版该书时征得他们的同意，将共同研究发表文章的内容收进该书。在此，向他们表示谢意。

徐向艺

2008年6月17日

目 录

第一篇 资本结构与公司治理

第1章 资本结构与利益相关者控制权研究 …………………… 3
   1.1 引言 ……………………………………………………… 3
   1.2 资本结构与利益相关者控制权安排 …………………… 5
   1.3 资本结构与企业控制权的作用机制 …………………… 7
   1.4 小结 ……………………………………………………… 10

第2章 财务杠杆、大股东持股与公司价值 …………………… 12
   2.1 引言 ……………………………………………………… 12
   2.2 模型设计与变量描述 …………………………………… 13
   2.3 实证结果及分析 ………………………………………… 16
   2.4 研究结论与政策建议 …………………………………… 21

第3章 股权结构与公司治理绩效实证分析 …………………… 24
   3.1 研究样本与数据 ………………………………………… 24
   3.2 股权属性与公司治理绩效分析 ………………………… 26
   3.3 股权集中度与公司治理绩效分析 ……………………… 29
   3.4 主要结论与政策建议 …………………………………… 34

第 4 章 上市公司债权对公司绩效影响的实证研究 ………………… 36
4.1 引言 ……………………………………………………………… 36
4.2 债权与公司绩效关系的理论分析 ……………………………… 37
4.3 研究假设与样本选取 …………………………………………… 39
4.4 研究模型与实证分析 …………………………………………… 41
4.5 结论、原因分析及政策建议 …………………………………… 43

第二篇 上市公司控制权安排

第 5 章 企业控制权的演进与本质的分析 ………………………… 49
5.1 引言 ……………………………………………………………… 49
5.2 不同企业制度下的企业控制权模式 …………………………… 50
5.3 现代公司控制权性质的分析 …………………………………… 54

第 6 章 控制权私有收益计量方法的比较及其改进 ……………… 57
6.1 上市公司控制权私有收益计量方法 …………………………… 57
6.2 上市公司控制权私有收益计量方法的比较及评价 …………… 60
6.3 我国上市公司控制权收益计量方法的改进及其应用 ………… 63

第 7 章 上市公司控制权私有收益实证研究 ……………………… 66
7.1 引言 ……………………………………………………………… 66
7.2 模型设计 ………………………………………………………… 67
7.3 样本选取及测度结果 …………………………………………… 69
7.4 私有收益影响因素分析 ………………………………………… 70
7.5 结论与政策建议 ………………………………………………… 74

第 8 章 后股权分置时代的上市公司控制权机制 ………………… 77
8.1 引言 ……………………………………………………………… 77
8.2 股权分置时代上市公司控制权机制分析 ……………………… 78
8.3 股权分置改革对上市公司控制权的影响 ……………………… 81

8.4 后股权分置时代优化控制权机制的几点思考 …………………… 84

第三篇 上市公司关联交易及治理

第9章 公司关联交易的经济学分析 ……………………………… 91
  9.1 引言 …………………………………………………………… 91
  9.2 关联交易的经济学分析 ……………………………………… 92
  9.3 结论 …………………………………………………………… 98

第10章 我国上市公司关联交易决定因素的实证分析 …………… 100
  10.1 上市公司关联交易决定因素的理论分析及研究假设 …… 100
  10.2 数据选择及模型建立 ……………………………………… 103
  10.3 结果分析与政策建议 ……………………………………… 105

第11章 公司关联交易治理制度及其构建 ………………………… 108
  11.1 关联交易的成因及政府规制模型 ………………………… 108
  11.2 控股股东的诚信义务及担保责任 ………………………… 110
  11.3 关联交易的信息披露及财务报表重编制度 ……………… 111
  11.4 投资者的法律救济制度及其构建 ………………………… 115

第四篇 公司治理中的权力与利益关系

第12章 权力、资本裂变与治理结构 ……………………………… 121
  12.1 引言 ………………………………………………………… 121
  12.2 权力的定义 ………………………………………………… 122
  12.3 资本裂变与企业权力来源的演变 ………………………… 126
  12.4 权力是理解治理结构的一把钥匙 ………………………… 129

第13章 高管人员报酬激励与公司治理绩效研究 ………………… 132
  13.1 引言 ………………………………………………………… 132

13.2 研究样本与假设 …………………………………………………… 134
13.3 实证分析结果 ……………………………………………………… 135
13.4 主要结论与政策建议 ……………………………………………… 140

第 14 章 股权结构和董事会结构对 CEO 薪酬影响的实证研究 …… 143
14.1 问题的提出 ………………………………………………………… 143
14.2 研究背景和研究假设 ……………………………………………… 144
14.3 样本选取、变量说明及研究设计 ………………………………… 147
14.4 研究结果分析 ……………………………………………………… 149
14.5 结论和政策建议 …………………………………………………… 153

第五篇　公司有限责任与股份价值评估权制度

第 15 章 现代企业母子公司体制的法律透视 …………………………… 159
15.1 问题的提出 ………………………………………………………… 159
15.2 母子公司体制中有限责任制度在实践中的缺陷 ………………… 160
15.3 公司法人人格否认法理及其在实践中的应用 …………………… 162
15.4 公司董事的"诚信义务"及子公司的自我保护 ………………… 164

第 16 章 母子公司制条件下母公司恶意经营行为及其治理 ………… 168
16.1 母公司恶意经营行为方式的分析 ………………………………… 168
16.2 母公司恶意经营行为的负面影响分析 …………………………… 175
16.3 公司法人人格否认理论及应用 …………………………………… 178

第 17 章 异议股东股份价值评估权的适用性分析 …………………… 180
17.1 异议股东股份价值评估权的由来 ………………………………… 180
17.2 行为金融与数理金融之争：
　　 两种立法体例的金融经济学基础 ………………………………… 183
17.3 小结 ………………………………………………………………… 185

第 18 章 公司治理中的中小股东权益保护机制 ……………………… 187
18.1 公司治理结构中小股东权力配置之缺陷 ………………………… 187

18.2　主要的中小股东法律救济手段及其法经济学分析…………… 193
18.3　异议股东股份价值评估权：
　　　我国中小股东权益保护机制创新………………………………… 195
18.4　结论………………………………………………………………… 198

第六篇　公司管理层收购与价值评估

第19章　管理层收购的投资价值及最优投资时机选择…………… 203
19.1　引言………………………………………………………………… 203
19.2　实物期权框架下管理层收购中目标企业
　　　投资价值评估模型………………………………………………… 204
19.3　实物期权价值的影响因素………………………………………… 206
19.4　管理层收购最优投资时机的期权博弈分析……………………… 209
19.5　竞争条件下管理层收购中目标企业投资价值及
　　　决策步骤…………………………………………………………… 215
19.6　结束语……………………………………………………………… 216

第20章　基于实物期权方法的管理层收购中企业价值评估……… 218
20.1　企业的价值区间及其确定………………………………………… 218
20.2　管理层收购中企业自身价值的确定……………………………… 220
20.3　管理层收购中企业投资价值的确定……………………………… 222
20.4　管理层收购中目标企业价值评估的整体框架…………………… 226

第一篇
资本结构与公司治理

第 1 章

资本结构与利益相关者控制权研究[*]

资本结构不仅仅是一种融资方式与融资比例的关系,更重要的是一种企业控制权的安排,资本结构规定着股东、债权人和经营者等利益相关者(在企业中投入了专用性资产的人或团体)的控制权安排。同时,资本结构与控制权之间的相互作用机制,又使得控制权的分配与转移作用于企业的资本结构,促进资本结构的优化。

1.1 引 言

资本结构指的是企业融通资金不同方式的构成及其融资数量之间的关系,通常指股权与债权的构成及比例。而詹森和麦克林(Jensen & Meckling,1976)发现资本结构不仅仅是降低财务成本问题,背后还隐藏着控制权的拥有和执行问题,经营收益的分配不仅仅是按资本出资比例执行,还要看谁掌握控制权,谁拥有决定如何分配的权利,谁拥有修改分配契约的权利,谁拥有企业契约之外的剩余权利问题,如何实现最优的控制权配置问题,这些问题比简单的资本收益分配问题更重要,因为这些因素很大程度上影响可分配收益的多少,是否能够达到资本收益的最大化。

---

[*] 本章内容发表在《开发研究》2008 年第 1 期。

威廉姆森（Williamson，1985）也认为，在市场经济条件下的企业中，资本结构的债权和股权不应仅仅被看作是可替代的融资工具，而且还应该被看作是可替代的治理结构。张维迎（1999）也认为企业资本结构是公司治理最重要的一个方面，公司控制权的分配在很大程度上取决于资本结构。

企业本质上是由各利益相关者所缔结的"一组契约"的联合体。在这个联合体中，依据契约，每个利益相关者都会向企业投入自己的专用性资产，这构成了产生"企业剩余"的物质基础。各个利益相关者正是利用自己投入的专用性资产而获得了企业的控制权，通过控制权参与企业剩余索取权的分配来实现自己的产权收益。那么何谓"利益相关者"？在利益相关者理论中，是指在公司行为的程序或权利义务方面具有合法利益的个人或群体。笔者认为只有在企业中下了"赌注"的人或团体才是企业的利益相关者，这一定义用主流经济学中"资产专用性"概念来解释，就是"凡是在企业中投入了专用性资产的人或团体才是企业的利益相关者"。[①] 何谓控制权？笔者认为合约内外企业的重大决策权和决策制定以及执行的监督权（这比格罗斯曼和哈特的剩余控制权定义的范围更加广泛）都是控制权，既包括合约中规定的重大决策和监督权，还包括合约之外权责之内的重大决策和监督权，[②] 它比剩余控制权的范围更广。[③]

[①] 杨瑞龙和周业安（2000）综合许多定义，将它们归为三类：第一类是最广泛的理解，即凡是能够影响企业生产经营活动或被企业生产活动所影响的人或团体都是企业的利益相关者，包括股东、债权人、雇员、供应者、消费者、政府部门、相关的社会组织和社会团体、周边的社会成员等；第二类是稍窄的定义，即凡是与企业有直接关系的人或团体才是企业的利益相关者，该定义排除了政府、社会组织及社会团体、社会成员等与企业没有直接关系的利益相关者；第三类是最窄的定义，即只有在企业中下了"赌注"的人或团体才是企业的利益相关者。本书同意第三种定义。

[②] 在企业理论中"控制权"一词主要有两个来源：一是来自伯利和米恩斯的著作《现代公司与私有财产》（Berle & Means，1932），他们把控制权定义为选举董事会或多数董事的权利；二是出自产权理论的"不完全合约理论"（Grossman & Hart，1986）中的剩余控制权。严格地说，控制权与剩余控制权的区别主要在于范围的不同。控制权包括合同中列明和没有列明的权利，剩余控制权只包括没有列明的权利。本书指前者。

[③] 哈特和莫尔（Hart & Moore，1990）提出了剩余控制权的概念，是指"决定资产最终契约所限定的特殊用途以外如何被使用的权利"。格罗斯曼等人提出剩余控制权指的是在契约中没有特别规定的活动的决策权，并强调剩余索取权在企业产权分配过程中对剩余控制权的相对依赖性。必须承认，哈特和格罗斯曼等人对剩余控制权的理解是深刻的，而且有启发性。但是在实践中，他们关于剩余控制权的界定却过于理想化，和企业的实际状况无法对应，由此导致人们真正运用他们的剩余控制权概念分析企业治理结构时，经常遇到难以克服的困难（杨瑞龙和周业安，2001）。这突出表现在：按照他们的理论逻辑，企业合约中已明确规定的活动决策权是被排斥在剩余控制权范畴之外的，因此这些决策权并不重要。但如聘请经理的权利、合并和清算、重大投资权等企业许多生产经营的战略性重大决策在有关的法律条款和公司章程中都作过清晰的界定，这些控制权的行使将会对企业的发展产生深远而重大的影响，无论如何也不能被认为是无关紧要的。由此看出，控制权与剩余控制权不是一个概念，控制权的范围应该更为广泛。

鉴于包括投资者在内的利益相关者不同程度承担公司经营风险并参与公司的利益分配，因此，公司控制权绝非公司股东或经营管理者所独有，在很多时候，公司其他利益相关者也分享公司的控制权。即向公司投入了专用性资产的各利益相关者为了维护自己的合法权益，就需要参与公司控制权的分配，各利益相关者参与控制权分配是通过建立和完善公司治理结构来实现的。资本结构中的股权与债权不仅仅是不同的融资方式和工具，而且还应该被看成是不同的治理结构。资本结构中的股权和债权比例体现了不同的控制权分配，用来限制经营者以投资者的利益为代价，追求他们自己的目标。因此，资本结构是控制权安排的基础，控制权安排是公司治理的关键。

1.2 资本结构与利益相关者控制权安排

契约理论从资本结构视角将企业定义为"企业是要素投入者之间签订的一组契约的联合体"，也就是说企业的资本结构是利益相关者之间不断谈判交易的结果。所以，企业最终的资本结构是各利益相关者讨价还价的结果，不同的资本结构决定了利益相关者控制权的安排。

1.2.1 资本结构与股东控制权

现代股份公司由于两权分离，股东并不直接参与公司管理，而是委托经营者进行管理。股东的目标是追求货币报酬，而经营者的目标不仅包括货币报酬，还包括非货币报酬（如在职消费、个人声誉等）。因此，经营者的目标与股东的利益不一致。如果股东与经营者之间的合同是完全的，则可以化解双方利益目标的不一致。但现实的合同总是不完全的，这主要是人们不可能将所有条件下的所有责任、权利均在合同中规定出来。所以股东希望选择一种资本结构来优化控制权，使得经营者的行为尽可能符合股东的利益。

股东对企业的控制主要通过两种方式来实现：第一，内部控制，是指股东以其拥有的公司投票权和责任权，选举产生公司董事会，由董事会选择经营者，并将企业的日常经营决策委托给经营者来实现。内部控制的有效实现依赖于三个因素：（1）股权集中度。如果股权比较集中且投资一方是大额股份持有者，那么他就有足够的投票权对经营者施加压力。在企业正常经营状态下，股权适当集中有利于大股东决策，还可以解决中小股东的"搭便车"问题。(2) 股东的性质。主要有国家、机构投资者、银行、个人等，不同性质的股东追求的利益目标不一样。机构投资者不像一般投资者那样成为"搭便车"的主体，有可能成为公司控制的主体。(3) 股东投票权限的大小，是采用累计投票制还是采用多数投票制？在存在有效的内部控制时，如果经营者未尽股东的法定义务，或者存在其他损害企业价值的行为时，股东可以通过董事会更换经营者，实现"用手投票"的内部控制方式来控制和干预企业。第二，外部控制。如果股权资本的结构较分散，资本市场相对发达，股东便可以通过股票市场上的股票买卖、企业的兼并等外部控制机制进行间接控制。即当企业发展看好时，并对经营者做出的决策持认同态度时，股东增加股票持有份额；反之，则卖出股票份额，给经营者施加压力，间接实现对企业经营者行为和重大决策的控制和干预。外部控制的有效发挥有两个前提条件：(1) 资本市场相对发达。(2) 股权相对分散且流动性强。

1.2.2 资本结构与债权人控制权

资本结构对债权人控制权的影响在不同的财务状态是不同的。第一种情况是财务平稳时，由于股东主要获取货币报酬而经营者不仅希望获得货币报酬，还希望获得非货币报酬，这使得股东和经营者存在利益冲突，缓和这种冲突的方式是改变融资方式，即通过债权融资。债权融资对债务人的影响更多地体现在间接方面，也就是激励经营者努力工作，以使企业能按时付息并到期还本。主要体现在以下方面：(1) 在经营者对企业的绝对投资不变的情况下，增加投资中的债权融资比例将增加经营者的压力，激励经营者努力工作；(2) 由于负债的利息采用固定支付方式，负债的利用减少了企业的自由现金流量，从而减少了经营者从事低效投资选择的空间和限制其在职消费；(3) 债务可以作为一种担保机制促使经营者努力工作。第二种情况是企业出现财务危机时，企业控制权将有可能转移给债权人。在企业发生财务危机时，对其处理有两种选择：(1) 清算，即依法对企业的资产、负债进行清理变卖，所得的收益按债权的优先顺序进行清偿；(2) 重组，即企业利益相关者协商讨论并确定是否对企业的债务和资产重新进行调整和处理。一般而言，债权人愿意选择清算，而股东则更倾向选择重组的方式。这主要是因为债权人在清算时有优先索取权，清算后，企业资产一般没有多余的分配给股东。当然，选择哪种方式主要取决于债权集中度。如果债权比较集中，由于大的债权人在清算时的损失也大，所以单个债权人持有的债权比重较大，达成重组协议的可能性就大。同时在债权集中时，股东、债权人和经营者达成重组的协议成本也较低；相反，如果债权比较分散，单个债权人持有的债权比重相对较小，重组协议达成的成本较高，则清算的可能性较大。

1.2.3 资本结构与经营者控制权

所有权和经营权的分离使得经营者实际掌握了企业的决策权。在经营者拥有投票权及存在兼并市场的情况下，公司的经营者可以调整自己所持有股权比例在一定程度上去应付、操纵可能施行的收购、兼并计划。假如在某一个特定的时期，现任经营者预料本公司将会成为收购对象，他就可以用债权融资所筹集的资金从其他股东手中购回股权，提高其持股比重，扩大自己的投票权，以增大掌握控制权和减少被收购、兼并的概率，从而使其收益增加。但是，现任经营者在用扩大债务比例的方式提高自己应付被收购企图的能力时，如果其持有股份增加过多，企业的市场价值及经理股份的相应价值就会减少。因为更有能力的潜在竞争者，由于受到破产风险的限制，其成功的可能性会减少。所以，最优的资本结构是掌握控制权带来经营者个人收益同股权价值损失相权衡的结果，经营者的努力程度可以通过选择最优资本结构来加以调节。

1.3 资本结构与企业控制权的作用机制

一个企业的资本结构安排实际上就是企业控制权的安排，资本结构中最典型的比率关系权益负债率的选择，就是决定控制权在何时由股东转移给债权人。控制权是一种状态依存权，[①] 当企业能正常支付债务的情况

---

① 企业控制权的一个重要特点是控制权处于"依存状态"（state-contingent）。令 X 为企业的总收入，A 为应当支付给员工的合同工资，B 为对债权人的合同支付（本金加利息），C 为股东所要求的一个满意利润。那么，"状态依存"说的是：（1）当 X > A + B 时，控制权掌握在股东手中；（2）当 X > A + B + C 时，控制权实际上掌握在经理手中；（3）当 A < X < A + B 时，控制权掌握在债权人手中；（4）当 X < A 时，控制权实际上掌握在员工手中（张维迎，1996）。股东只不过是正常状态下企业的所有者，这种正常状态占企业存续时间的 90% 以上，股权的概念也是在企业的正常状态下的所有权。

下，股东是企业的所有者，企业控制权在股东手中；当企业不能支付债务时，债权人就成为企业的所有者，控制权转移到债权人手中。资本结构的选择规定着控制权的分配，控制权配置完成后，随着企业经营管理的延续，由于存在接管、兼并与代理权争夺等企业控制权竞争与转移的形式，这些机制可以改变企业资本结构构成，调整企业控制权的配置。同时，初始建立的资本结构也影响着未来的控制权竞争与转移。所以，企业资本结构和控制权存在着密切联系，互为因果。一方面，企业资本结构反映了投资者的权益，决定了企业控制权；另一方面，谁掌握公司控制权谁决定资本结构。

1.3.1 资本结构对企业控制权的影响

在市场经济条件下，资本结构的确定对企业有着特殊的治理功能，规定着企业控制权的分配，对企业的控制权争夺具有多方面的作用。

首先，企业资本结构的安排实际上就是企业控制权的安排。阿洪与博尔顿（Aghion and Bolton，1992）就资本结构规定企业控制权分配的问题建立了一个模型。他们认为，在资本结构决定控制权安排方面会出现三种情况：(1) 如果融资方式是发行普通股（有投票权的股票），则投资者拥有剩余控制权；(2) 如果融资方式是发行优先股（无投票权的股票），则企业家拥有剩余控制权；(3) 如果融资方式是发行债券（借款），又会出现两种情况：当企业家能够按期偿还债务时，则企业家拥有控制权，否则剩余控制权就由企业家手中转到债权人手中，即企业破产。以上三种结论都是比较极端的，在正常情况下，一家企业的融资方式应该多样化，由此才能形成剩余控制权在企业家和投资者之间的合理分配，权益负债率表明了控制权在何时由股东转移给债权人。这就克服了控制权在投资者与经营者之间非此即彼分配的简单、机械、低效的弊端，既能防备投资者随意插手和滥用权力，又能防备经营者攫取投资者的投资收益的机会主义行为。

其次，资本结构的选择直接影响着该企业控制权的争夺，主要体现在以下几个方面：(1) 资本结构对企业控制权转移的影响。在一定的债权——股权比例构成的企业里，正常状态下股东或经理是企业控制权的拥有者；面临清算、破产时，企业控制权就转移到债权人手中；在企业完全靠内源融资维持生存时，企业控制权就可能被员工所掌握（这在现实生活中不是普遍现象）。这种控制权转移的有序进行，依赖于股权与债权之间一定的比例构成。（2）资本结构选择对委托投票权竞争的影响。一般而言，在企业的绝对投资量保持不变的情况下，增大投资中债务融资的比例将增大经理的股权比例。这样，在职经理掌握企业控制权的概率相应增大，在代理权之争过程中的主动性必然加强，从而降低了更有能力的潜在竞争者获取代理权成功的可能性。但是，如果在职经理的股份增加过多，更有能力的潜在竞争者成功的可能性将减少，从而企业的价值及相应的经理的股份价值就会减少。这样，就存在着一个最优负债水平的选择问题。（3）资本结构对企业收购与反收购的影响。股权和债务水平的比例关系，是影响公司控制权市场上的收购行为的一个极其重要的因素，一个企业的资本结构往往决定着该企业的收购与反收购的能力。主要体现在：某个企业的负债——股权比与其被收购的可能性负相关，这就是所谓的"债务杠杆效应"，通过改变企业现有的资本结构，实施多种消极的反收购策略。另外，在短时间内，大幅度提升企业的债务水平，从而增大企业的资产总额，为实施收购行为扩充实力，增强收购能力。（4）资本结构对企业清算、破产的影响。破产对经营管理者约束的有效性取决于企业的资本结构，尤其是负债——股权比。

1.3.2 控制权对资本结构选择的影响

控制权配置完后，随着企业的经营管理的延续，由于存在接管、兼并与代理权争夺等企业控制权竞争与转移的形式，这些机制可以改变企业资本结构构成，调整企业控制权的配置。

根据控制权理论选择融资工具及其相互搭配，从而决定资本结构。企业可利用的融资工具通常有债权和股权，但这两种融资工具对企业的控制权不一样。债权属于保持距离型融资，债权人并不直接干预企业经营战略决策，只要他们得到了合同规定的给付（如还本付息等），企业可以其资产或可证实的一部分现金流量为其债务作担保，其主要特点是不对企业的控制权构成威胁，仅以其后清算权确保企业履行其事前承诺。因此，债权人控制权是"状态依存"的，即只有在企业无力履行支付义务的不佳状态时期才会行使控制权，具有相机性。而股权属于控制导向型融资，股东可以通过自己监控企业投资决策来减少某些代理问题，其控制一般持续存在于企业正常经营的目标和发展规划中。但是，股权控制往往比较宽松，因为股东的收入可随企业盈利增长而提高，因此容易倾向于同意企业经理人员的投资决策和企业的扩张经营，而债权人只能获得固定收入而无法分享企业盈利增长，因此债权控制倾向于企业的保守经营和低风险决策，甚至于会放弃某个项目或者整个企业。负债的不同也会造成不同的经营与风险决策，如银行贷款在破产时可以选择重组，而债券却由于成本太大的缘故而可能放弃进行重组。股东与企业经理人员可根据债权和股权这两种融资工具的特性，以及不同股权与债权的特点进行融资决策，从而形成特定的资本结构。在股东与经理人控制公司的情况下，他们可以从企业的控制中获得各自的控制私人利益，在面对接管和兼并威胁的情况下，他们可以利用手中的控制权调整资本结构，提高收购与反收购的能力。

1.4 小　　结

资本结构是公司存在的基础，是公司治理发挥作用的基石。资本结构本身反映了控制权的不同配置方式，控制权反过来也对资本结构的调整和优化起到一定的促进作用。资本结构通过对企业控制权的配置及自身的激励机制和约束机制约束管理者的代理行为，控制权尤其是剩余控制权的获取对于管理者具有更重要的激励和约束作用。因此，资本结构通过最基本的控制权治理机制，来降低公司治理中的代理成本，提高公司治理效率。

参考文献

1. 张维迎：《公司融资结构的契约理论：一个综述》，载《改革》，1995年第4期。
2. 杨瑞龙、周业安等：《企业共同治理的经济学分析》，经济科学出版社2001年版。
3. 林浚清、黄祖辉：《公司相机治理中的控制权转移与演进》，载《财经论丛》，2003年第1期。
4. 严武：《公司股权结构与治理机制》，经济管理出版社2004年版。
5. 徐向艺、王俊韡：《股权结构与公司治理绩效研究》，载《中国工业经济》，2005年第6期。
6. 燕志雄、费方域：《企业融资中的控制权安排与企业家的激励》，载《经济研究》，2007年第2期。
7. 徐向艺、王俊韡、巩震：《高管人员报酬激励与公司治理绩效研究》，载《中国工业经济》，2007年第2期。

8. 吕长江、赵骄:《管理者留任影响控制权变更吗?》,载《管理世界》,2007年第5期。

9. Modigliani, Franco and Merton Miller. The Cost of Capital, Capital Finance, and the Theory of Investment. American Economic Review, 1958 (48): 261-297.

10. Jensen, M. C. and W. Meckling. Theory of the Firm: Managerial Behavior, Agency Costs and Capital Structure. Journal of Financial Economics, 1976 (3): 305-360.

11. Hart, O. and Moore, J. Property Rights and the Nature of the Firm. Journal of Political Economy, 1980 (98): 1119-1158.

12. Williamson, O. The Economic of Institutions of Capitalism. New York: Free Press, 1985.

13. Jensen, Michael C. Agency Costs of Free Cash Flow, Corporate Finance and Takeovers. American Economic Review, 1986, (76): 323-329.

14. Grossman, Sanford, and Oliver Hart. The Costs and Benefits of Ownership: A Theory of Vertical and Lateral Integration. Journal of Political Economy, 1986 (94): 691-719.

第2章

财务杠杆、大股东持股与公司价值[*]

上市公司股权结构、债务结构和公司价值之间存在着相互作用，为了探寻对中国上市公司大股东治理的有效机制，优化上市公司资本结构，解决资本结构与治理绩效的内生性问题，本章在实证分析方法上突破现有的研究模式，把公司价值方程与股权结构和债务结构决定方程结合构建了联立方程组，对联立方程组 2SLS 的检验结果显示，实证结果的可靠性和稳定性得到改进。

2.1 引　　言

自从莫迪利安尼和米勒（Modigliani and Miller）于 1958 年提出了著名的 MM 理论，西方金融经济学家相继从不同角度提出了一系列基于资本市场现实环境的资本结构模型，如权衡理论、信息不对称理论、优序融资理论等。而詹森和麦克林（Jensen and Meckling，1976）则认为，应该从更广泛的公司治理视角去研究资本结构问题。他们发现，增加债务融资的比例，将可以增加经理拥有的股权比例，进而影响公司的治理绩效——这同时也使得公司治理研究被拓展到了包括股权结构和债务结构的更广泛基础上，公司治理不但关注股东（包括中小股东）利益的保护，而且注重

---

[*] 本章的内容发表在《山东社会科学》2008 年第 3 期。

债权人等其他利益相关者的治理作用。[①]

本章以上市公司负债融资的治理效应为主线,从中国上市公司一股独大和普遍存在的股权融资偏好出发,通过反映股权结构、债务结构和公司价值三者之间互动模型的检验,探寻对中国上市公司大股东治理的有效机制,以达到提高上市公司绩效,优化上市公司资本结构的目的。

2.2 模型设计与变量描述

2.2.1 数据来源

本章以上海和深圳证券交易所1157家A股上市公司的2005年横截面数据作为研究样本,样本公司数占非金融业上市公司总数的84.5%,研究数据来自深圳国泰安公司的CSMAR中国上市公司数据库。样本选取的原则如下:(1)不考虑金融类上市公司;(2)剔除ST和PT类上市公司;(3)剔除无法获得相关数据及财务数据存在异常的公司;(4)剔除上市年限一年以内的公司。

2.2.2 模型设计

本章采用以下包含三个方程的方程组来考查股权结构、债务结构和公司价值的互动关系。

$$TQ = \alpha_1 + \beta_{11}Top1 + \beta_{12}Lev + \beta_{13}Lev\_sq + \gamma_{11}Topdum + \gamma_{12}HHI2\_10 \\ + \gamma_{13}Assets + \gamma_{14}Growth + \gamma_{15}Risk + \gamma_{16}Age \qquad (1)$$

$$Top1 = \alpha_2 + \beta_{21}TQ + \beta_{22}Lev + \gamma_{21}State + \gamma_{22}State\_sq + \gamma_{23}Assets \\ + \gamma_{24}Age + \sum \gamma_{25}^{i}Ind\_i \qquad (2)$$

$$Lev = \alpha_3 + \beta_{31}TQ + \beta_{32}Top1 + \gamma_{31}Assets + \gamma_{32}Growth + \gamma_{33}ROA \\ + \gamma_{34}Deprt + \gamma_{35}Curnt + \gamma_{36}Tang + \sum \gamma_{37}^{i}Ind\_i \qquad (3)$$

---

① 詹森和史密斯(Jensen and Smith, 1985)、詹森和沃纳(Jensen and Warner, 1988)认为,所有权与治理结构、资本结构以及管理权的激励与约束,通过与企业组织内的其他力量的互动,对企业行为有着显著影响。

其中，公司价值方程（1）中的公司价值变量 TQ 是托宾 Q 值（Tobin's Q），取自公司资产的市场价值与其重置价值之比，这种计算方式把公司看作一个包括负债在内的整体而不仅仅是权益资本；由于在中国很难估算资产的重置价值，公司资产的重置价值以其账面价值代替，这也是多数学者计算托宾 Q 值时使用的方法。方程（1）中的内生性变量包括第一大股东持股比例 Top1 和总负债率 Lev 及其平方项 Lev_sq。大股东性质哑变量 Topdum 和第二至第十大股东集中度 HHI2_10 分别作为控制变量反映国有第一大股东性质和其他大股东在股权结构中的制衡作用；其他影响公司价值的控制变量还有资产规模 Assets、收入增长率 Growth、企业风险 Risk 和上市年限 Age。

股权结构方程（2）中的被解释变量是第一大股东持股比例 Top1，内生性变量是公司价值 TQ 和总负债率 Lev。根据中国上市公司第一大股东形成的特殊背景，方程（2）中加入了国有股比重 State 及其平方项 State_sq 来控制股权结构变量 Top1，其他影响股权结构的控制变量还有资产规模 Assets、上市年限 Age。

债务结构方程（3）中的被解释变量是总负债率 Lev，内生性变量是公司价值 TQ 和第一大股东持股比例 Top1。根据已有的理论和实证研究结论，公司债务水平受资产规模、成长性、盈利能力、折旧额、资产流动性和有形资产等因素的影响，为此引入资产规模 Assets、收入增长率 Growth、总资产报酬率 ROA、非债务税盾 Deprt、流动比率 Curnt 以及资产结构 Tang 等变量以控制其他变量对公司债务水平的影响。

另外，相关研究显示，第一大股持股比例和公司债务水平还受到来自行业因素的影响，为此我们引入了影响资本结构的行业哑变量（Ind_1 至 Ind_5）来控制方程（2）和方程（3）中的被解释变量 Top1 和 Lev。

方程（1）至（3）中各变量的具体定义见表 2-1。

表 2-1　　　　　　　　变量的设计与定义表

变量名称	变量定义	变量符号
托宾 Q 值	（流通股每股股价×总股本＋总负债）÷账面资产净值	TQ
第一大股东持股	第一大股东持股数占总股本的比例	Top1
总负债率	总负债除以总资产	Lev
总负债率平方	总负债除以总资产后的平方	Lev_sq
大股东性质哑变量	第一大股东为国有股东取 1，否则取 0	Topdum

续表

变量名称	变量定义	变量符号
第二至第十大股东持股集中度	第二至第十大股东持股比例的平方和	HHI2_10
国有股比重	国有股权占总股本的比例	State
国有股比重平方	国有股权占总股本比例的平方	State_sq
资产规模	年均资产净值的自然对数	Assets
收入增长率	(本年主营业务收入－上年主营业务收入)除以上年主营业务收入	Growth
企业风险	公司贝塔系数值	Risk
上市年限	公司上市年限（截至2005年底）	Age
总资产报酬率	利润总额÷年均总资产	ROA
非债务税盾	年折旧除以总资产	Deprt
流动比率	短期资产除以短期负债	Curnt
资产结构	(存货＋固定资产)除以总资产	Tang
行业哑变量	属于本行业取1，否则取0	Ind_1 至 Ind_5

注：Ind_1 到 Ind_5 依次代表采掘业，电力、煤气及水的生产和供应业，建筑业，批发和零售贸易，房地产业。

2.2.3 研究变量的描述性分析

各主要变量的描述性统计见表2－2。

表2－2　　　　　研究变量的描述性统计表

变量	样本数	最小值	最大值	平均值	标准差
TQ	1157	0.74	5.34	1.3933	0.50547
ROA	1157	－1.67	0.31	0.0247	0.10896
Lev	1157	0.01	0.93	0.4910	0.17666
Top1	1157	0.06	0.85	0.4112	0.16274
Topdum	1157	0	1	0.52	0.500
HHI2_10	1157	0	0.19	0.0218	0.02864
State	1157	0	0.85	0.3280	0.26004

从表2－2可以看出，样本公司的托宾Q值TQ平均为1.3933，总资产报酬率ROA平均值为2.47%，且标准差高达1.09%，反映出上市公司在2005年整体业绩不佳，良莠不齐。平均负债率为49.1%，而同期全国国有及规模以上非国有工业企业的平均负债率是57.8%[1]，说明上市公司

---

[1] 数据来源：《2006年中国统计年鉴》，中国统计出版社2006年版。

负债率普遍低于全国水平。样本公司第一大股东持股均值为41.12%，最高达到85%，其中52%为国有股或国有法人股，显示中国上市公司中"一股独大"现象仍然非常显著；第二至第十大股东持股集中度平均为0.0218，且标准差较大；国有股占样本公司总股本的比例平均为32.8%，最高达到85%。总之，上市公司盈利能力整体偏弱，债务水平偏低导致上市公司债务约束严重缺失，股权集中和大股东身份集中是中国上市公司的突出特点。

2.3 实证结果及分析

我们首先对方程（1）至（3）进行单方程的 OLS 回归，然后将结果与方程（1）至（3）的 2SLS 回归结果进行比较分析，以显示联立方程的改进效果。

2.3.1 单方程的 OLS 检验结果与分析

表2-3（a）栏是我们采用普通最小二乘法（OLS）对方程（1）至（3）分别进行回归的结果。从表2-3（a）栏可以看出，方程（1）至（3）的拟和优度较高，显示回归结果不错。除了方程（2）的 TQ 和 Age 参数不显著外，其他变量参数均在5%及以上水平显著。单方程检验的各内生变量之间的关系如图2-1所示。

表2-3　　　　　方程组 OLS 和 2SLS 检验结果表

变量	单方程 OLS 检验结果（a）			联立方程 2SLS 检验结果（b）		
	方程（1）	方程（2）	方程（3）	方程（1）	方程（2）	方程（3）
TQ		0.001 (0.097)	-0.025 *** (-2.883)		-0.107241 *** (-3.587)	-0.033506 (-1.156)
Top1	0.370 *** (3.973)		-0.113 *** (-4.411)	0.545419 *** (3.209)		-0.087733 ** (-2.363)
Lev	-1.575 *** (-4.829)	-0.080 *** (-3.598)		1.481122 ** (1.973)	-0.164971 *** (-3.169)	
Lev_sq	1.129 *** (3.333)			-2.887510 *** (-3.320)		
Topdum	-0.072 *** (-2.710)			-0.089785 *** (-3.046)		

续表

变量	单方程 OLS 检验结果（a）			联立方程 2SLS 检验结果（b）		
	方程（1）	方程（2）	方程（3）	方程（1）	方程（2）	方程（3）
HHI2_10	2.187*** (4.355)			2.816437*** (4.544)		
State		-0.562*** (-10.914)			-0.643672*** (-10.853)	
State_sq		1.295*** (16.791)			1.423235*** (15.934)	
Assets	-0.186*** (-12.121)	0.029*** (6.695)	0.041*** (8.447)	-0.163878*** (-8.575)	0.012562** (2.021)	0.038583*** (5.349)
Growth	0.090*** (2.612)		0.034*** (3.181)	0.042451 (1.099)		0.033902*** (3.147)
Risk	-0.457*** (-7.788)			-0.431308*** (-6.671)		
Age	0.014*** (3.554)	-0.002 (-1.580)		0.020342*** (4.428)	-0.000153 (-0.115)	
ROA			-0.482*** (-11.788)			-0.476785*** (-9.610)
Deprt			-0.281** (-2.054)			-0.286420** (-2.087)
Curnt			-0.040*** (-17.375)			-0.039394*** (-16.865)
Tang			0.022** (2.318)			0.022018** (2.289)
截距	6.007*** (18.294)	-0.193** (-2.065)	-0.249** (-2.330)	4.990236*** (12.035)	0.338959** (1.996)	-0.193511*** (-1.055)
样本数	1157	1157	1157	1157	1157	1157
Adj-R²	0.221	0.424	0.417	0.19925	0.38778	0.40996
F 值	37.380	78.427	64.565	32.96107	67.56437	62.78275

注 1：*，**，*** 表示估计系数在 10%，5%，1% 置信度水平显著。

注 2：单方程 OLS 检验下，方程（2）的所有行业哑变量参数都不显著；方程（3）的行业哑变量中，电力、煤气及水的生产和供应业在 5% 显著水平与 Lev 负相关，建筑业、批发和零售贸易、房地产业都在 1% 显著水平与 Lev 正相关，采掘业不显著。

注 3：联立方程 2SLS 检验下，方程（2）的行业哑变量中，采掘业在 5% 显著水平与 Top1 正相关，电力、煤气及水的生产和供应业在 10% 显著水平与 Top1 负相关，其他行业不显著；方程（3）的行业哑变量中，电力、煤气及水的生产和供应业在 5% 显著水平与 Lev 负相关，建筑业、批发和零售贸易、房地产业都在 1% 显著水平与 Lev 正相关，采掘业不显著。

表 2-3（a）栏的方程（1）回归结果显示，上市公司第一大股东持

股 Top1 与公司价值 TQ 显著正相关，说明集中的股权结构有利于提高公司价值[1]，然而，国有第一大股东哑变量 Topdum 显著为负，说明这种正向作用并非来自占样本总数 52% 的国有第一大股东，而是来自非国有第一大股东。资本市场对于国有第一大股东评价较低。同时我们发现，第二至第十大股东集中度 HHI2_10 的系数显著为正，说明上市公司其他大股东对第一大股东的制衡作用有利于公司价值的增加。通过一个非线性的二次函数考察，发现债务水平 Lev 与公司价值之间呈"U"型关系（负债率平方项 Lev_sq 系数为正）并存在拐点，在该拐点之前，减少债务能提高公司价值；而在拐点之后，增加债务能提高公司价值——这种结果显然与资本结构理论不一致[2]。在接下来的联立方程检验时将会修正这种"伪 U 型"关系。

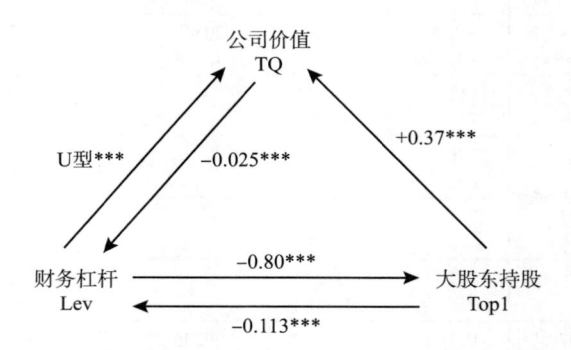

图 2-1 单方程检验下的资本结构与公司价值关系

表 2-3（a）栏的方程（2）结果显示，负债水平 Lev 与第一大股东持股 Top1 显著负相关，说明公司债务对于第一大股东（尤其是国有第一大股东）有一定的抑制作用，增加公司负债水平有利于改善上市公司的股权结构。一个重要的发现是，上市公司国有股比重 State 与第一大股东持股 Top1 呈显著的"U 型"关系（国有股比重平方项 State_sq 系数为

---

[1] 这种观点以施莱弗和威斯李（Shleifer and Vislly，1986）的大股东监督论最有代表性，而拉波塔等（La Porta et al，1998）、克拉森斯等（Claessens et al，2002）在实证研究的基础上从法律体系和投资者保护的角度也提出了另一种解释，即在投资者保护程度较差的情况下，股权集中就成了法律保护的替代，因为只有大股东才有获得预期投资收益的监督激励。

[2] MM 理论及均衡理论显示，存在使得公司价值最大化的最佳债务水平，即财务杠杆与公司价值应呈倒 U 型关系。

正），拐点处的国有股比重为22%①。当国有股比重从100%开始减少时，第一大股东持股比例下降，由方程（1）回归结果可知，国有第一大股东持股比例下降可能激励其他非国有大股东参与监督管理，从而带来企业价值的增加，可见，该拐点对于国有股比重的战略性调整具有重要的指导性意义。

表2-3（a）栏的方程（3）结果显示，公司价值TQ与债务水平Lev显著负相关，说明公司价值高的企业具有更高的盈利能力（ROA的系数也显著为负），更有可能利用内源性融资或有条件进行股权融资。第一大股东持股比例Top1也显著与债务水平负相关，说明股权结构越集中，上市公司越倾向于少利用负债，即股权融资偏好越显著，这充分证明中国上市公司的股权融资偏好与第一大股东持股比例密切相关，只有降低股权集中度和国有股比重，才能使上市公司更充分地利用负债，消除股权融资偏好，提高公司价值。方程（3）中的资产规模Assets、收入增长率Growth和资产结构Tang变量的参数值都显著为正，说明规模越大、成长性越好以及有形资产越多的公司更倾向于利用负债融资；而总资产报酬率ROA、非债务税盾Deprt和流动比率Curnt等变量的参数值都显著为负，说明盈利能力越高、折旧额越大以及资产流动性越好的公司具有内源融资优势，可以减少对债务的依赖性。这些结论与资本结构理论一致，也显示了本模型的可靠性和稳定性。

2.3.2 联立方程的2SLS检验结果与分析

为了对方程（1）至（3）做联立方程组回归，本章首先对其进行了联立方程的阶条件识别和Hausman检验，结果显示方程联立性成立。然后对方程（1）至（3）运用两阶段最小二乘法（2SLS）进行了估计，结果如表2-3（b）栏。联立方程检验的各内生变量之间的关系如图2-2所示。

从表2-3（b）栏可以看出，方程（1）至（3）的拟和优度较高，这也从另一侧面验证了方程组联立的可靠性。除了方程（2）的Age和方程（3）的TQ参数不显著外，其他变量参数均在5%及以上水平显著。

---

① 该关系在接下来的联立方程检验时得到了进一步证实。韦（Wei et al，2005）对上市公司国有股减持效率所做的实证分析中发现，国有股比重与公司价值负相关，而且呈U型变化。本章的发现解释了这种U型变化的内在原因在于国有股比重对第一大股东持股的影响作用。

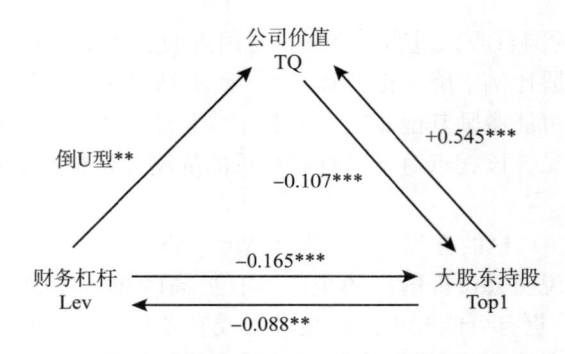

```
                         公司价值
                           TQ
                         ↗    ↖
                    倒U型**     +0.545***
                              
                        −0.107***
                              
         财务杠杆 ——————−0.165***——————→ 大股东持股
           Lev  ←——————−0.088**——————— Top1
```

图 2−2　联立方程检验下的资本结构与公司价值关系

比较表 2−3（a）和表 2−3（b）的方程（1）回归结果，第一大股东持股比例 Top1 和国有第一大股东哑变量 Topdum 对公司价值 TQ 的负相关程度都显著增加，同时，第二至第十大股东集中度对公司价值的正相关程度也显著增加，说明单方程回归模型低估了各变量对公司价值的解释程度。一个非常令人关注的结果是，财务杠杆 Lev 对公司价值 TQ 的影响从"U 型"关系变成了显著的"倒 U 型"关系（负债率平方项 Lev_sq 系数为负），即中国上市公司存在使得公司价值最大化的最佳债务水平，拐点位于负债率25%，如图 2−3 所示。不过该拐点所显示的负债率偏低，充分显现了上市公司负债融资利用程度不够和股权融资偏好的内在原因。这一重要结果与资本结构理论的结论相符，证明中国上市公司的负债结构与公司价值关系与西方资本结构理论和实证结果一致，同时说明无论通过数据观察还是单方程检验方法所得到的负债率与公司价值的"U 型"关系都是"伪 U 型"关系，只有在联立方程的检验下才能使"倒 U 型"关系显现出来[1]。

比较表 2−3（a）和表 2−3（b）的方程（2）回归结果，公司价值 TQ 对第一大股东持股 Top1 的影响由不显著的正相关变为显著负相关，说明股权集中度也受到来自资本市场估值的影响；在联立方程组检验下，负债率 Lev 对第一大股东持股 Top1 的负相关程度也提高了。一个令人满意的结果是，国有股比重 State 与第一大股东持股 Top1 之间的"U 型"关系仍然成立（State_sq 的系数显著为正），且拐点几乎保持不变（22%），表

---

[1] 于东智（2003）通过分组观察得出负债率与总资产收益率（ROA）呈"倒 U 型"关系，但本章的结论是在联立方程组检验下得出的，且公司绩效指标采用了托宾 Q 值。

明国有股比重与第一大股东持股之间的关系无论在单方程检验和联立方程检验下都十分稳定。如前所述，该结论的政策意义不容忽视。

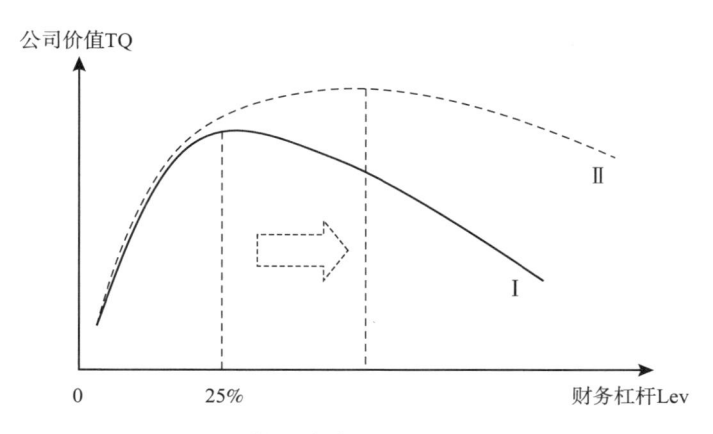

图 2-3 财务杠杆与公司价值关系示意图

比较表 2-3（a）和表 2-3（b）的方程（3）回归结果，除了 TQ 对 Lev 变得不显著外，其他系数值几乎没有太大变化，唯一改变的是第一大股东持股 Top1 对负债率 Lev 的负相关程度变小了（由 -0.113 变为 -0.088），说明在联立方程组检验下，第一大股东的股权融资偏好有所降低，但仍然显著为负。

2.4 研究结论与政策建议

本章基于股权结构、债务结构和公司价值之间的互动关系，将股权结构和债务结构决定方程引入公司价值决定方程，通过对联立方程组进行 2SLS 估计，得出如下结论：

第一，上市公司第一大股东持股与公司价值正相关，但国有第一大股东持股与公司价值负相关，第二至第十大股东集中度有利于公司价值的增加，同时公司价值对第一大股东持股有反作用，资本市场对第一大股东持股的低估作用不容忽视。第二，上市公司国有股比重对公司第一大股东持股有显著的决定作用，且国有股比重与第一大股东持股呈显著的"U 型"关系并存在拐点，该拐点对上市公司国有股减持具有重要的实践意义。第三，在联立方程检验下，上市公司债务水平与公司价值呈"倒U型"关系，推翻了单方程检验下的"U型"结论，证明中国上市公司存在使公司价值最大化的债务水平，但较低的"倒U型"拐点仍然显现出上市公司债务融资不足和股权融资偏好的显著特征。

针对上述研究结论，笔者提出如下政策建议：

首先，随着股权分置改革的深入，在减少国有股持股比例的同时，应重视非国有大股东在公司治理中的积极作用，通过优化上市公司的股权结构配置，使上市公司的整体业绩得到提升。其次，在上市公司的治理机制中，除了应重视大股东的制衡作用外，还要不断完善资本市场的运行效率，通过增加上市公司透明度，强化独立董事的监督机制，提高资本市场估值对公司第一大股东的抑制作用。第三，针对中国资本市场处于起步阶段，股权市场和债券市场发展不均衡的现状，要大力发展企业债券市场，丰富债券品种，提高市场流动性，优化企业的债务结构（使图2-3中的曲线Ⅰ向曲线Ⅱ移动），并通过建立有效的偿债保障机制和健全的破产制度，激励债权人积极参与公司治理，使债务融资充分发挥其治理作用，以保护中小股东利益和实现债权人的相机控制。

参考文献

1. 白重恩、刘俏、陆洲、宋敏、张俊喜：《中国上市公司治理结构的实证研究》，载《经济研究》，2005年第2期。
2. 杜莹、刘立国：《中国上市公司债权治理效率的实证分析》，深圳证券交易所，2003年12月24日。
3. 黄志忠、白云霞：《上市公司举债、股东财富与股市效应关系的实证研究》，载《经济研究》，2002年第7期。
4. 李志彤、张瑞君：《所有权结构与影响因素分析》，载《中国管理科学》，2004年6期。
5. 孙永祥：《所有权、融资结构与公司治理机制》，载《经济研究》，2001年第1期。
6. 唐宗明、蒋位：《中国上市公司大股东侵害度实证分析》，载《经济研究》，2002年第4期。
7. 于东智：《资本结构、债权治理与公司绩效：一项经验分析》，载《中国工业经济》，2003年第1期。
8. Claessens, S., S. Djankov, J. P. H. Fan, L. H. P., "Lang. Disentangling the Incentive and Entrenchment Effects of Large Shareholding" [J]. The Journal of Finance, 2002, 57 (6): 2741-2771.

9. Jensen, M. C., Meckling, W. H., (1976), "Theory of the firm: managerial behavior agency cost and ownership structure". Journal of Financial Economics 3, 305 – 360.

10. Jensen M., Smith C., (2000) "Stockholder, manager, and creditor interests: applications of agency theory", in Jensen M. (1985), A Theory of the Firm: Governance, Residual Claims and Organizational Forms, Harvard University Press, original in Altman E., Subrahmanyan M., "Recent advances in Corporate Finance" Irwin.

11. Jensen M., Warner J., (2000), "The distribution of power among corporate managers, shareholders, and directors", in Jensen M. (1988), A Theory of the Firm: Governance, Residual Claims and Organizational Forms, Harvard University Press; original in Journal of Financial Economics, 20, 3 – 24.

12. La Porta, R., F. Lopez-de-Silanes, A. Shleifer, and R. Vishny, 1998, "Law and Finance", Journal of Political Economy 106, 1113 – 1155.

13. Modigliani, Franco, Miller, M. H., (1958), "The cost of capital, corporation finance and the theory of investment". American Economic Review 58, 261 – 297.

14. Shleifer A., Vishny R., "Large Shareholders and Corporate Control", Journal of Political Economy, 1986, Vol. 94, 461 – 488

15. Wei, Zuobao, Feixue Xie, and Shaorong Zhang, (2005). "Ownership Structure and Firm Value in China's Privatized Firms: 1991 – 2001", Journal of Financial and Quantitative Analysis 40, 87 – 108.

第 3 章
股权结构与公司治理绩效实证分析*

股权结构是指股份公司总股本中不同性质的股份所占的比例及其相互关系,包括股权属性和股权集中度。近些年来,关于股权结构的研究逐渐成为公司治理研究的一个热点,这是因为股权结构在公司治理结构中具有基础性的地位,是公司治理机制的基础,它决定了股东结构、股权集中程度以及大股东的身份,导致股东行使权力的方式和效果有较大的区别,进而对公司治理模式的形成、运作及绩效有较大影响,换句话说股权结构与公司治理中的内部监督机制直接发生作用;同时,股权结构在很大程度上受公司外部治理机制的影响,反过来,股权结构也对外部治理机制产生间接作用。本章从股权属性和股权集中度两个方面,用实证方法对我国上市公司股权结构与公司治理绩效的关系进行分析。

3.1 研究样本与数据

截至 2004 年 6 月 30 日,我国上市公司已有 1300 多家,根据分析的需要,我们以 2004 年上市公司公布的半年报数据为选样窗口。具体选样原则如下:

---

* 本章内容发表在《中国工业经济》2005 年第 6 期。

(1) 考虑到极端值对统计结果的不利影响，首先剔除了业绩过差的 ST 和 PT 公司以及被注册会计师出具过保留意见、拒绝表示意见、否定意见等审计意见的上市公司。

(2) 由于国内投资者主要关注的还是 A 股上市公司，而且 B 股和 H 股对 A 股的信息披露有所影响，所以我们剔除了同时发行 B 股或 H 股的 A 股上市公司。

(3) 考虑到新上市公司的业绩容易出现非正常性的波动，而且公司内部各方面的运行机制还不够健全和完善，所以新上市或次新上市公司也未包含在样本中。

(4) 考虑到不同时期市场环境、国家政策的影响，可能会带来统计上的"噪声"，因此所选样本在上市时间上具有一定的可比性。

(5) 由于制造业包含的子行业太多，造成行业特征不明显，将其剔除。

(6) 考虑到金融、保险业的特殊性，将其剔除。

按照以上原则，我们选取了在 1999~2001 年期间上市，不包含制造业、金融保险业、PT 和 ST 类，且只发行 A 股的深沪两市上市公司 101 家。其中沪市 65 家，深市 36 家。

由于不同的行业其竞争环境有差异，股权结构对公司治理绩效的作用可能不同，不能笼统的定义股权结构与公司治理绩效的关系。比如说，行业竞争环境激烈的企业和行业竞争环境较弱的企业放在一起进行检验，势必会引起相关指标的相互影响，一定程度上加强或减弱了相关关系。因此，本章根据公司所处行业竞争环境强弱将样本公司分为行业竞争环境强和行业竞争环境弱的两类公司，将具有全国垄断性、寡头垄断、纯粹的公用事业和具有特殊专营权的公司列入行业竞争环境弱的类别，将在全国范围内不具有垄断性和有专营权但不是主营业务的列入行业竞争环境强的类别。经过划分，处于行业竞争较强环境的有 71 家公司，处于行业竞争较弱环境的共有 30 家公司。

本章后面的相关分析和回归分析中，对上市公司的治理绩效指标使用主营业务资产收益率（CROA = 主营业务利润/总资产）来衡量，因为这项指标受重视程度较高而且人为操作少，因此比较客观。

3.2 股权属性与公司治理绩效分析

3.2.1 股权属性的含义

股权属性指各类股东性质,我国上市公司的股东主要包括国有股东、法人股东、社会流通股股东三大类。不同性质的股东其目标函数及对上市公司的影响方式不同。国有股东由于多重委托代理关系和其目标函数的多维性,除特殊行业外并不具备效率上的优势。法人股东具有较大的独立性,且拥有明确的持股主体,不流通使其更加关注长期利益和公司的成长稳定发展,剩余索取权和剩余控制权大体上匹配,在管理监督效率上比国有股具有优势。社会流通股股东较多注重二级市场的价差,投机性较强,并不关注公司的长期发展,稳定性差,没有效率上的优势。

本章的国有股包括国家股和部分明显带有国家性质的国有法人股,法人股包括部分明显带有法人性质的国有法人股和其他法人股(其他法人股指境内法人股、外资法人股、其他发起人股和募集法人股之和剔除国有法人股的部分),社会流通股指流通A股。[①]

3.2.2 股权属性与公司治理绩效的相关性分析

为了确定公司治理绩效与股权属性的相关性,我们使用SPSS11.0将主营业务资产收益率和股权属性变量进行相关分析,分析结果如表3-1所示。

[①] 目前关于国有法人股的属性规定使其具有了双重身份。股份有限公司国有股权管理暂行办法(1994年11月5日国资企发[1994]81号)规定:国家股和国有法人股统称为国有股权;《中华人民共和国证券法》规定:法人股则包括国有法人股和其他法人股。因此,从概念上看,国有法人股既属于国有股权的范围,又属于法人股的范围。为了将国有法人股进一步区分,笔者对其进行了重新归类,归类方法:考虑持股主体之间的关系,将明显带有国家性质的归为国有股,偏向法人股性质的归为法人股(这种区分是根据上海证券交易所、深圳证券交易所、万通证券网公布的数据进行分类汇总而成)。

表 3 – 1　公司治理绩效与股权属性的相关性分析

治理绩效 股权属性	总体样本公司 主营业务资产收益率 （CROA）	行业竞争环境强 主营业务资产收益率 （CROA）	行业竞争环境弱 主营业务资产收益率 （CROA）
国有股比例（PS）	-0.0232（P=0.818）	-0.0329（P=0.786）	0.0035（P=0.985）
法人股比例（PL）	0.0535（P=0.595）	0.0653（P=0.588）	0.0180（P=0.925）
流通股比例（PT）	-0.0694（P=0.490）	-0.0743（P=0.538）	-0.0583（P=0.759）

注：每一个方格内有两个数据，第一个数据表示相关系数；第二个数据（括号内的数据）表示相伴概率。

表 3 – 1 从总体趋势上显示了不同的行业竞争环境公司治理绩效与股权属性的相关性不同，且相关性非常低，但均未通过显著性检验，也即是说股权结构（国有股、法人股、流通股比例）与公司治理绩效之间绝非简单的线性关系。那么公司治理绩效与股权属性是否存在曲线关系，还需要进一步做回归分析。

假定一个初始的函数：$PER = f(P)$，PER 代表上市公司的治理绩效变量，P 代表公司股权属性变量，统计软件使用 SPSS11.0。

设定回归模型函数为（式 1）所示的三次函数形式[①]，

$$PER = \beta_0 + \beta_1 P + \beta_2 P_2 + \beta_3 P_3 + e \qquad (式1)$$

式 1 中，PER 代表上市公司的治理绩效变量，用主营业务资产收益率（CROA）表示，β_0 为截距，P 为股权属性变量，分别取国有股比例（PS）、法人股比例（PL）和流通股比例（PT），e 为残值。

分别将行业竞争环境强和行业竞争环境弱的样本公司数据代入上述模型进行回归分析，回归结果如表 3 – 2 所示。

由表 3 – 2 所示，不同的行业竞争环境，股权属性对公司治理绩效的影响不同。

[①] 为了求得股权属性与公司治理绩效之间是什么样的函数关系，分别将公司的相关数据代入，在曲线回归（Curve Regression）中选择一元线性回归（linear）、二次函数（Quadratic）、复合函数（Compound）、对数函数（Logarithmic）、三次函数（Cubic）、指数函数（Exponential）、幂函数（Power）等多种模型对数据进行拟合分析，发现三次函数（Cubic）的形式中自变量对因变量的解释能力与拟合程度最高。

表 3-2　　不同行业竞争环境下公司治理绩效与股权属性的关系

行业竞争环境	CROA	β_0	β_1	β_2	β_3	(R^2)	(F)	(Sigf)	转折点
强	PS	0.0654	-0.0012	2.3E-05	-1.E-07	0.017	0.38	0.766	—
	PL	0.0582	0.0006	-5.E-05	6.7E-07	0.066	1.59	0.200	6.95; 42.77
	PT	-0.0899	0.0152	-0.0005	4.4E-06	0.032	0.75	0.527	—
弱	PS	0.0720	-0.0010	-2.E-05	4.7E-07	0.185	1.97	0.143	-15.99; 44.34
	PL	0.0702	-0.0035	7.7E-05	-3.E-07	0.175	1.83	0.166	27; 144.11
	PT	0.5021	-0.0311	0.0007	-5.E-06	0.041	0.37	0.778	—

注：R^2：R^2 统计量的值；F：F 检验值；Sigf：F 检验值的实际显著性水平即相伴概率值 p；β_0：常数项；β_1、β_2、β_3：回归系数。

（1）行业竞争环境强的上市公司法人股比例与公司治理绩效呈现出三次函数关系，国有股比例、流通股比例与公司治理绩效的 R_2 及 F 没有通过显著性检验（Sigf），因此它们与公司治理绩效没有显著的相关关系；而行业竞争环境弱的上市公司国有股比例、法人股比例与公司治理绩效呈现出三次函数关系，流通股比例与公司治理绩效的 R_2 及 F 没有通过显著性检验（Sigf），因此它们与公司治理绩效没有显著的相关关系。

（2）行业竞争环境强的上市公司，法人股比例与公司治理绩效呈现三次函数关系，为了更深入的了解法人股比例对公司治理绩效的影响，本章计算了三次函数的转折点，其转折点分别为 6.95% 和 42.77%，也就是说，当法人股比例在 0~6.95% 之间时，公司治理绩效与法人股比例存在正相关，利益趋同效应占主导地位；当法人股比例在 6.95%~42.77% 之间时，公司治理绩效与法人股比例存在负相关，利益侵占效应明显；当法人股比例超过 42.77% 时，此时虽然法人股东会追求自身利益，但其自身利益与公司价值以及其他股东利益间的相关性将显著增强，在某种程度上达到伯利和米恩斯所说的"个人所有者控制"的地步，两者关系又转为正相关。

（3）行业竞争环境弱的上市公司，国有股比例与公司治理绩效呈现三次函数关系，其转折点分别为 -15.99% 和 44.34%，国有股比例不可能为负值，因此将 -15.99% 舍弃，国有股比例在大于 0 的范围内只有一个转折点 44.34%，即国有股比例在 0~44.34% 时，公司治理绩效与国有股比例负相关，当国有股比例超过 44.34% 时，公司治理绩效与国有股比例正相关；法人股比例与公司治理绩效也呈现三次函数关系，其转折点分别为27%和144.11%，法人股比例不可能大于100%，因此将144.11%舍去，法人股比例在0~27%时，公司治理绩效与法人股比例负相关，当法人股比例在27%~100%时，公司治理绩效与法人股比例正相关。

（4）由上述实证检验，行业竞争环境强和行业竞争环境弱的上市公司，公司治理绩效与流通股比例均没有显著的相关关系，都没有通过显著性检验。这说明流通股股东由于极度分散且有"搭便车"的倾向，未起到很好的公司治理作用，因此其持股比例对公司治理绩效无明显影响。

3.3 股权集中度与公司治理绩效分析

3.3.1 股权集中度的含义与度量

股权集中度指股东所持公司股份的比例及其相互关系，是全部股东因持股比例的不同所表现出来的股权集中还是分散的数量化指标。股权集中度是衡量公司的股权分布状态的主要指标，也是衡量公司稳定性强弱的重要指标。

本章的股权集中度采用五项指标：

（1）第一大股东持股比例（L_1），指第一大股东持股份额在公司总股份中所占的比重。如果L_1大于50%，则第一大股东处于绝对控股地位，其他中小股东则处于从属地位；如果L_1小于20%，则该股权结构属于分散型的；如果L_1居于20%~50%之间，则该股权结构属于相对控股型，控股大股东一般有一定的积极性监督激励经营者，进而主导公司的经营管理。因此，按照第一大股东持股比例的多少，可以将股权结构类型细分为绝对控股、相对控股、股权分散等三类控股模式。

（2）股权控制度（CN），指公司被控制的其他股东的持股比例与控股股东的持股比例的比值。当控股股东的持股比例达到50%的时候，股权控制度CN等于1；当控股股东的持股比例为1/3时，CN等于2。显然，控制度CN值越低，控股股东的控股程度越高，CN值越高，股权的竞争性越强。

（3）Z指数，即第一大股东与第二大股东持股份额的比值（L_1/L_2）。

Z比率越大，第一大股东的权利越大，主导公司经营管理的控制权也越大；Z比率越小，其他法人股东用手投票的效用越大，参与公司治理的积极性也越高。

（4）CR指数，一般用于衡量公司股权分布状态。如CR_5、CR_{10}分别代表了公司前5大股东和前10大股东持股数占公司总股份的比重，CRn的变化反映了不同的大股东对于公司发展前景的看法，如果CRn较上一个报告期有所增加，则说明公司股权有集中的趋势，公司未来的经营业绩有增长的可能；反之若CRn减少，说明大股东不看好公司发展，纷纷趋向于抛售股票，因而从公司股权集中率的变化中往往可以得出很多关于公司发展的有价值的信息。

（5）赫芬达尔指数（Herfindahl），指公司前n位大股东持股比例的平方和。与CRn相比较，赫芬达尔指数的效用在于对持股比例取平方后，比例大的平方和与比例小的平方和之间差距加大，该指标突出了股东持股比例的差异。

3.3.2 股权集中度与公司治理绩效的相关性分析

为了确定公司治理绩效与股权集中度各项指标是否相关，即检验公司治理绩效与股权集中度各项指标的相关性，我们采用SPSS11.0进行检验，相关分析如表3-3所示。

由表3-3显示，只有行业竞争环境弱的L_1、H_{10}通过了10%的显著性检验，因此行业竞争环境弱的上市公司治理绩效与L_1和H_{10}成正比。其他各项数据均未通过显著性检验。

表3-3 不同行业竞争环境下公司治理绩效与股权集中度的相关性分析

股权集中度 \ 治理绩效	总体样本公司 主营业务资产收益率（CROA）	行业竞争环境强 主营业务资产收益率（CROA）	行业竞争环境弱 主营业务资产收益率（CROA）
L_1	0.154（0.124）	0.082（0.496）	0.309*（0.096）
CR_3	0.147（0.142）	0.124（0.304）	0.204（0.279）
CR_5	0.154（0.125）	0.143（0.235）	0.187（0.323）
CR_{10}	0.187*（0.061）	0.170（0.157）	0.231（0.219）

续表

治理绩效 股权集中度	总体样本公司 主营业务资产收益率 （CROA）	行业竞争环境强 主营业务资产收益率 （CROA）	行业竞争环境弱 主营业务资产收益率 （CROA）
CN	-0.142（0.157）	-0.113（0.349）	-0.207（0.274）
Z	-0.067（0.506）	-0.090（0.453）	0.083（0.661）
H_{10}	0.158（0.114）	0.087（0.470）	0.320*（0.085）

注：每一个方格内有两个数据，第一个数据表示相关系数，第二个数据（括号内的数据）表示相伴概率。第一个数据右上方的星号（*）表示显著性水平，一个星号表示显著性水平为 0.10，两个星号表示显著性水平为 0.05，三个星号表示显著性水平为 0.01。

许多学者研究证明，不同的股权控制类型会对公司治理机制、经营目标及决策准则产生深刻影响，并最终影响到公司盈利能力和市场表现。拉波特（LaPort，1999）等学者曾将 10% 或 20% 的最终持股比例作为判断是否存在控股股东的标准，但这一方法存在一个显著缺陷，就是没有充分考虑股权的分布状况。为解决这一问题，本章下面的回归分析提出以下原则作为划分标准：如果第一大股东的持股比例大于第二大至第十大股东的持股比例之和，就认为此公司存在控股股东；反之，则认为此公司的股权分布较为分散。此外，本章又根据第一大股东的持股性质，将存在控股股东的公司进一步划分为国有控股公司和法人控股公司。根据上述标准，行业竞争环境强的样本公司可划分为 42 家国有控股型公司，11 家法人控股型公司，18 家股权分散型公司。行业竞争环境弱的样本公司可划分为 15 家国有控股型公司，5 家法人控股型公司，10 家股权分散型公司。具体如表 3-4 所示：

表 3-4　　　　　　　新标准下股权控制类型划分

控制类型 划分标准	行业竞争环境强（71 家）			行业竞争环境弱（30 家）		
	国有控股	法人控股	股权分散型	国有控股	法人控股	股权分散型
$L_1 > (CR_{10} - L_1)$	42	11	18	15	5	10

为了验证不同的股权控制类型对公司治理绩效影响，我们设定回归模型为式（2）所示，并进行回归分析，以了解股权分散型和股权集中型公司的治理绩效差异。

$$PER = \beta_0 + \beta_1 D_1 + \beta_2 (Control\ Variable) + e \qquad (2)$$

式（2）中，PER 代表上市公司的治理绩效变量，用主营业务资产收益率（CROA）表示，D_1 为虚拟变量，当公司存在控股股东时，D_1 值为 1，否则 D_1 值为 0；Control Variable 指控制变量，用公司规模 SIZE 表示。β_0 为截距，β_1、β_2 为系数，e 为残值。

分别将行业竞争环境强和行业竞争环境弱的样本公司数据代入上述模型进行回归分析，回归结果如表 3-5 所示：

表 3-5　　　　　　　股权控制类型对公司治理绩效的影响

	CROA（行业竞争环境强）			CROA（行业竞争环境弱）		
截距项	0.057 (2.445)	0.060 (2.353)	0.056 (2.158)	-0.013 (-0.33)	-0.003 (-0.053)	-0.015 (-0.311)
D_1	-0.006 (-0.435)			0.011 (0.694)		
D_2		0.013 (0.951)			-0.002 (-0.084)	
D_3			-0.003 (-0.225)			0.011 (0.574)
SIZE	0.002 (0.263)	-0.004 (-0.554)	0.002 (0.266)	0.022 (1.607)	0.023 (1.441)	0.023 (1.372)
调整的 R^2	-0.026	-0.017	-0.033	0.045	0.004	0.020
F 统计值	0.111	0.560	0.050	1.69	1.039	1.239

注：前五项每格内有两个数据，第一个数据为各项的回归系数，第二个数据（括号内的数据）为各项方差一致的 t 统计值。

由表 3-5 可以发现，行业竞争环境强的上市公司 D_1 的回归系数为负，表明股权分散型公司的治理绩效要好于股权集中型公司。行业竞争环境弱的上市公司 D_1 的回归系数为正，表明股权集中型公司的治理绩效要好于股权分散型公司。

对于行业竞争环境强的上市公司，如果股权高度集中，则缺乏形成权力制衡的产权基础，从而使第一大股东利用控股地位几乎完全支配了公司董事会和监事会，在公司治理中形成超强控制。另一方面，我国上市公司大部分以募集设立方式进行改组，大股东与其控股的上市公司之间存在许多生产经营方面的联系和非生产性经济往来，大股东和控股上市公司之间通过关联交易、商标租赁使用、原材料采购和商品销售以及上市公司为第一大股东提供资金或资金担保，形成不对等的资金交易关系，从而使上市公司增加了财务和经营风险。相反，在那些无控股股东、股权相对分散的上市公司中，公司治理结构的分权与制衡作用发挥得比较完善，证券市场的监控功能也能得到充分发挥。

对于行业竞争环境弱的上市公司，大部分是非竞争性或国家垄断性行业，一部分是关系国计民生、稀缺资源行业；一部分是市场准入条件高的行业，规模经济方可产生效益。这部分行业或者是由政府控制产量及市场价格，或者由寡头共谋定价，很大程度上不同于市场竞争行业。这部分企业，国家和政府的支持往往成为公司治理绩效好坏的最重要的因素。因此，这部分企业的业绩一般与控股股东呈正相关。

我们分别再对法人控股和国有控股这两类公司的治理绩效差异进行分析。将式（2）中的 D_1 用 D_2 来代替，并规定当公司属于国有控股时，D_2 值为1，当公司属于法人控股时，D_2 值为0。

表3-5的回归分析结果表明，行业竞争环境强的上市公司，D_2 的回归系数为正，表明国有控股型公司的治理绩效要优于法人控股型公司；行业竞争环境弱的上市公司，D_2 的回归系数为负，表明法人控股型公司的治理绩效要优于国有控股型公司。因此，根据这一项分析，对于行业竞争环境弱的非竞争性或国家垄断性行业，国家逐步放开，培育法人机构股东是有利的。对于竞争性行业，虽然国有控股型优于法人控股型，但两者的治理绩效都劣于股权分散型公司。因此对于竞争性行业，应使其股权结构向分散型发展。

为了检验上述结论，对行业竞争环境强的上市公司治理绩效进行股权分散型和国有控股型比较；对行业竞争环境弱的上市公司治理绩效进行股权分散型和国有控股型比较。将式（2）中的 D_1 用 D_3 代替，并规定当公司属于国有控股时，D_3 值为1，当公司属于股权分散型时，D_3 值为0。

表3-5的回归分析结果表明，行业竞争环境强的上市公司，D_3 的回归系数为负，表明股权分散型公司的治理绩效优于国有控股型公司，因此，对于行业竞争性强的公司，分散型股权结构优于国有控股型，国有控股型优于法人控股型。行业竞争环境弱的上市公司，D_3 的回归系数为正，表明国有控股型公司的治理绩效优于股权分散型，因此，对于行业竞争性弱的公司，法人控股型结构优于国有控股型，国有控股型优于股权分散型。

3.4 主要结论与政策建议

3.4.1 主要结论

我们对前面的分析结果归纳如下：

(1) 对于行业竞争环境强的上市公司，公司治理绩效与法人股比例呈三次函数关系，当法人股比例在 0~6.95% 之间时，公司治理绩效与法人股比例存在正相关，当法人股比例在 6.95%~42.77% 之间时，公司治理绩效与法人股比例存在负相关，当法人股比例超过 42.77% 时，公司治理绩效与法人股比例存在正相关。行业竞争环境弱的上市公司，国有股比例与公司治理绩效呈现三次函数关系，当国有股比例在 0~44.34% 时，公司治理绩效与国有股比例负相关；当国有股比例超过 44.34% 时，公司治理绩效与国有股比例正相关；法人股比例与公司治理绩效也呈现三次函数关系，当法人股比例在 0~27% 时，公司治理绩效与法人股比例负相关，当法人股比例在 27%~100% 时，公司治理绩效与法人股比例正相关。行业竞争环境强和行业竞争环境弱的上市公司，公司治理绩效与流通股比例均没有显著的相关关系。

(2) 行业竞争性强的公司，分散型股权结构优于国有控股型，国有控股型优于法人控股型。行业竞争环境弱的上市公司，法人控股型结构优于国有控股型，国有控股型优于股权分散型。

3.4.2 政策建议

根据前面分析的结果，我们对股权结构的完善提出以下建议：

(1) 对于行业竞争环境强的上市公司，应使其股权结构向分散型发展，持股主体首选法人股东。为此，我们要不断降低国有股比例和股权集中度，培育法人股东，建立法人持股的分散型股权结构，单个法人股东的持股比例小于等于 6.95%，整体法人股东持股比例大于 42.77%。对于行业竞争弱的上市公司，应发展控股型股权结构，控股股东首选法人股东。为此，要求国家逐步放开，培育法人机构股东，建立法人控股型股权结构，法人控股股东的持股比例大于27%。

（2）不论行业竞争环境强弱，流通股比例对公司治理绩效无显著影响，主要是因为我国证券市场的不完善和投资者的短线心理，在股票市场和控制权市场不断完善的过程中，流通股比例不可能永远对公司治理绩效无影响。这就需要我们通过增加流通股比例，以流通股比例的增加推动股票市场和控制权市场的发展，股票市场和控制权市场的完善又反过来影响公司治理绩效，达到提高的目的。

在解析本章研究结果时需要注意：（1）本章用了沪深两市一部分只发行 A 股、业绩较好、同一时期内上市的公司资料，因而不可避免的有一定的样本选择性（sample selection bias）偏差。因此这些结果只适用于这类上市公司。（2）近年来一些研究认为，股权结构属于内生问题，也就是说机构股东可以选择业绩好的公司股份，而将业绩差的公司股份留给国家。但在我国目前情况下，是由政府决定哪些企业可以上市、上市的股数以及留在手中的股数，国家会将业绩好的公司股份留在手中，这种情况下不存在内生问题。随着市场化的进程，国家政策的放开，国有股的减持和机构法人股东的增加，我国的股权结构会转变为内生问题，本章未对这一问题进行分析。

参考文献

1. 刁伟程：《香港上市中资公司治理结构研究》，广东经济出版社 2003 年版。
2. 苏武康：《中国上市公司股权结构与公司绩效》，经济科学出版社 2003 年版。
3. 胡汝银：《中国上市公司成败实证研究》，复旦大学出版社 2003 年版。
4. 中国上市公司资讯网 http：//www.cnlist.com。
5. 深圳证券交易所 http：//www.55188.net。
6. 上海证券交易所 http：//www.sse.com.cn。
7. 巨潮资讯 http：//www.sse.com.cn。
8. 中国证券监督管理委员会 http：//www.csrc.gov.cn/cn。

第4章

上市公司债权对公司绩效影响的实证研究*

关于债权的治理效应，代理成本理论和控制权理论都认为，企业资本结构中一定的负债有利于公司治理效率的提高。本章以2002～2004年度沪市上市公司为样本（样本总量为2284组数据），对我国上市公司的债权治理效率进行了实证分析。结果表明我国上市公司负债对其公司绩效有重要影响：债权比例与公司绩效在统计上呈显著的负相关关系，即上市公司的负债比例越大，相应的其绩效也会越差；公司绩效与负债还存在着显著的二次关系，当资产负债率（DAR）为21.79%时，在其他条件不变，债权对公司绩效促进作用最大，超过这一比例，债权与公司绩效呈负相关。本章对这一结果进行了原因分析，并提出了政策建议。

4.1 引 言

莫迪利安尼和米勒（Modigliani and Miller）最早对融资结构理论进行了开创性的研究，他们于1958年提出的MM定理及其修正定理，奠定了现代资本结构理论的基础，以后经过权衡理论、激励理论、不对称信息理论以及控制权理论的补充和完善，逐步形成了现代企业优序融资理论。罗

---

* 本章内容发表在《经济管理·新管理》2006年第6期。

斯（Ross，1973）认为对于任何给定的负债水平，低质量的企业的破产概率较高，从而导致破产或成本的期望值较高，影响管理者的利益。其经验性结果证明，企业价值或盈利性和负债与股权的比例正相关，破产损失的增大将通过管理人员追求自身效用最大化的行为降低负债水平和破产概率。詹森（Jensen，1986）认为，公司股东和管理者之间在自由现金流量的使用上存在利益冲突，管理者宁愿把现金流量浪费在低收益的项目上，也不愿将其分配给股东，债务还本付息的刚性可以限制管理者在自由现金流量上的自行支配权利，所以，负债有助于防止公司在低收益的项目上浪费资源，从而提高公司的经营效率。马修斯（Masulis，1983）的实证检验表明：普通股票的价格与企业财务杠杆呈正相关关系；企业绩效与负债水平呈正相关关系，能够对企业绩效产生影响的负债水平变动范围介于0.23~0.45之间。

国内学者对债权治理与公司绩效之间关系的研究大多数都建立在规范的理论分析基础上，实证方面的文献尚不多见。文宏（2000）对1999年4月30日已公布年报的上市公司收益水平和负债水平的关系进行实证分析，结果发现从上市公司整体角度看，企业经营绩效与总资产负债率呈现出显著的负相关关系，即资产负债率越高，企业经营效率越低。杜莹、刘立国（2002）选取1998年上市的106家公司在1999年、2000年和2001年的288个观测值为研究对象，选取主营业务利润率、总资产收益率和净资产收益率作为公司绩效的衡量指标，回归结果表明债权的治理效应对公司绩效产生了明显的负面影响，说明债权在公司治理中没有发挥出应有的作用，即债权治理表现出无效性。汪辉（2003）选择沪市和深市所有A股上市公司1998~2000年的数据为实证研究样本，结果发现总体上债务融资具有加强公司治理、增加公司市场价值的作用。

国内学者的这些研究有的支持了Masulis的结论，更多的结论却恰恰相反，即认为债权治理的无效性。但是，我们应该注意到国内的实证研究基本上以线性研究为主，注重样本研究，但选择的样本较小，很可能有偏误，而且近年来上市公司的债务融资环境发生了较大变化，对债权的治理效应还应该进行严格的实证检验。

4.2 债权与公司绩效关系的理论分析

债权在公司治理中的作用可从代理成本理论和控制权理论两个方面进

行分析。

4.2.1 从代理成本理论看，不同资本结构对应着不同代理成本

现代公司的代理成本分为股权代理成本和债权代理成本。股权代理成本是由股东和经营者之间的利益冲突引起的。由于经营者不是完全拥有公司的剩余索取权，所以他们不能从自己的努力中获取相对应的报酬，却要为这些行为承担相关费用和不对称的责任。这样，经营者就不会尽自己最大的努力为企业价值的最大化服务，甚至将企业的资源转化为自己的私人利益，这样经营者就能独享全部好处，却只需承担部分的费用。而经营者此种行为所引起的直接后果是股权代理成本的增加。

资本结构理论认为，适当的负债有助于减少股权代理成本。一方面，公司在股东出资的基础上引入负债以后，其总资产就变成了负债和所有者权益的相加之和。负债的当事人——债权人——由于在公司中形成了专用性资产，为了自己的专用性资产不贬值，他激励参与到公司治理中来，从而降低股权的代理成本提高公司绩效。另一方面，一定的负债能够促使经营者努力工作，减少在职消费，并且做出更好的投资决策，从而降低所有权与经营权分离所产生的代理成本。

4.2.2 从公司控制权理论来看，股本和债务是重要的控制权基础

企业资本结构的选择过程也就是控制权在不同证券持有者之间分配的过程，最优的负债比例是在该负债水平上导致企业破产时控制权从经营者或股东转移给债权人是最优的。张维迎（1996）用一个简单的模型描述了公司控制权的转移过程：令 X 为企业总收入，W 为应该支付给工人的工资，R 为对债权人的合同支付（本金加利息），P 为股东满意的利润，那么依据"状态依存说"（State-contingent）：当 $X \geqslant W+R+P$ 时，控制权掌握在经营者手中；当 $W+R \leqslant X \leqslant W+R+P$ 时，控制权掌握在股东手中；当 $W \leqslant X \leqslant W+R$ 时，控制权掌握在债权人手中；当 $X<W$ 时，控制权掌握在工人手中。由此可见，正是由于债务融资所引起的企业控制权的转移特征，有效地约束了公司经营者的行为。

综上所述，公司资本结构中的债权对于公司治理结构的完善起着至关重要的作用。债权融资的治理效应表现在以下几个方面：

首先，债权对企业管理者具有硬约束作用。债务是企业的一种固定负担，企业必须按约定时间向债权人偿还债务，并交纳利息，否则将受到惩罚，经营者也会受到损失，如丧失控制权收益等。所以，如果公司面临的债务较多时，管理层将会努力改善企业经营，以降低企业破产的可能性。另外，债权融资具有一定的界限，超过这个界限就会影响企业的资信水平，从而限制了其进一步的融资能力①。

其次，债务契约是实现"相机控制"的机制。为保全其资产的安全和有效运行，债权人会对企业的资金运用状况以及企业的整体运营情况进行跟踪监督，必要时进行适当的干预和控制。当股权所有者掌握着企业投资控制权时，债权人的现金收益流量是固定的，投资所带来的所有边际收益都归股权所有者所有，从而激励股权所有者做出最优投资决策；如果一旦企业面临破产，企业投资的控制权便转移到了债权人手中，投资活动吸收了债权人所拥有的信息集，从而降低了投资的失败率。所以，债务融资的加入使企业通过破产实现相机控制，其投资活动的可能范围得以扩展，企业投资效率相应得到提高。

4.3 研究假设与样本选取

4.3.1 研究假设

基于以上的理论分析，我们认为有效的债权治理有助于提高公司治理效率，最终将在公司治理效率的载体——公司绩效上体现出来，即债权的治理效应会对公司绩效产生正面影响。因此，我们提出第一个假设：

H_1：在其他影响公司绩效的因素不变时，债权比例与公司绩效具有显著的正相关关系。

假设 H_1 表明，负债可以提高公司绩效，即债权比例越高，公司绩效

---

① 从企业角度看，随着企业负债比例越来越大，债务融资成本越来越高，财务成本的上升将抵消负债水平对公司治理改善的收益。从债权人角度看，负债比例增加也增大了公司破产的可能性，债权人对企业强烈的债务融资一般会更谨慎。

越高。但是，这一过程并不能一直持续下去，因为随着企业负债的增加，企业的财务风险不断加大，债权代理成本也不断增加，在超过一定的负债水平后，增加负债的边际收益将为负，从而导致公司绩效的下降。因此，我们又提出了第二个假设：

H_2：在债权比例较低时，公司绩效与债权比例正相关；在债权比例较高时，公司绩效与债权比例负相关。

4.3.2 研究样本的选取

由于不同时期的上市公司受市场环境、宏观经济条件的影响各不相同，为了避免由此带来的统计上的"噪音"，所以样本公司在上市时间上应该具有可比性。本章研究的样本包括沪市所有 A 股上市公司 2002 年到 2004 年的数据，剔除 ST、PT 公司，金融性公司[①]以及资产负债率大于等于 100% 公司[②]的观察值。另外，由于部分数据缺乏等原因，又剔除了部分观察值。我们最后得到的观察值为 2284 个。所有财务数据均来自上海证券交易所网站和新浪财经纵横网。我们所使用的统计学软件是 SPSS11.5。

4.3.3 研究变量的选择

（1）被解释变量：公司绩效指标 Y。本章主要分析债权的治理效应，因此选取总资产收益率 ROA 这一会计指标作为研究对象，用以分析负债对公司绩效的影响。

$$ROA = 税后净利润/年初年末总资产平均值$$

（2）解释变量：资产负债率 DAR。

$$DAR = 负债总额/资产总额$$

（3）控制变量。影响经营绩效的因素很多，为了控制其他因素对经营绩效的影响，本章引入了如下控制变量：公司规模（SIZE），公司年末总资产的自然对数（总资产以 1 万元为单位）；成长能力（GROWTH），净利润增长率 =（当年净利润 - 去年净利润）/去年净利润；年度虚拟变量（Y2003，Y2004），当观测值属于 2003 年时，Y2003 = 1；否则 Y2003

---

① 金融类上市公司的资本结构与一般上市公司有显著不同，在此剔除了金融类上市公司。
② 资产负债率大于等于 100% 的公司的数据极为异常，且波动幅度大，很可能对回归结果产生过大的影响，因此，我们剔除了这些资不抵债的公司。

=0。当观测值属于 2004 年时，Y2004 =1；否则 Y2004 =0。

4.4 研究模型与实证分析

4.4.1 研究模型

为了分别检验我们的假设 H_1 和 H_2，建立回归模型如下：

模型1：$ROA = \beta_0 + \beta_1 DAR + \beta_2 SIZE + \beta_3 GROWTH + \beta_4 Y2003 + \beta_5 Y2004 + e$

模型2：$ROA = \beta_0 + \beta_1 DAR + \beta_2 DAR^2 + \beta_3 SIZE + \beta_4 GROWTH + \beta_5 Y2003 + \beta_6 Y2004 + e$

模型中，β_0 为截距；$\beta_i (i=1, 2, 3, 4, 5, 6)$ 为模型回归系数；e 为随机误差项。

4.4.2 样本统计特征

变量的统计分析如表 4-1 所示：

（1）被解释变量 ROA 的均值比较低，为 2.98%；而且波动并不剧烈，最小值 -61%，最大值 41%，标准差 6.32%。

（2）解释变量资产负债率（DAR）的平均值为 46.01%，这说明上市公司的负债水平普遍偏高。波动范围也相对较大，标准差 17.86%。

（3）在控制变量中，波动程度最大的是上市公司的成长能力（GROWTH），标准差达到了 4462%；其次是公司规模（SIZE），标准差为 95.43%。

表 4-1　　　　　　　　变量描述性统计

变量	均值	标准差	最小值	最大值
ROA	0.0298	0.06317	-0.61	0.41
DAR	0.4601	0.17861	0.00	0.99
SIZE	11.9867	0.95438	9.39	17.48
GROWTH	0.0884	44.62983	-165.82	2047.61
Y2003	0.3369	0.47274	0.00	1.00
Y2004	0.3520	0.47770	0.00	1.00

4.4.3 回归结果

表 4-2 列出了资产负债率与公司绩效关系的实证结果，从中可以发现，公司绩效（以 ROA 体现）与资产负债率显著负相关，与现代资本结构理论和西方的经典实证结果不符，这可能是因为我国上市公司的资产负债率太高（平均为 46.01%），已经超过马修斯（1983）的实证范围（0.23~0.45），这种情况下，增加负债的边际收益为负，即增加负债减少的股权代理成本已经小于债权代理成本的增加。

表 4-2　　　　　　　资产负债率公司绩效关系实证结果

变量	模型 1	模型 2
解释变量	ROA（1）	ROA（2）
样本数量	2284	2284
截距项	-0.049*** (-3.101)	-0.092*** (-5.619)
DAR	-0.126*** (-17.652)	0.112*** (3.924)
DAR^2		-0.257*** (-8.593)
SIZE	-0.011*** (8.375)	-0.011*** (8.236)
GROWTH	0.0001*** (3.538)	0.0001*** (3.492)
Y2003	0.006** (2.052)	0.007** (2.236)
Y2004	0.003 (0.891)	0.004 (1.323)
Adj R-squared	0.145	0.173
F 检验值	74.848	76.770
Prob > F	0.0000	0.0000
D.W	1.943	1.951

注释：*** 表示在1%的水平上显著，** 表示在5%的水平上显著，* 表示在10%的水平上显著，括号内的数字为数据的 T 检验统计量。

由表 4-2 的回归结果可以发现，资产负债率 DAR 对 ROA 的回归系数为 -0.126，并且在统计上是显著的。控制变量 SIZE 和 GROWTH 分别与公司绩效呈负相关关系和正相关关系，而且显著性非常明显——T 检验的显著性系数，就是 P 值全部为 0.00。由此，我们可以得出结论：债权比例与公司绩效之间呈现显著的负相关关系，即上市公司的债权比例越高，公司绩效一般趋向于越低，表明债权治理效应对公司绩效产生了负面影响，债权在我国上市公司的治理中并没有发挥其应有的作用，表现出无效性。模型 1 的实证结果与假设 H_1 出现了不一致，这可能是由于我们在理论分析时假设的前提条件不符合我国的实际情况所造成的。

模型 2 检验的是资产负债率与公司绩效之间的非线性关系。由于我们采用了资产负债率小于 100% 的样本公司数据，DAR_2 对 ROA 的回归系数显著（见表 4 - 2），公司绩效与负债之间存在显著的二次曲线关系，说明我国上市公司存在最优资本结构。

为进一步了解负债对公司绩效的影响，我们求出了二次函数值最大时的资产负债率为 21.79%。根据二次关系，资产负债率低于 21.79%，公司绩效与负债正相关，资产负债率高于 21.79% 时，公司绩效与负债负相关。由于我国上市公司的平均负债率是 46.01%，远大于 21.79%，所以我国上市公司的经营绩效与负债负相关。这与我们的假设 H_2 是一致的，说明负债与公司绩效之间存在显著的非线形关系。

公司规模和成长能力在不同的模型中对绩效的影响作用基本相同，在两个模型中，公司规模与 ROA 显著负相关；而成长性指标却与 ROA 呈现显著的正相关关系。

4.5 结论、原因分析及政策建议

4.5.1 结论

我们在理论分析的基础上提出了两点假设，即 H_1：债权比例与公司绩效呈正向关系；H_2：在债权比例较低时，公司绩效与债权比例正相关；在债权比例较高时，公司绩效与债权比例负相关。而且在这两点假设的基础上，分别建立了模型 1 和模型 2 进行检验。但是根据最后的实证结果，我们拒绝了 H_1，接受了 H_2。具体结论主要包括以下几个方面：

(1) 我国上市公司负债对其公司绩效有重要影响。

(2) 债权比例与公司绩效在统计上呈显著的负相关关系，即上市公司的负债比例越大，相应的绩效也会越差。

（3）公司绩效与负债还存在着显著的二次关系。当资产负债率（DAR）为21.79%，在其他条件不变时，权债对公司绩效促进作用最大。

4.5.2 原因分析

关于债务融资，与国外相比，目前我国无论是在市场环境方面还是在法律环境方面都很不完善，存在着众多阻碍负债有效发挥其治理效应的因素。

（1）我国债务融资具有软约束的特征。我国企业的债权人主要是国有银行，企业和银行之间的债权债务关系实际上在很大程度上体现为同一所有者的内部借贷关系，企业债务到期即使不能按期履行还本付息的义务，银行也无法行使对企业资产的最终控制权，银行不能成为上市公司的股东。因此，企业债务并未给经理层带来很大的压力。

（2）破产退出机制与相机控制失灵。当企业在"收不抵支"和"资不抵债"、无力偿还债务本息时，通过破产机制，企业的剩余控制权和剩余索取权就会由股东转移给债权人。然而，在我国上市公司并非如此。我国《破产法》仅限于调整国有企业，对股份制公司没有明确规定，因此上市公司破产缺乏健全的法律依据。我国《破产法》规定债权人不能对破产企业进行接管，企业的清算和重组最终由国家股东行政安排，对企业经理层不具有约束力，因此债权人相机控制无法实现。

（3）主办银行制度未发挥应有作用。1996年，我国开始尝试着建立主办银行制度，通过签订协议的形式在银行和企业之间建立相对稳定的信用关系和合作关系。但是，它单纯强调主办银行对企业的金融服务，忽视了银行对企业的监控。特别是我国《商业银行法》和《证券法》甚至禁止国有银行持有其他公司的股票，从而削弱了债权人的监控效果。同时，银企合作协议每年都需要重新签订一次，并不能体现主办银行与企业之间的长期合作关系；而且银行的贷款主要限于流动资金贷款，所以银行并不关注企业的长远发展。实际上，银行只起到了对债权的消极保护，主办银行制度并未发挥其应有的职能。

4.5.3 政策建议

（1）强化银行的监督职能，建立真正的债权债务关系。银行在企业融资结构中占重要地位，所以要求必须加快国有银行的商业化、公司化进程。构造多元的产权主体，以真正确立银行的产权主体地位，并与企业建立真正债权债务的关系。同时，理顺政府与银行的关系，实现国有银行真正按照商业化原则自主经营、自负盈亏、自我约束、自我发展，使银行在企业债务重组的过程中实现国有银行资本结构以及资产质量的优化。

（2）完善破产法律制度，实现债权人相机控制。《破产法》对债权在企业治理中是否能发挥重要作用影响巨大，《破产法》中对破产程序的具体规定会影响到破产机制的效率。而我国企业破产程序存在较大的不合理性，严重制约了债权治理效应的发挥，因此，需要完善现行的《破产法》。在修改《破产法》中应适当限制政府部门和债务人在破产程序中的权利，消除行政权力对于破产过程的不当干预，同时相应增加债权人的参与权，增强债权人对破产程序的参与程度。只有这样才能使破产退出机制真正建立起来，才能使破产威胁成为经营者的硬约束，从而发挥出债权的治理效应、在破产退出机制有效发挥作用的基础上，将剩余控制权与剩余索取权转移给债权人，实现相机控制。

（3）允许银行适度持股，完善主办银行制度。我国目前的主办银行制度只体现了这一制度的侧面，如较稳定的信用关系、综合经济往来以及信贷技术支持等，尚未触及主办银行制度的实质所在，即银行对企业监控机制的建立。因此，当国有银行商业化、股份制的改造基本完成后，可适时地修改《商业银行法》和《证券法》的有关条款，允许银行适度持有工商企业的股份，充分发挥主银行在公司治理中的监控作用，提高债权治理效率，从而完善主办银行制度。

参考文献

1. 李建标、王光荣：《上市公司负债和经营绩效的非线形关系及其公司治理的传导效应》，中国与东亚国家公司治理研讨会会议文章，2005年。

2. 杜莹、刘立国：《中国上市公司债权治理效率的实证分析》，载《证券市场导报》，2002年第12期。

3. 程建华、乔俊峰：《浅析债权的公司治理效应》，载《财经论坛》，2004年第7期。

4. 张维迎：《企业的企业家——契约理论》，上海三联书店、上海人民出版社 1996 年版。

5. 谭昌寿：《债权治理效率的理论和实证》，载《求索》，2004 年第 6 期。

6. 汪辉：《上市公司债务融资、公司治理与市场价值》，载《经济研究》，2003 年第 8 期。

7. 文宏：《资本结构与公司治理——对中国上市公司的实证研究》，社会科学文献出版社 2000 年版。

8. Mafsulis., The impact of capital structure change on firm value: some estimates [J]. Journal of Finance, 1983, 38: 107 – 126.

9. Jensen M. C., Agency cost of free cansh flow, corporate finance and takeovers [J]. American Economic Review, 1986, 76: 323 – 329.

10. Ross, Stephen A., The Economic theory of Agency: the Principal Problem, American Economic Review, 1973.

第二篇
上市公司控制权安排

第 5 章
企业控制权的演进与本质的分析[*]

企业控制权始终是公司治理的一个重要理论与实践问题。企业从最初的基本形态发展为现代的公司制企业是历史的必然，它反映了社会化大生产的本质要求。企业控制权形态的演变是由企业各要素资源的稀缺性和可监督性所决定的。控制权结构随着企业形态的演变而不断发生变化。现代公司控制权在其发展中呈现出不同于以往企业制度的不同特性，即控制权来源的多维性、控制权的可分割性和控制权的动态性。

5.1 引 言

现代企业理论始于 20 世纪 30 年代，其奠基之作，一是 1932 年伯利和米恩斯（Berle and Means）的著作《现代公司与私有财产》；二是 1937 年科斯（Coase）的论文《企业的性质》，而它们同样是企业控制权研究的真正起点。伯利和米恩斯提出了现代企业"所有权与控制权分离"的重要命题，科斯则富有创见性地论证了作为市场替代物的以"权威"为特征的企业来配置资源，可以节约市场定价的交易费用。虽然研究的出发点不同，但他们同样触及企业的控制权这一关键问题，具有理论发端的重

---

* 本章内容发表在《理论学刊》2007 年第 2 期。

要价值。

可见,现代企业理论从诞生之日起便强调企业中控制权的重要性,可以说"控制权"是理解企业制度的一个核心变量。随着股份公司的发展、企业股权分散化、企业的实际运营由职业经理人掌握,企业控制权问题逐渐引起人们的关注和研究,企业控制权的配置和流动也日益成为研究公司治理机制的核心和关键,如何合理配置企业控制权并促使控制权的高效率流动,也成为提高企业绩效、保护投资者利益的关键问题。

企业制度是指企业劳动者与生产资料结合的社会形式,是调节企业内员工、出资人、管理者之间关系的各种社会规则。企业制度是一个多层次的制度体系,包括产权制度、分配制度和管理制度等。根据企业制度的产生、演变的逻辑顺序,企业制度可分为业主制企业、合伙制企业和公司制企业三种基本形式[1];业主制、合伙制是早期的古典式企业制度,现代公司制企业是在业主制、合伙制的基础上发展演进而来的。企业从最初的基本形态发展为现代的公司制企业是历史的必然,它反映了社会化大生产的本质要求,在这个发展过程中,公司的控制权结构随着企业形态的变化而表现出不同的特征。

5.2 不同企业制度下的企业控制权模式

5.2.1 业主制企业下的高度集中控制权模式

企业制度无论从历史事实还是从理论逻辑起点上说,最早出现的都是以家庭为单位的单一业主制企业(proprietorship)。按照新制度经济学家思拉恩·埃格特森的定义,业主制企业是指"在经营单位内,剩余索取者和最终决策者同为一个人的企业体制[2]"。

在企业所有者与经营者合一的古典式业主制企业中,个人财产所有权就等同于企业所有权;这种体制最显著的特点就是所有者不仅出资而且承担经营风险和自主经营管理,企业的运营及收益处置均完全从属于所有者的意志,所有者享有剩余索取权并拥有不可分享的控制权。虽然业主制企

---

[1] 徐向艺:《现代公司组织与管理》,经济科学出版社1999年版,第12页。
[2] 思拉恩·埃格特森:《新制度经济学》,商务印书馆1996年版,第155页。

业也雇佣一些工人甚至工头，但其内部的产权关系是简单的、明晰的，企业由业主个人投资创办，因此，企业经营决策权与剩余收益权都集中于业主个人；与此相对应，企业的经营风险也全部由业主承担，而且业主对经营风险承担"无限责任"，而不是以投入的资本为限。事实上，业主制的所有者是作为一个完全的责权利统一体而存在的。

但是业主制企业制度的局限性在生产规模扩大时逐渐显现出来：一是当生产规模扩大需要更多资本时，通常会受到业主自有资金的限制，虽然可以借贷，但由于单一业主制企业的资信有限，可能需要提供更多的抵押，因此，融资成本是很高的；二是随着企业规模的扩大，由业主单独投资，其经营风险也增大了，这种企业的无限债务责任也是单个业主所难以承受的。因此，这种资本与风险的双重限制使得它必然要被新的企业制度所替代。

5.2.2 合伙制企业下的分享制控制权模式

合伙制企业（partnership），是指两个或两个以上的人共同投资并分享剩余、共同监督和管理的企业。合伙制企业的财产所有权和控制权归合伙人共同拥有，剩余收益通常是根据合伙人的出资比例分享，与此相对应，企业的经营风险也是由合伙人按比例分担，合伙人对企业的债务也负有无限责任。

合伙制企业可以有效地发挥合伙人所拥有的资源优势（如资金、技术、土地等），从而满足更大规模的生产发展的需要，也可以在一定程度上分散经营风险的压力。与单一业主制企业相同，在合伙制企业中，剩余索取权和控制权也是合一的，但这时的"一"是指一个集体，而非个人，因而存在共有产权问题，这就决定了剩余索取权和控制权的分享需要在合作者之间达成协议。如果每个合伙人都尽责并可以毫无代价地被加以观察，那么合伙制企业的产权结构将是增进协作生产力的理想制度安排，从而有利于协作群规模的扩大。

尽管合伙制企业在一定程度上克服了单一业主制企业所面临的资金与风险的压力，但由于合伙制企业存在的相互代理、复杂的契约关系，在企业内外容易产生分歧，不利于长期经营。随着企业规模的不断扩大，合伙制企业内部的协调成本即交易费用可能太高，企业在经营中的规模经济必然很快被这种高昂的成本所破坏。从原则上说，合伙制企业的每个合伙人都拥有企业的独立的决策控制权，但决策风险却是由内部所有合伙人共同承担的，这就容易出现所谓的道德风险（moral hazard）问题，事实上每个合伙人都会产生偷懒（shirk）动机而力图充分享受产权收益、充分行使自己的控制权而责任由合伙人共同承担，这种行为造成的结果只能是企业发展缓慢甚至消亡。同时，随着合伙制企业中合伙人人数的增加，这种机会主义动机就会增大，这样就有了相互监督的需要。但是随着合伙人数的增加，监督成本就会增大，合伙人在监督问题上就会出现"搭便车"的行为，因为每个合伙人的监督努力给自己带来的报酬份额会越来越小。并且，合伙制企业的这种交易成本会因为"无限责任制"而加大：虽然合伙制企业的经营风险由合伙人共同承担，但如果其他合伙人无力承担本属于他的那份债务责任时，就必须由能够承担的那个合伙人全部承担，直至他的全部个人财产赔偿完为止。因此，这种"无限责任制"会加大合伙人的道德风险，因为其行为所带来的收益归自己，而损失与风险却归合伙人。

随着现代社会生产的发展，合伙制企业在资金上限制（合伙规模不能过大）、无限责任制所造成的风险压力以及合伙制企业内部的协调成本使得合伙制企业难以获得稳定发展，现代社会生产呼唤传统企业制度的变革。

5.2.3 公司制企业下的分散式控制权模式

公司制企业（corporateship）的出现在企业的发展史上具有划时代的意义，与传统的业主制企业相比，现代公司制企业一个显著的特征就是个人财产所有权与企业所有权的分离。公司制企业将无数个人的财富集中成为庞大的集合体，并将对这些财富的控制权置于统一的管理之下。伴随着这种集中的力量，投资者放弃了对其财富的控制权，这有效地破坏了既有的财产关系，并提出了重新界定财产关系的问题。企业不是由那些用其财富冒险投资的人来管理，而是由另外的人来管理，这就产生了管理背后的动力问题以及企业经营利润如何有效分配的问题。

随着公司制度的崛起，资本的所有者与资本的管理者发生了分离。正如伯利和米恩斯所说："公司制度不仅仅是演化成了经营企业的常规形态。在公司制度中存在着一种向心引力，将财富吸入规模不断扩大的集合

第5章 企业控制权的演进与本质的分析

体,与此同时,将控制权归入越来越少的人的手中"①。个人所有权不断地变得更加分散,而过去和所有权结合在一起的控制权则逐渐集中。对于现代公司制企业而言,公司制企业作为一个独立的法人实体存在,出资人的有限责任制度使个人财产所有权不同于企业所有权。个人财产所有权是公司制企业存在的前提,企业所有权是个人之间产权交易的结果,公司制企业成为不同生产要素所有者之间契约的结合②。正是由于股东产权与法人产权的相互依存和相互矛盾运动,引起了股东产权与法人产权结构形态的演变,而这种结构形态的演变过程,实际上也就是公司制企业控制权的转移过程。如图5-1所示。

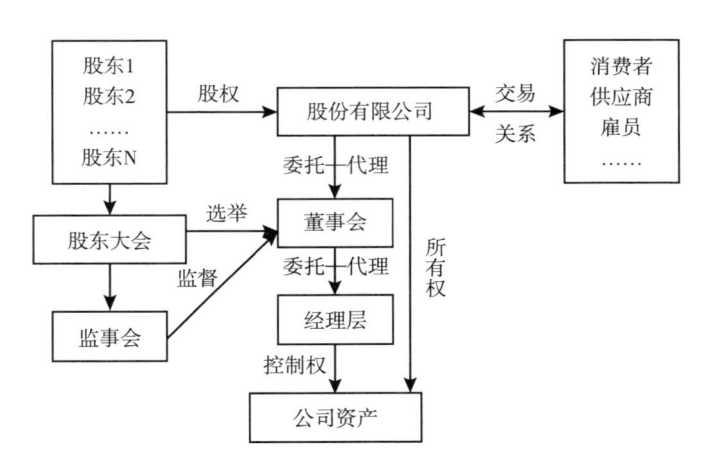

图5-1 公司制企业制度下的控制模式

现代公司制企业是一种高度复杂的组织机构,组织企业生产经营工作所需要的各种知识越来越多,企业管理越来越专业化,迫使股东不得不逐渐脱离企业经营管理工作,而聘任拥有专门知识的经理人员来进行管理。最初尽管一些投资者所具备的管理知识相对来说非常有限,但这些大股东由于持有主要股份,仍可直接控制董事会,并通过董事会取得企业经营管理的控制权;同时,经理人员的控制权虽仅限于企业的日常经营管理范围之内,但是它们作为管理知识的代表开始进入企业控制权的中心。随着企

---

① 阿道夫·A·伯利,加德纳·C·米恩斯:《现代公司与私有财产》,商务印书馆2005年版,第3页。
② 严格来说,公司制企业本身是没有所有者的,如詹森和麦克林(Jensen and Meckeling)就将公司制企业称之为一种"法律假设"。

业规模的进一步扩大和股东产权的进一步分散,在股东之间形成了各种不同的股东利益集团,股东利益集团争夺企业控制权的结果导致了经营管理者与所有者之间的结盟,从而导致法人产权对控制权的彻底渗透。当法人产权对控制权全面渗透之后,经理人员与股东利益集团的关系更为复杂,形成了股东产权与法人产权之间力量对比的均衡状态。随着企业规模的再度扩大和股东产权的再度分散,股东利益集团的持股相对份额则进一步下降,使得法人产权与股东产权的力量发生了根本性的变化,相对来说股东产权越来越弱小,在与股东利益集团的关系中取得主动地位后,经理人员的控制权限越来越大,他们开始选择合意的人进入董事会,或直接向小股东发出要求签署的投票委托书。虽然在企业法等有关法律及企业章程上明文规定了股东的许多权利,但在实际中一些权利很难得到具体实施,企业的控制权已经从作为股东代表的董事会的手中转移到实际控制董事会的经营管理者手中,实现了法人产权的控制形式,形成了所有权与控制权两权分离的根本特征。

5.3 现代公司控制权性质的分析

5.3.1 控制权来源的多维性特征

从历史和现实的角度看,控制权的基本来源包括财产所有权、知识、信息、传统习俗和超经济强制。控股可以带来控制权,但不必然带来控制权;控制权可以通过控股来实现,也可以通过表决权争夺或其他方式(譬如租赁、订约和代理等)来实现[1][2]。股权并非公司控制权结构中唯一的一种权力来源,除股权、债权等物质资本的权力外,还有人力资本的权力及其他种类的权力。当然,在各种"控制权结构"中权力分布并不

---

[1] 高愈湘:《中国上市公司控制权市场研究》,中国经济出版社2004年版。
[2] "施莱佛和威史尼(Shleifer and Vishny)"(1989)认识到企业经理不仅可以通过人力资本专用性投资来强化自己在企业中的地位,而且还可以通过对融资结构的选择(Novaes—Zingales,1995)或者权力机构——董事会结构和运行机制安排来增强对企业的控制(Hermalin and Weisbach,2001)。"曾格尔斯(Zingales)"(2001)认为,组织盈余是企业得以存在和发展的基础,技术条件或市场差异决定关键性资源的种类及变化,得出企业控制权取决于各种关键性资源特别是人力资本价值的结论。

均匀①。

在信息经济和知识经济发展的前提下,知识资源和人力资本的作用空前提高,新经济和全球竞争要求的不再是简单的以股权控制为纽带形成的股权控制体系,而是以股权控制、长期合同、企业契约、战略联盟等多种形式共同构成的控制网络,控制权已经超出了所有权的边界,得到了拓展。由于企业竞争能力是共同知识和私人知识的积累,企业控制权安排应是资本雇佣劳动和劳动雇佣资本同时并存,有时甚至是劳动雇佣资本占统治地位,拥有专门知识和关键信息的企业参与者应当分享企业的控制权配置。

5.3.2 控制权的可分割性特征

控制权具有可分割的特点,不同的相关利益者具有不同层次和不同权限的控制权,而且不同的控制权可以发生转化。近年来,公司治理理论提出并且讨论了公司治理中利益相关者的地位和作用,我们有理由认为,公司控制权的基础和来源在于公司和利益相关者之间的契约关系,由于公司和各利益相关者之间所签订的契约关系不同,从而导致利益相关者对公司的控制权不同,企业控制权的安排应当充分考虑各相关利益者的利益,相关利益者应该拥有企业一定的控制权。

但同时,也应该看到,各个利益相关者在公司治理中所拥有的权利不同,所起的作用也不同:股东是公司的发起人,是公司治理的原始动力;公司管理者拥有经营控制权,是公司治理的关键;雇员是公司的劳动力资源;债权人是公司发展的资金提供者;供应商是公司产业链中的供应链;顾客是公司生存和发展的外部依赖者;政府是公司税收政策的制定者。基于利益相关者的共同利益,他们应当共同拥有公司共同的权利,但各利益相关者在公司治理中所起的作用不同,在公司治理中的参与度也不同,因此他们所拥有的控制权权重也应有所不同。因此,必须对不同性质的利益相关主体加以区分,分别确定其控制权的权重指标,考虑不同利益相关者对公司治理不同方面的影响,避免笼统、空泛;同时,要以尽可能量化的指标来衡量不同的利益相关者的控制权问题,增加其权重指标体系的可操作性。

---

① 王彬:《公司的控制权结构》,复旦大学出版社1999年版。

5.3.3 控制权的动态性特征

公司控制权不仅能在股东之间转移，而且能在股东、债权人、管理者、职工之间流动。在企业正常经营条件下，股东是公司主要所有者，享有公司控制权，有权决定公司控制权安排；当企业经营出现债务危机时，债权人将根据企业契约接管企业，享有公司的实际控制权，有权决定公司控制权安排。债务危机的临界点是公司控制权安排在股东和债权人之间转换的临界点。所以说，公司控制权实际上是一种"状态依从"的控制权。

参考文献

1. 费方域：《企业的产权分析》，上海三联书店、上海人民出版社1998年版。
2. 高愈湘：《中国上市公司控制权市场研究》，中国经济出版社2004年版。
3. 刘磊、万迪昉：《企业中的核心控制权与一般控制权》，载《中国工业经济》2004年第2期。
4. 梅慎实：《现代公司机关权力构造论》，中国政法大学出版社1996年版。
5. 熊道伟：《现代企业控制权研究》，西南财经大学出版社2004年版。
6. 殷召良：《公司控制权法律问题研究》，法律出版社2001年版。
7. 周其仁：《"控制权回报"和企业家控制的企业》，载《经济研究》，1997年第5期。
8. 朱弈锟：《公司控制权配置论——制度与效率分析》，经济管理出版社2001年版。
9. Adolph A. Berle., Gardiner C. Means, Modern Corporation and Private Property. 1968: 66 – 84.
10. Emerson, Richard M., Power—Dependence Relations, American Sociological Review, 1962 (27): 31 – 32.
11. Fama, E. and Jensen, M, Separation of Ownership and Control, Journal of Law and Economics, 1983, Vol. 26.
12. Grossman, S., Hart, O., The Costs and Benefits of Ownership: A Theory of Vertical and Lateral Integration, Journal of Political Economy, 1986, Vol. 94.
13. Magaret M. Blair, Ownership and Control: Rethinking Corporate Governance for the Twenty – first Century. 1995: 29 – 35.

第 6 章

控制权私有收益计量方法的比较及其改进[*]

攫取控制权私有收益是导致大股东对小股东进行侵害的主要动因。目前理论界对我国控制权私有收益的研究较为贫乏，而且现有的文献中所使用的测量私有收益的方法也存在一定缺陷。本章首先概括了国内外现有关于度量控制权私有收益的不同方法，然后对现存方法进行比较分析及评价，最后在对现有计量方法进行改进的基础上提出适用于我国上市公司控制权私有收益的计量方法并对其应用进行理论上的探讨。

6.1 上市公司控制权私有收益计量方法

现代代理理论证明，在所有权与控制权分离的情况下，控股股东与小股东之间的利益不一致性是导致两者之间产生代理冲突的最根本原因。格罗斯曼和哈特（Grossman and Hart，1980）对所有股东的利益与控股股东的私有收益之间的关系进行了分析，并且将控制权收益分为两种：一种是所有股东都能够获得的证券投资收益（security benefits）；另一种是仅属于控制性股东或管理者的私有收益（private benefits）。当存在控制权私有收益且可以获取时，控制方就会倾向于通过各种手段攫取私利，此时代理

---

[*] 本章内容发表在《山东大学学报哲学社会科学版》2007年第2期。

冲突就产生了（Fama and Jensen, 1983; Grossman and Hart, 1988）。因此，获取控制权私有收益是导致大股东对小股东进行侵害的主要动因，对控制权私有收益的研究也成为现代公司治理研究的核心内容之一。

香港学者白重恩等（Bai、Liu and Song, 2002）指出，大股东从中小股东那里获取财富的一系列活动都是通过挖隧道（Tunneling）的形式来进行的，即是一种在地下进行的、企图不予人知的行为，其数量和程度都无文字记载，更无法量化。这正如迪克和曾格尔斯（Dyck and Zingales, 2001）所言，控制性股东一般在获取公司资源为自己的利益服务这一行为不易被证实时才这么做。换句话说，如果这些收益很容易被量化，那么这些收益就不是控制权私有收益，因为外部股东会在法庭上对这些收益提出要求权。因此，要直接计量控制权私有收益是很难的，于是许多学者采用了间接的方法对其进行测量。目前主要通过以下四种方法来测量控制权收益。

第一种方法由利斯、康奈尔和麦克森（Lease, McConnell and Mickelson, 1983）提出，适用于测算发行具有差别投票权股票的公司控制权收益。因为基于传统财务理论的看法，具有相同剩余索取权的股票价格应该相同，如果具有相同剩余索取权，但具有不同投票权的股票价格有所不同，那么其价格差额就反映了控制权价值。他们建立了一个包括30家美国上市公司数据的数据库，这些公司在1940～1978年间的某些时候至少拥有两类公开交易的普通股股票，这两类股票只在投票权上有区别，而对公司现金流的权利完全相同。他们把这些公司分为三类：第一类是拥有两种普通股的公司（没有优先股），其中一种有完全的投票权来选择公司董事会成员；第二类是拥有两种普通股的公司（没有优先股），两种均有选择公司董事会成员的投票权，但是一种权利大于另外一种；第三类是拥有两种普通股和一种优先股的公司，两种均有选择公司董事会成员的投票权。然后计算了三类公司中与投票权较小的普通股相比有优先投票权的普通股的溢价（以检验期内每家公司每月最后一个交易日内的股价为计算依据），计算结果为没有优先股的两类公司的平均溢价是5.44%，因为不同股票有相同的现金流权利，所以有投票权股票所具有的高溢价就证明了在美国公众公司中控制权的价值，即控制权收益的水平。

第二种方法是巴克利和洪德内斯（Barclay and Holderness, 1989）首先提出、经迪克和曾格尔斯（Dyck and Zingales）（2001）改进后的测算控制权收益的模型：$PBC = w(P - Y_b)/Y_b$。其中，PBC表示控制权私有收益的价值，Yb 表示宣布控制性股权转移后第二天的股票收盘价；P 表示为获取控制权而支付的股票价格；w 表示控制性股权所占比例。此方法适用于测算发生大宗股权转让公司的控制权溢价水平。巴克利和洪德内斯（1989）认为当控制权发生转移时，受让方为获取控制权所支付的每股价格与宣布控制权转移后的第一个交易日的收盘价之差是控制权收益的良好估计值。他们分析了 1978~1982 年间，纽约证券交易所和美国证券交易所发生的 63 项私下协议的大宗股权交易价格，发现该交易价格要明显地高于消息被宣布后的市场价格，研究表明，美英两国股票市场的控制权溢价平均值达到 20%，并且与公司规模和业绩成正比。

第三种方法由赫诺纳、瑟瑞和沙佩若（Hanouna，Sarin and Shapiro，2002）提出，以控制性股权交易价格和小额股权交易价格的差额来衡量控制权价值。他们对西方七国在 1986~2000 年间发生的 9566 宗收购案例进行分析，根据产业类别和交易时间将控制性股权交易和小额股票交易进行配对发现，控制性股权交易价格平均比小额股权交易价格高出 18% 左右。该方法适用于测算同时发生控制性股权交易和小额股权交易公司的控制权收益的价值。

第四种方法是由香港学者白重恩等（2002）研究中国公司时提出的，适用于测算 ST 公司的控制权收益。他们发现对于中国股票市场中的 ST 公司而言，在某一个公司被宣布 ST 前后的累积超常收益率（CAR），就是控制权收益的良好的测量指标，并认为这种方法与巴克利和洪德内斯（1989）和内拿华（Nenova）（1999）的方法是一致的。他们认为在一家上市公司被宣布为 ST 之后，上市公司的控制性股东为了保住壳资源往往会频繁运作，企图改善上市公司的财务状况，这些努力自然就会反映到上扬的股价当中。为此他们考察了 1998~1999 年被宣布为 ST 的 50 只股票的价格变动情况，发现 ST 公司 22 个月的平均累积非正常收益高达 29%，并且控制权的价值与第一大股东的持股比例及其他大股东的持股集中度成正比。刘睿智、王向阳（2003）采用此方法用 ST 公告日后 1 个月到 24 个月的平均累计超额收益率，测算出我国控制权私有收益的规模高达 56.73%，显示我国拥有控制权的大股东对其他股东的侵害非常严重。同时指出降低我国控制权私有收益的措施，除了要进一步建立健全我国的法律制度、完善上市公司信息披露机制之外，还需要进一步完善公司治理结构、改革一级市场发行制度。

6.2 上市公司控制权私有收益计量方法的比较及评价

国内外学者从各个角度对控制权私有收益加以实证研究，试图找到测量其大小的方法，并取得了相当的进展。但国外学者的研究主要集中在资本市场发达的国家和地区，在这些国家和地区中并不存在国有股和国有法人股的情况，因此，他们对控制权私有收益的度量只是根据全流通的前提进行研究，而较少考虑中国资本市场的具体情况。而国内学者的研究主要是在国外学者测算方法的基础上进行的，所选用测量指标的恰当与否，测算方法的适用性如何都有待于我们进一步的验证。

第一种测算具有投票权差异股票的控制权收益方法计算得出的是当出现投票权差异时每一股股票的控制权价值。第二种测算大宗股权转移价格差异的控制权收益方法计算得出的是当出现大宗股权转移时交易价格的价差。这两种方法是针对不同的对象计算出的不同的控制权收益，是两种不能互相替代的方法。但是这两种方法似乎都低估了控制权的大小。同时，第一种方法运用的前提是上市公司要发行具有二元股权结构（dual-class）的股票。但是由于我国上市公司尚未有在投票权上有差异而在其他方面没有差异的股票，所以通过测算投票权溢价的第一种方法不能用来测算我国上市公司控制权私有收益。

目前我国上市公司的股权结构的特点是流通股与非流通股并存，非流通股的股东由于所持的股份比例大，往往具有公司的实际控制权，因此涉及控制权转让的股票交易大多为非流通股的转让交易。但是由于非流通股不能上市公开交易，因此与流通股之间存在巨大的非流动性折价，这样就无法通过比较非流通股的转让价格与目标公司股票的市场价格来测度控制权私有收益。也就是说，我国大宗股权交易主要是针对国家股和法人股，由于国家股和法人股的非流通性，其价格远远低于流通股的价格，如果转让价格和流通股市价相比，大部分转让只能是折价转让。因此，在我国也无法直接运用巴克利和洪德内斯（1989）提出的大宗股权转让溢价法来测算控制权私有收益。

白重恩等（2002）的研究在分析方法和变量选取上都存在一定的不足。他们的研究认为 ST 公司股价的超常收益反映了大股东为保住上市资格，在改进业绩方面所作的努力，从而反映了上市资格对大股东的价值，而这种价值就是公司控制权的隐性收益。然而，有关公司上市行为的研究文献表明，上市资格对大股东的价值，不仅体现在可借此获取隐性收益上，也包括其他同样重要的收益，如：分散风险、满足企业发展资金需要、降低资本成本、提高资产流动性、获取外部监督以及品牌效应等 (Zingales, 1995b)。因此，简单地将上市资格的价值归结为公司控制权的隐性收益，很有可能高估控制权隐性收益的水平。

对上述控制权收益计算方法比较分析结果如表 6-1 所示。

表 6-1　　　　国内外各种控制权私有收益的计量方法比较

计量方法	文献	测算公式及相关解释	不足之处
投票权溢价法（voting premium）	曾格尔斯（1994）	$VP_t = (P_{vt} - P_{nvt})/P_{nvt}$； VP_t：投票权的溢价； P_{vt}：有投票权的股票的价值； P_{nv}：没有投票权的股票的价值。	中国上市公司目前不发行具有二元股权结构的股票，因此不适合用来测算中国上市公司的控制权私有收益。
	内拿华（2003）	$VP = [P_M(t) - P_L(t)]/(1-k) \times ([N_M + N_L \times k]/2)/[N_M \times P_M(t) + N_L \times P_L(t)]$； VP：投票权价值； t：一周（从 0 到 52 周）； $P_M(t)$ 和 $P_L(t)$：高投票权股份和低投票权股份每周的市场价格； N_M 和 N_L：高投票权股份和低投票权股份的数额； K：低投票权股份的投票权比上高投票权股份的投票权；	
	多伊奇（Doidge，2004）	$VP = (P_H - P_L)/(P_L - rv \times P_H)$； VP：投票权价值； P_H 和 P_L：高投票权股份和低投票权股份的市场价格； rv：低投票权股份的投票权比例比上高投票权股票的投票权比例。	
大宗股权转让溢价法（block premium）	巴克利和洪德内斯（1989）	$BP = (P_b - P_e)N_b/P_e N_t$； P_b：大宗股权转让价格； P_e：大宗股权转让公告后当天股票的市场价格； N_b：大宗股权转让的股份数额； N_t：公司发行在外的股份数额。	对控制权私有收益的度量是根据全流通的前提进行研究；但中国存在严重的股权分置现象，因此其方法不适合直接用于测算中国上市公司的控制权私有收益。
	迪克和曾格尔斯（2001）	$BP = rB_b + (1-r)B_s - a(1-r)(Y_b - Y_s)$； B_s 和 B_b：出让方和受让方的私有收益； Y_s 和 Y_b：出让方和受让方的每股现金流权； r：出让方的讨价还价能力； a：转让的股权比例。	

续表

计量方法	文献	测算公式及相关解释	不足之处
大宗股权转让溢价法（block premium）	唐宗明和蒋位（2002）	$CP = (P_A - P_B)/P_B$； CP：控制权的私有收益； P_A：大宗股权转让价格的每股交易价格； P_B：被转让股份的每股净资产。	未对涉及控制权转让的股权交易进行定义；用被转让股份的每股净资产来替代公司股票的市场价值忽略了交易的双方对股权带来的正常现金流的预期。
	姚先国和汪炜（2003）	$CP = (TP - NA)/NA - EP$； CP：控制权私有收益； TP：存在控制权转移的大宗股权转让价格； NA：被转让股份的每股净资产； EP：投资者对目标企业增长率的合理预期。	未对资本持有期间所得的现金流入（主要是股利的形式）加以考虑。
控股股份与非控股股份的转让价格差异法	赫诺纳、瑟瑞和沙佩若（2002）	$V = \{[(P/B)_e - (P/B)_m]/(P/B)_m\} \times 100\%$； V：市场总体的控制权价值； $(P/B)_e$：单宗控制权交易每股价格与标的公司每股净资产的比率； $(P/B)_m$：单宗小额股权交易每股价格与标的公司每股净资产的比率；	没有对控制权交易与小额股权交易进行配对；且只能从整体层面上研究控制权价值，却不能从个体层面上研究单个公司的控制权价值。
	施东辉（2003）	$V = [(P/B)_e - (P/B)_m]/(P/B)_m$； V：控制权价值； $(P/B)_e$：控制权交易每股价格与标的公司每股净资产的比率； $(P/B)_m$：小额股权交易每股价格与标的公司每股净资产的比率。	一年内同时发生小额股权交易和控制权交易的公司比较少，导致样本的容量不足。
	叶康涛（2003）	$C/P_L = P_C/P_L - P_0/P_L$； C：控制权私有收益； P_C：控制性非流通股的转让价格； P_0：非控制性非流通股的转让价格； P_L：流通股价格。	未对控制权交易和小额股权交易进行一一配对导致控制权交易价格与小额股权交易价格易受到其他因素的影响。
上市公司被特殊监管（ST）后的超额累计收益率法	白重恩等（2002）	$PER_j = \sum(r_{j,t} - m_t)$； PER_j：上市公司的超额累计收益率； $r_{j,t}$：j公司被特殊监管后第t个月的股票回报率； m_t：第t个月的市场回报率。	把上市资格对大股东的价值等同于控制权私有收益导致高估了控制权私有收益的水平。
	刘睿智和王向阳（2003）	$CAR(a,b) = \sum_{f=a}^{b}[\sum_{i=1}^{m}(R_{if} - M_{if})/N]$； R_{if}：ST公司的月收益率； M_{if}：市场的月收益率； (a, b)：事件的时间窗口； N：样本量；	

6.3 我国上市公司控制权收益计量方法的改进及其应用

中国作为一个典型的股权集中型的国家，上市公司"一股独大"、大股东通过攫取控制权私有收益侵占少数股东的利益等问题一直受到政府监管部门、投资者和研究人员的高度关注。通过以上对国内外关于控制权私有收益的相关研究的总结可以发现，国内学者对我国控制权私有收益的水平进行了测度，但研究成果较少，且计量方法与计量指标的选取上仍存在一定的缺陷，因此本节将在上述第二种方法的基础上试图提出一种改进交易溢价模型来计量我国的控制权私有收益的水平。

巴克利和洪德内斯以及迪克和曾格尔斯（2004）指出控制权转让溢价之所以能够反映出控制权私有收益是因为，当控制权转让双方进行谈判决定大宗股权转让价格时，受让方会考虑两个方面的收益：一部分是根据持股比例可以获得预期的现金流（如股利、资本利得等），这部分预期的现金流能从目标公司股票的市场价格反映出来；另一部分是控股股东通过拥有控制权可以取得的利益，这部分利益是小股东无法享有的，因此这部分利益只在控制权转让交易价格中体现，而无法从目标公司的市场价格反映出来。所以，控制权转让交易的价格相对于股票市场价格的溢价可以反映出控制权受让方对控制权私有收益的预期。班诺斯和威斯伯赫（Benos and Weisbach）（2003）指出在控制权转让过程中，对于股权的受让方来说，股权转让的价值包括了两部分——对未来现金流的预期和控制权的收益。对未来现金流的预期又包括了三部分：购买时资产的剩余价值；购买至下次出售时资产的增值部分以及持有资产期间所得的现金流入（主要以股利的形式流入）。因此每股净资产不能完全反映出对未来现金流的预期，而只反映了转让时资产的剩余价值。如此一来，对于预期经营业绩较好的公司，可能会高估其控制权私有收益；而对于预期经营业绩较差的公司，则可能会低估其控制权私有收益。

笔者认为，可以在其基础上，用被交易股份的每股净资产值调整预期的净资产增值部分和股利来代表被交易股份的价值，通过比较股权转让的价格与被交易股份的价值之间的溢价来测量控制权私有收益的水平。同时，属于所有股东的预期正常现金流应为公司的净资产的增值部分和发放的现金股利，这部分现金流是控股股东和小股东均可以获得的，不属于控股股东的控制权私有收益，因此要从交易溢价中剔除出去。至此我们可以得到经改进的计量控制权私有收益的公式：

$$PBC = \frac{(P - NP - CF)}{NP} \times SP$$

其中，PBC 表示控制权私有收益；P 表示交易价格；NP 表示被转让股权的每股净资产；CF 表示股份持有者根据所持股份比例可以获得的预期的正常现金流；SP 表示交易的股份数占公司普通股总数的比率。

目前我国国有股减持的各种消息和方案一直是证券市场极为敏感的问题，国有股减持的大方针是通过向非国有主体转让非流通股权实现股权结构调整，最终实现国有股权全部流通。受这些方针政策的影响，购买上市公司的非流通股权，并通过全流通获得一定的资本增值必然成为企业兼并的一个重要动机。全流通资本增值的根本原因是非流通股和流通股之间存在巨大价差，如果收购方购买的非流通股在可预期的将来进行全流通，必将带来较大的升值空间。我国企业控制权交易的溢价水平从 2001 年开始大幅上升，这其中重要的原因之一就是全流通预期下的资本增值。笔者认为，只有在我国证券市场的制度背景下，从中国股市特殊性和股权结构特点来分析，才能深刻理解公司控制权收益的含义，正确揭示控制权收益的来源及本质进而对其进行价值计量。因此，现阶段我们必须认识到，从理论层面而言，控制权价值的存在意味着在评估国有股和法人股等非流通股的价值时，必须考虑公司的所有权结构和控制权分配，这一点对传统的基于剩余索取权的定价理论提出了挑战。同时，从实践层面来看，应通过强化对投资者利益的法律保护，改革股票发行制度以及加强证券监管力度等途径，有效约束大股东通过控制公司来攫取私有收益，鼓励和引导创造公司价值和提高资本效率的控制权交易，以此促进公司治理水平和资本市场效率的提升。

参考文献

1. 刘睿智、王向阳：《我国上市公司控制权私有收益的规模研究》，载《华中科技大学学报·社会科学版》，2003 年第 3 期。

2. 施东辉：《上市公司控制权价值的实证研究》，载《经济科学》，2003 年第 6 期。

3. 唐宗明、蒋位：《我国上市公司大股东侵害度实证分析》，载《经济研究》，2002 年第 4 期。

4. 叶康涛：《公司控制权的隐性收益——来自中国非流通股转让市场的研究》，载《经济科学》，2003年第5期。

5. Bai C., Liu Q., Song F., "The Value of Corporate Control—Evidence from China's Distressed Firms", Working Paper Series, University of Hong Kong, 2002.

6. Bai, Chong—En, Qiao Liu, and Frank M. Song, The value of private benefits: Evidence from an emerging market for corporate control. Working paper, University of Hong Kong, 2003.

7. Barclay M. and C. G. Holderness, Private Benefits from Control of Public Corporations. Journal of Financial Economics, 1989 (25): 371–369.

8. Chung, K. H. and J. K., Corporate Ownership and the Value of a Vote in an Emerging Market. Journal of Corporate Finance, 1999 (5): 35–54.

9. Dyack, A. and Zingales, "Private Benefits of Control: an International Comparison", NBER working paper Series, 2001.

10. Dyack, A lexander, and Luigi Zingales, Private benefits of control: An international comparison. Journal of Finance 59, 537–600. 2004.

11. Fama, E. F. and M. G. Jensen, Separation of ownership and control, Journal of Lqw and Economics 26, 301–326. 1983.

12. Grossman, Sanford, and Oliver Hart, Takeover bids, the free rider problem, and the theory of the corporation. Bell Journal of Economics 11, 42–69. 1980.

13. Grossman, Sanford, and Oliver Hart, One share—one vote and the market for corporate control. Journal of Financial Economics 20, 175–202. 1988.

14. Hanouna, P., A. Sarin and A. Shapiro, "Value of Corporate Control: Some International Evidence", Working Paper of Marshall School, 2002, No. 02–4.

15. Levy, Harm, Economic Valuation of Voting Power of Common Stock Journal of Finance, 1982, (38): 79–93.

16. Zingales, Luigi, The Value of Voting Right: A Study of the Milan Stock Experience. The Review of Financial Studies, 1994, (7).

第7章
上市公司控制权私有收益实证研究*

控股股东侵害中小股东利益已成为公司治理的核心问题和突出矛盾，攫取控制权私有收益是导致控股股东对中小股东进行剥削的主要动因，因此控制权私有收益的规模就成为衡量控股股东对中小股东利益侵害程度的重要指标。本章的主要目的是通过对中国上市公司控股股东的私有收益规模的测度并对其影响因素进行多变量线性回归分析，以期对制约我国上市公司控股股东对中小股东的侵害行为提出建设性意见。

7.1 引　　言

格罗斯曼和哈特（Grossman and Hart）（1988）开创了对控制权收益的研究，并将控制权的收益分为两种：一种是全体股东都可以获得的证券投资收益（security benefits）；另一种是仅属于控制性股东的私有收益（private benefits），非控制性股东不能获得。当不存在控制权私有收益或者控制权私有收益是不可获得的时候，公司的控股股东与所有股东之间的利益将是一致的；但是当控制权私有收益存在并可以被取得时，控股股东就会倾向于通过各种手段侵害小股东的利益从而攫取私有收益，此

---

* 本章内容发表在《中国工业经济》2007年第5期。

时控股股东与小股东之间的代理冲突就产生了（Fama and Jensen，1983；Grossman and Hart，1988）。随着公司治理研究主题的演变，对控制权私有收益的研究日益成为现代公司治理研究的核心问题。丹尼斯和康奈尔（Denis and McConnell，2003）以及莫克、乌夫森和允（Morck，Wolfenzon and Yeung，2004）在总结了现代关于研究控股股东对公司治理的作用的文献后指出：通过侵害小股东的利益进而攫取控制权私有收益是控股股东掌握控制权的主要目的之一。

中国上市公司具有典型的集中型所有权结构，法律机制对少数股东的保护非常不完善，控股股东与少数股东之间存在着严重的代理问题（Lin，2000）。大多数上市公司国有股"一股独大"的局面造成了控股股东在上市公司具有超强的绝对控股地位；同时，我国上市公司的控股股东普遍倾向于通过向上市公司进行人事委派或者控股股东直接兼任上市公司高级管理人员等途径来实施其对上市公司的控制权。控股股东的绝对控股地位以及这种特殊的人事安排很容易产生控股股东侵害小股东利益的现象。因此，在中国上市公司控股股东通过侵害中小股东进而攫取控制权私有收益的行为比资本市场较为发达的国家更值得关注[①]。

7.2 模型设计

国外文献中，对控制权私有收益的测度方法有三种：股权转让溢价法（block premium）、投票权溢价法（voting premium）[②] 和价差溢价法（price difference premium）[③]。巴克利和洪德内斯（1989）以及迪克和曾格尔斯（2004）采用了测度大宗股权转让时，股权转让价格相对于转让后

---

① 内拿华（2003）以及迪克和曾格尔斯（2004）通过对法律保护程度不同的国家的控股股东的私有收益规模进行研究后发现，所有权集中程度越高，法律保护越不完善的国家，控制权私有收益规模越大。

② 曾格尔斯（1994）、内拿华（2003）以及道伊奇（2004）运用此方法来测度控制权私有收益，通过比较具有较高投票权比例的股票的市场价格相对于较低投票权比例的股票的市场价格的溢价来测度投票权的价值，并且证实了投票权的价值反映了控制权的私有收益。但这一方法运用的前提是上市公司要发行具有二元股权结构（dual-class）的股票，因此无法运用于中国上市公司的研究。

③ 赫诺纳、瑟瑞和沙佩若（2002）提出以控制性股权交易价格和小额股权交易价格的差额来衡量控制权价值，该方法适用于测度同时发生控制性股权交易和小额股权交易的上市公司的控制权收益的价值。但这一方法测度的控制权私有收益水平有可能被高估，因为这一价差有可能是由于不同交易的特征和不同公司的资产质量等差异造成的。

股票市场价格之间的溢价来测度控制权私有收益,并且证实了这一溢价反映了控股股东对控制权私有收益的预期。但是,由于目前我国证券市场股权分置的现状——流通股与非流通股并存,非流通股不能上市公开交易,与流通股之间存在巨大的非流动性折价,因此在中国无法直接运用巴克利和洪德内斯(1989)提出的大宗股权转让溢价法通过直接比较非流通股的转让价格与目标公司的市场价格之间的溢价来测度控制权私有收益。

针对这一问题,我国学者唐宗明和蒋位(2002)用每股净资产替代股票的市场价格来代表非流通股的未来现金流,用交易价格相对于每股净资产的溢价代表控制权私有收益的规模。但是,将股权转让溢价基于每股净资产考虑,这与国外基于流通股市价溢价的含义具有本质的不同。每股净资产并不能完全反映出对未来现金流的预期,而只反映了转让时资产的剩余价值。如此一来,对于预期经营业绩较好的公司,可能会高估其控制权私有收益;而对于预期经营业绩较差的公司,则可能会低估其控制权私有收益。因此,唐宗明和蒋位(2002)的测度结果存在一定的偏差,属于所有股东的预期正常现金流应是控股股东和小股东均可以获得的,不属于控股股东的控制权私有收益,因此应该从交易溢价中剔除出去。[①]

鉴于此,本章在唐宗明和蒋位(2002)测度模型的基础上,扣除股份增持方对目标企业增长率的合理预期,从而测度出控制权私有收益的溢价率。考虑到中国上市公司存续经营的时间较短,投资者对目标企业增长率的合理预期定义为上市公司控制权转移前三年[②]的平均净资产收益率(包括当年),若平均净资产收益率为负值,则取零[③]。改进之后的测度控制权私有收益的模型为:

$$PBC = \frac{(P - NP - CF)}{NP} \times SP \qquad (1)$$

其中,PBC 表示控制权私有收益;P 表示交易价格;NP 表示被转让股权的每股净资产;CF 表示股份持有者根据所持股份比例可以获得的预期的正常现金流;SP 表示交易的股份数占公司普通股总数的比率。

[①] 每股净资产是一个即期财务指标,并不包含对公司未来收益的预期,在模型中如果对这种合理的收益预期不加以扣除,就有可能高估私有收益的水平。

[②] 如果部分公司由于上市时间较晚,没有三年的数据可供参考,则只取前两年或一年的数据替代。

[③] 市场价格可以直接反映公司的全体股东对这部分正常现金流的预期,但每股净资产指标无法反映这一点;在非流通股缺乏市场定价的情况下,只能用该公司历史的数据大致的预测这部分未来的属于全体股东的现金流。

7.3 样本选取及测度结果

本章以 2003~2004 年间发生的国有股协议转让的股权交易为样本进行研究，并且所选样本必须满足以下标准：（1）样本中所涉及的股权转让都已完成或已得到财政部门或有关政府管理部门的批准；（2）股权交易必须有公开的可以获得的股权交易价格和股权转让比例，数据缺失的样本予以剔除；（3）股权交易必须涉及到控制权的转移，仅属于股份转让的样本予以剔除；（4）将交易前两年股权出让方股权的每股净资产数据缺失或为负值[①]的样本予以剔除；（5）仅包括深沪两地 A 股市场上市公司的股权转让，同时在 B 股市场和境外市场发行股票的上市公司不作为样本。利用中国上市公司股东研究数据库（CLFSR2005）、中国上市公司财务年报数据库（CSMAR2005）最终确定了涉及到控制权转移的国有股权交易的有效样本共有 64 个（其中 2003 年样本 34 个；2004 年样本 30 个）。表 7-1 对样本数据进行了统计描述并利用模型（1）对样本数据进行测算得到我国上市公司国有股协议转让的控制权私有收益的计量结果。

表 7-1　　　　统计描述（Descriptive Statistics）及计量结果

	最小值	最大值	均　值	标准差
转让股份比例（%）	0.630	67.030	22.52550	13.960575
每股转让价格（元）	1.01	10.00	3.0349	1.85558
转让前每股净资产（元）	0.15	7.79	2.6005	1.72406
转让前净资产收益率	-9.12	0.45	-0.1341	1.15117
交易时总股本（股）	80000000.00	785970517.00	234151313.5781	134196739.39502
交易时流通股（股）	24000000.00	264630326.00	92660533.8750	55774085.82475
交易时总资产（元）	220053428.74	6247433921.90	1449513652.8482	1244682019.56766
控制权私有收益（%）	-22	95	7.49	18.959
2003 年私有收益（%）	-18	95	8.53	19.068
2004 年私有收益（%）	-22	68	6.31	19.090

从表 7-1 可以看出，中国上市公司发生控制权转移的股权转让比

---

① 因为在测算私有收益时需要用交易溢价除以公司的净资产，以此来表示标准化每个公司私有收益的规模，如果净资产值为负就使得原本正的溢价在标准化过程中变成负值，影响私有收益的测度结果。

例是比较高的,平均达到22.5%,最高比例达到67%;而国外一般认为,超过5%(或更严格的10%)的股权转让就意味着控制权的转移。这从一个方面反映了我国上市公司的股权比较集中;另一方面也表明,为了获得目标上市公司的控制权需要付出较大的代价。表7-1显示中国上市公司控制权私有收益率的平均值达到7.49%,这一均值远远高于发达国家。[①] 这说明中国上市公司中控制性股东对中小股东的侵害程度仍然十分严重;而这一点恰恰是与投资者权益保护程度相联系的。在投资者权益保护较好和信息披露制度严格的美国、英国等资本市场发达的国家,控制权私有收益水平就远远低于其他国家[②],因为法律限制了控制性股东攫取私有收益的能力。从时间上考察,2004年的私有收益水平比2003年有所下降,这与我国2004年颁布的一系列有关上市公司非流通股转让的法规有关,也说明中国的投资环境以及对投资者的权益保护有了进一步的改善,但仍需在市场化程度和市场公开等方面加大改革力度。

7.4 私有收益影响因素分析

控制权私有收益与股票市场的效率及金融市场的发展有着密切联系,因此影响控制权收益规模的因素就成了许多学者关注的焦点。影响控制权私有收益规模的因素很多也很复杂,在宏观制度层面讲,公司所在国的法律环境是影响私有收益规模的重要因素之一。在小股东的利益得到较好保护的国家,控制性股东侵害小股东利益的难度较大,控制权私有收益的规模相对就较小。在中观产业层面讲,产品市场的竞争程度、公共意见的压力和征税水平等都会对控制权私有收益产生影响(Dyck and Zingales, 2003; Nenova, 2002)。本章则试图从微观公司层面对影响私有收益规模的因素进行深入分析,剖析中国上市公司在控制权转移过程中的现象,并提出可行的解决方法。

---

① 根据迪克和曾格尔斯(2001)对39个国家的大宗股权交易几家情况所进行得比较研究结果,在16个发达国家中,平均控制权私有收益仅为3.8%;根据迪克和曾格尔斯(2003)的计算结果,中国上市公司控制权私有收益水平与有些新兴市场国家较为相似,比如,波兰、葡萄牙、泰国和韩国。

② 根据迪克和曾格尔斯(2001)的计算结果,英国和美国的控制权私有收益率仅为0.02%。

7.4.1 回归模型的建立及研究假设

根据表 7-1 对控制权私有收益率的计算结果,建立如下多元线性回归模型:

$$PBC = a + \beta_1 \times Share + \beta_2 \times Size + \beta_3 \times Roe + \beta_4 \times Stock \\ + \beta_5 \times FAsset + \beta_6 \times Debt + \varepsilon \tag{2}$$

相关解释变量及其定义如表 7-2 所示:

表 7-2　　　　　控制权私有收益影响因素解释变量定义

解释变量	符　号	定义描述
转让股份比例	Share	转让股份占总股本的比例
公司规模	Size	总资产的自然对数
财务状况	Roe	股份转让当年的净资产收益率
流通股规模	Stock	转让时的流通股数占总股本的比例
流动性资产规模	FAsset	转让时流动资产占总资产的比例
资产负债率	Debt	总负债与总资产的比值

为考察主要变量间的关系,首先对各变量进行了 Pearson 相关性分析,结果如表 7-3 所示。

表 7-3　　　　　各变量的 Pearson 相关系数矩阵

项　目		PBC	Share	Size	Roe	Stock	FAsset	Debt
PBC	Corr.	1	0.215	-0.407(**)	-0.332(**)	-0.204	-0.279(*)	0.162
	Sig.	0.00	0.088	0.001	0.007	0.105	0.026	0.202
	N	64	64	64	64	64	64	64
Share	Corr.	0.215	1	0.065	0.185	-0.054	0.207	-0.181
	Sig.	0.0880		0.613	0.144	0.673	0.101	0.153
	N	64		64	64	64	64	64
Size	Corr.	-0.407(**)	0.065	1	0.146	0.652(**)	0.778(**)	-0.142
	Sig.	0.001	0.613		0.248	0.000	0.000	0.262
	N	64	64		64	64	64	64
Roe	Corr.	-0.332(**)	0.185	0.146	1	-0.082	0.121	-0.296(*)
	Sig.	0.007	0.144	0.248		0.522	0.340	0.017
	N	64	64	64		64	64	64
Stock	Corr.	-0.240	-0.054	0.652(**)	-0.082	1	0.502(*)	0.076
	Sig.	0.105	0.673	0.000	0.522		0.000	0.552
	N	64	64	64	64		64	64

续表

项　目		PBC	Share	Size	Roe	Stock	FAsset	Debt
FAsset	Corr.	-0.279（*）	0.207	0.778（**）	0.121	0.502（**）	1	0.192
	Sig.	0.026	0.026	0.000	0.340	0.000		0.129
	N	64	64	64	64	64	64	64
Debt	Corr.	0.162	-0.181	-0.142	-0.296（*）	0.076	0.192	1
	Sig.	0.202	0.153	0.262	0.017	0.552	0.129	
	N	64	64	64	64	64	64	64

注：*表示相关系数在5%水平上（2-tailed）是显著的；**表示相关系数在1%水平上（2-tailed）是显著的；Corr是相关系数；Sig是显著性水平。

依据Pearson相关性分析结果，可以得出初步结论：私有收益与企业规模及企业的财务状况显著相关，并且私有收益与企业规模呈负相关关系，这说明企业规模越大，控股股东侵害小股东的行为就越受到监督，所获得的私有收益规模就会小。此外，可以看出企业规模（Size）与流通股规模（Stock）及流动资产规模（FAsset）之间存在较强的相关性，因此，这三个指标不易同时进入回归方程。因此，调整后的回归模型为：

$$PBC = a + \beta_1 \times Share + \beta_2 \times Size + \beta_3 \times Roe + \beta_4 \times Debt + \varepsilon \quad (3)$$

假设一：控制权私有收益的规模与被转让股权比例呈正相关关系。转让股权占上市公司总股本的比例越高，它所代表的对公司决策的投票权或控制权就越多，因此，溢价水平应与转让股权比例呈正向变动关系。巴克利和洪德内斯（Barclay and Holderness）（1989）发现控制权私有收益随着大宗股权交易规模的增加而增加。布卡特、葛罗姆和帕努茨（Burkart, Gromb and Panunzi）（2000）也提出，购买者以股权协议转让的方式获得企业控制权，股权转让规模越大，买方获得的控制权就越大，也就意味着购买者所能攫取的私有收益规模越大。

假设二：控制权私有收益的规模与目标公司规模的关系不确定。从理论上来说，公司规模对控制权私有收益的影响是模棱两可的。因为公司规模会对控制性股东侵害的成本和收益产生重要影响：一方面，公司的规模越大，控股股东所能控制的资源就越多，则从侵害公司资源和其他股东利益中能够获取的私有收益也会随之增加（Barclay and Holderness，1989）；但另一方面，随着公司规模的扩大，控股股东的监督成本也会随之上升，并且公司越大，其受到来自政府部门、机构投资者、证券分析师等各方面的监管和关注就越多，公司运作相对比较规范，信息也比较透明，这将加大控股股东攫取私有收益的难度。

假设三：控制权私有收益的规模与上市公司财务状况正相关。企业的财务状况用股份转让当年企业的净资产收益率（ROE）来表示。企业的净资产收益率越高，预期的收益就越高。同时，如果企业的财务状况不佳，控股股东要付出更多的时间和精力监督管理人员和参与公司决策，并且可供其侵害的资源会相应减少。

假设四：控制权私有收益的规模与公司的资产负债率负相关。一般来说，债务还本付息的强制性约束会导致企业持续的现金流出，这会减少企业持有的自由现金流，使控制性股东无法把更多的现金投向有利于其获取私有收益的项目上，从而在一定程度上限制控制性股东对中小股东的侵害程度。

7.4.2 回归结果及分析

利用 SPSS13.0 统计软件，回归结果如表 7-4 所示。方程的 F-统计和变量的 t-统计都非常显著，VIF 值只有 2.12，不存在多重共线性问题，D.W. 检验通过。R^2 的值达到了 0.413，说明这些变量有足够的能力来解释控制权私有收益水平的变化。

表 7-4　　　　控制权私有收益的影响因素回归分析结果

解释变量	非标准化系数 回归系数	非标准化系数 标准误差	标准化系数	t	Sig.
Share	0.005	0.002	0.684	3.451	0.001
Size	-0.005	0.004	-0.553	-1.416	0.162
Roe	-0.049	0.019	-0.276	-2.596	0.013
Debt	0.238	0.125	0.652	1.903	0.062
R^2	0.413				
F	8.303				
Sig. F	0.000				

从模型的回归分析结果可以看出，随着股份转让比例的增加控股股东从控制权中所能获得的私有收益规模就越大，转让股份比例与控制权私有收益之间呈现出显著的正相关关系，假设一成立。上市公司的规模与控制权私有收益之间呈现出显著的负相关关系，这表明控股股东利用控制权而获得的私有收益随着上市公司规模的扩大而减少，因此假设二通过实证验

证为上市公司规模与控制权私有收益之间是负相关关系。其原因在于规模越大的公司受到的来自各方面的监督越多，信息相对透明，控股股东对上市公司和小股东进行侵害所要支付的成本比较高，因此制约了控股股东通过侵害行为而攫取私有收益的规模。实证结果还表明，控制权转移前，上市公司的财务状况与控制权私有收益呈显著负相关，与假设三相反。这表明，一方面，越是财务状况不佳的上市公司，被攫取的私有收益规模越大，原因是财务状况不佳的上市公司在公司治理和经营管理等方面往往存在不足，控制性股东可以利用该上市公司不佳的财务状况作为掩饰，更方便地获取私有收益。另一方面表明，收购财务状况不佳的上市公司尽管从表面上看是得不偿失，但考虑到中国目前的上市途径和方式，如果直接上市支付的成本可能更高，因此，收购方通过溢价购买股份，可以获得上司公司的壳资源，并由此进入尚未完全规范的资本市场，通过资产置换和二级市场的操作可以获取超额回报。回归结果对假设四不支持，没有发现资产负债率的高低与私有收益水平之间有显著的统计上的关系，这表明在我国债务约束还没有起到限制控股股东对上市公司和小股东进行剥削的作用。

7.5 结论与政策建议

本章以上市公司涉及到控制权转移的股权交易数据为样本，对中国上市公司控制性股东利用控制权侵害中小股东进而攫取私有收益的行为进行了实证分析。结果表明，股权转让比例与控制性股东从控制权中攫取的私有收益水平呈正相关关系，平均私有收益达到7.5%。并且上市公司的规模及财务状况均与私有收益呈显著负相关；资产负债率与私有收益呈正相关，但结论均不显著。这说明上市公司的规模越小，透明度越低，控制性股东的侵害就越严重。而比较特殊的一点是，当上市公司的财务状况不佳时，控制权私有收益水平反而较高，这是与我国特殊的制度背景相关的，由于我国"壳"资源的紧缺，造成绝大多数公司需要借助"买壳上市"而导致的。2004年控制权私有收益与上年相比呈下降趋势，表明我国证券市场在发展中逐步走向规范，控制性股东利用各种方式从上市公司及中小股东手中攫取私有收益的机会在减少。

高额的控制权私有收益阻碍了我国证券市场的健康发展，集中体现在处于弱势地位的广大中小投资者的利益缺乏保护,相关的法制建设严重滞后。因此,如何限制控制性股东利用公司控制权攫取私有收益规模,保护外部投资者的合法权益,对于我国证券市场的健康发展至关重要。结合有关文献研究结果和本章的分析结论,笔者提出以下政策建议:(1)由于控制性股东持股,在一定程度上可以降低所有者与经营者之间的委托代理成本,因此,一味地通过降低控制性股东持股比例来解决控制权私有收益过高的问题未必可取。可以通过引进战略投资者、独立监事等制度安排,在公司治理结构中形成对控制性股东掠夺行为的制衡。(2)法律对投资者的保护欠缺是中小股东权益受到侵害的主要原因,对中小投资者的利益保护程度越好,控制性股东侵害中小股东的激励也就越小,不同法系下的控制权私有收益水平存在显著差别。因此,可以通过法律手段保护处于弱势地位的中小投资者的利益,建立完善的强制性信息披露制度,完善外部股东保护法,加紧对我国现行相关法律的预防性和预见性的修改,提高控制性股东掠夺行为的法律风险。(3)尽早解决股权分置问题,实现全流通。这样,当控制性股东侵害小股东利益时,小股东可以通过"用脚投票"来制约其侵害行为;此外,控制性股东所持股票可以随时通过二级市场转让出去,其持股比例将显著低于目前水平,因此,一旦控制性股东侵害小股东利益,小股东就可以通过征集代理权等方式获得控制权,接管威胁的存在将迫使控制性股东考虑小股东的利益。

参考文献

1. 徐晓东、陈小悦:《第一大股东对公司治理、企业绩效的影响分析》,载《经济研究》,2003年第3期。

2. 唐宗明、蒋位:《我国上市公司大股东侵害度实证分析》,载《经济研究》,2002年第4期,第44~50页。

3. 余明桂、夏新平、潘红波:《控制权私有收益的实证分析》,载《管理科学》,2006年第6期,第27~33页。

4. 赵昌文、庄道军:《中国上市公司的有效控制权及实证研究》,载《管理世界》,2004年第11期,第126~135页。

5. Barclay M. and C. G. Holderness, Private Benefits from Control of Public Corporations, Journal of Financial Economics, 1989 (25): 371-369.

6. Dyck, A. and Zingales, "Private Benefits of Control: An International Comparison", NBER working paper Series, 2001.

7. Dyck, A. and Zingales, Private Benefits of Control: An international Comparison,

Journal of Finance 2004 (59): 537-600.

8. Grossman, Sanford and Oliver Hart., Takeover bids, the free rider problem, and the theory of the corporation [J]. Bell Journal of Economics 1980 (11): 42-69.

9. Grossman, Sanford and Oliver Hart., One share—one vote and the market for corporate control, Journal of Financial Economics 1988 (20): 175-202.

第 8 章

后股权分置时代的上市公司控制权机制[*]

中国上市公司的股权分置是特殊国情下的产物,由于上市公司内部存在流通股与非流通股两种不同性质的股票,从而形成同股不同权、同权不同利的市场分割制度,严重影响着资本市场的发展。并且以此为根源,导致上市公司控制权机制方面一系列的缺陷。作为资本市场一项制度性变革,股权分置改革重在解决非流通股股东对流通权的取得问题,目标在于真正实现同股同权。随着股权分置改革的逐步推进,长期困扰我国资本市场的上市公司股权分置的现象正在逐步减弱,一个全新的后股权分置时代已经来临。如何在新形势下优化设计上市公司控制权机制是上市公司必须要思考的问题之一。本章在对股权分置时代中国上市公司控制权机制存在的缺陷进行分析的基础上,探讨了股权分置改革对中国上市公司控制权机制的影响机理,之后论述了后股权分置时代优化上市公司控制权机制的几点建议。

8.1 引　言

在竞争的市场环境下,公司治理的有效性与否是决定公司绩效的重要

---

[*] 本章内容发表在第三届公司治理国际研讨会文集,2007 年 12 月。

因素；而公司治理的核心则在于公司内外权力的制衡，在于对控制权的合理配置和有效转移。因此，如何使控制权掌握在有能力运用它的人手中，同时又设计出一种有效的制度来防止控制权拥有者出于一己私利而造成对控制权的滥用是一个值得深入探讨的问题。

由于我国资本市场和上市公司的出现不是通过一个渐进的市场运作过程来完成的，而是由政府采取自上而下的方式实现的，并且从设立之日起就存在股权分置的制度性缺陷，存在流通股和非流通股两种不同性质的股票，这两类股票形成了"不同股不同价不同权"的市场制度与结构，从而影响资本市场定价功能的正常发挥，不能有效发挥资本市场的优化资源配置的功能。这既不符合国际惯例，不利于"入世"后我国证券市场与国际市场顺利接轨，也不能很好地体现市场公平的原则。以此为根源，导致我国上市公司的控制权机制呈现出显著的缺陷。

股权分置改革旨在真正实现同股同权，其本质是推动资本市场的机制转换，消除非流通股与流通股的流通制度差异，强化市场对上市公司的约束机制。随着上市公司股权分置改革的不断深入，如何在新形势下设计出符合公司本身和外部市场要求的控制权机制，成为目前我国上市公司必须要思考的问题之一。本章通过分析股权分置改革前控制权机制的特点以及股权分置改革对控制权机制的影响，提出后股权分置时代优化上市公司控制权机制的几点思考。

8.2　股权分置时代上市公司控制权机制分析

在股权分置时代，中国上市公司股权结构最基本的特征是股权高度集中，并且居于多数地位的国家股和法人股不可流通。以此为根源，引发了公司控制权问题的一系列缺陷。

8.2.1　控制权配置错位

在公司内部，控制权的配置状况决定着公司的资源配置，而资源配置又决定着公司效率，因此控制权的初始配置是公司至关重要的问题。在公司治理的过程中，存在的普遍问题是：如果股东控制权过大，则容易导致经理层不能按市场经济的规律来经营公司；如果经理层控制权过大，则容易出现"内部人控制"现象;如果员工控制权过小或者说没有控制权,则会增加员工专用性人力资本投入的惰性,不利于减少公司的破产风险。因此,在公司治理结构中,控制权的初始配置是最主要的功能,因为这种权利的配置必须把剩余控制权、剩余索取权和资本所有权有机地结合起来。

我国的上市公司,由于股权分置的存在,致使其成为既有有限责任公司特征又有股份有限公司特征的一种新形式的混合体公司,或者说是一种内部分裂性公司。① 上市公司内部形成了非流通股股东与流通股股东两个不同的利益主体,而"一股独大"的股权结构,削弱了其他股东在公司治理中的权利,并且在公司内部治理机制上容易导致"大股东控制"和"内部人控制"的控制权安排缺陷。在股权分置格局下,大股东与小股东的利益机制截然割裂是导致"大股东控制"问题的根源所在。股东行使控制权主要有两种方式:"用手投票"和"用脚投票",② 股东有效并且充分地行使这两种控制权是建立有效公司治理的基本要求;但是在股权分置格局下,中小股东控制权的行使存在严重缺陷。③ 从理论上讲,流通股股东可以通过参加股东大会选举、更换董事会成员来行使"用手投票"的控制权。然而,由于股权分置时代流通股只占总股本的1/3,因而流通股股东的表决意见难以改变大股东的意图;此外,由于流通股股东大多数为个人股东,而个人股东的有限资金决定了流通股的分布较为分散,小股东履行监督职责需要付出的成本往往超过预期收益,因此中小股东缺乏监督管理层的激励;④ 同时,在利益机制割裂的股权分置时代,流通股股东行使"用脚投票"的控制权行为对非流通股股东的影响也极为有限。"内部人控制"模式的上市公司也具有控股股权高度集中的特点,董事会实际成为"大董事会",股东大会成为"大股东会",监事会完全是一种附庸机构,公司法人治理结构的制衡功能出现严重缺陷。就委托—代理机制而言,经营者不是从竞争性的经理市场上选出来的,而是直接来源于控股

---

① 现代公司制企业有股份有限公司和有限责任公司两种组织形式,相对于股份有限公司股权的流通性、股东的公众性、股东之间关系的"资合"性而言,有限责任公司则具有股权的相对固定性、股东的有限性和股东之间关系的"人合"性。
② 在股东大会上投票,直接参与公司决策,称为"用手投票";在股票市场上转让,通过影响股价间接影响公司经营,称为"用脚投票"。
③ 当然,非流通性股股东控制权的行使同样存在缺陷:非流通的国家股、法人股难以借助正常的市场行为来行使"用脚投票"的控制权,不能自主地在股价有利时出售股票以获利,也不能在股价贬值时通过出售股票而减少损失。
④ 夏东林(2000)的调研报告显示,在1997年和1998年被调查的475家中国上市公司中,出席股东大会股东所代表的股份高于非流通股比例的公司不到30%,对小股东而言,股东大会形同虚设。

股东，因此其行为必须从总体上符合控股股东的利益取向。①

总之，由于控制权和剩余索取权之间的一一对应关系，使得非股东的人力资本所有者及其他利益相关者掌握控制权会对股东的利益造成一定的损害，这就产生了现代企业控制权配置的悖论：企业价值最大化和个人利益分配之间的矛盾。因此，最有效率的控制权初始配置模式可能并不是被公司所采用的模式。②

8.2.2 控制权市场功能失效

公司控制权市场要能够正常运作，需要一个前提假设和三方面的外部条件。前提假设就是公司的绩效与公司股票的市场价格之间是高度正相关的，这样绩效差的公司的股票价格就会相对于它所在行业或者整个市场的股票价格下跌，从而刺激那些预期自己能够更有效地管理该公司的人接管该公司，获取大量的资本所得。而三方面的外部条件包括产权能够自由交易、股权结构相对分散和股票市场的规范运作。如果这些条件不具备或者不完善，公司控制权市场的运作就会失效或者变形。

在股权分置条件下，我国上市公司控制权市场上的几大利益集团③的利益目标是不一致的。分割的市场决定了两类不同的股权在流通转让时具有截然不同的定价方式④，从而造成了企业"同股同权同利"基础的丧失，导致不同股东按照不同的利益差别追求各自不同的价值目标。同时，市场分割加大了"噪音"⑤和信息不对称的影响，造成股票市场判断标准的失效，股价的涨跌不能完全反映公司经营的绩效，并且非流通股的不可流通性以及非流通股股东与流通股股东利益的不一致导致股价的涨跌对于掌握公司控制权的非流通股股东的影响不大，因此控制权市场发挥完善公司治理职能的作用缺乏适当的传递机制或者说传递机制被阻塞了。由于市场分割，公司控制权不能从市场上"敌意"获得，而只能通过与非流通

---

① 虽然由于内部的激励约束机制不到位，经营者也会出现在职消费、逆向选择和道德风险，但相对于控股股东的利益而言，经营者更多地体现为控股股东损害中小股东利益的执行者。
② 一个明显的例子就是，大多数上市公司普遍存在着控制性股东。而控制性股东的存在导致了控制权私有收益的出现。可以说，攫取控制权私有收益是导致控制性股东对中小股东进行剥削的主要动因，其攫取私有收益的过程也就是中小股东权益受侵害的过程。
③ 主要包括企业、地方政府、中央政府有关部门、中介机构和普通股东。
④ 流通股价格由市场决定；非流通股价格由买卖双方协议商定在每股净资产上下浮动。
⑤ 虚假信息和炒作等。

股持有者的大股东"协议收购"①取得,因此,控制权市场变得"有接管而无威胁",②导致其公司外部治理效应失效,降低了控制权市场作为减少"代理成本"的制度设计的作用。此外,由于存在大量行政型干预和交易不公开所造成的"拉郎配"、串谋和权力寻租等情况,导致交易价格难以客观确认,国有股价格难以获得客观的市场参照,难以体现其真正的市场价值,只能以净资产为基础上下浮动③而非市场定价。同时具有中国特色的"壳资源"的存在使得我国上市公司成为一种"稀缺资源",交易的动机更多地倾向于投机和取得上市资格,因此导致控制权市场的资源优化配置作用得不到有效发挥。

总之,控制权市场的存在使得控制权可以在各相关利益主体之间进行重新分配,让绝大部分上市公司都能感受到来自控制权市场的压力。控制权市场最为明显的作用机理在于赋予股东"用脚投票"的自由,使其在日渐远离公司具体经营的客观背景下,得以借助控制权市场退出并由此启动并购市场的连锁效应。可以说,当公司内部的各种控制权机制都不能有效发挥作用时,控制权市场是股东解决代理问题的最后防线。

8.3 股权分置改革对上市公司控制权的影响

8.3.1 股权分置改革对股权结构的影响

表8-1反映了中国上市公司1992~2007年的股权结构总体状况,从中可以看出,中国上市公司中大量股权不可流通,其中主要是发起人股,而可流通的社会公众股只占总股份的很少比重。股权分置改革的推进使上市公司的控股股东的持股数量有所下降,一定程度上改变了国有股一股独大的局面,

---

① 控制权市场交易方式基本为"协议收购"方式,敌意收购极少出现,标购只能存在于全流通股板块内,并且公司的收购比例多在强制性全面要约(30%)的限制之下,一旦超过该比例,企业或申请豁免,或实行所谓"分类要约",充分体现出了"中国特色"。

② 德姆塞茨(Demsetz, 1985)和拉波特(Laporta, 1999)等认为,控股股东的利益和外部小股东的利益常常不一致,两者之间存在着严重的利益冲突。在缺乏外部控制威胁,或外部股东类型较为多元化的情况下,控股股东就可能以其他股东的利益为代价来追求自身利益,通过追求自利目标而不是公司价值目标来实现自身福利的最大化。

③ 根据韩建军(2002)等人的研究,目标公司非流通股平均转让溢价不仅在每股净资产上下浮动,而且呈逐年递减的趋势。

股东之间的持股比例发生了变化，国有股获得了流通权，股票市场向全流通又前进了一步。但是，依据路径依赖理论和制度的互补性，某项制度的变革将受到其所在的历史条件和习惯因素的影响。因此，我国上市公司在经历了一段股权分置时期之后，上市公司的治理机制将在一定时期内维持原有的权力格局，原本形成的股权结构即使不再有效，也将具有一定的持续性。

表 8-1　　　　　中国上市公司股权结构状况分析　　　　　(%)

年份 股份构成	1992	1993	1994	1995	1996	1997	1998	1999
1. 未流通股份	69.25	72.18	66.98	64.47	64.75	65.44	65.89	65.02
（1）国家股	41.38	49.06	43.31	38.74	35.42	31.52	34.25	36.16
（2）发起法人股	13.14	9.02	10.79	15.93	18.42	22.64	20.90	19.13
（3）外资法人股	4.07	1.05	1.10	1.40	1.23	1.34	1.42	1.31
（4）募集法人股	9.42	10.59	10.64	7.30	7.53	6.72	6.03	6.16
（5）内部职工股	1.23	2.40	0.98	0.36	1.20	2.04	2.05	1.19
（6）其他	—	0.05	0.16	0.74	0.95	1.18	1.25	1.08
2. 流通股份	30.75	27.82	33.02	35.53	35.25	34.56	34.11	34.98
（1）A 股	15.87	15.82	21.00	21.21	21.92	22.79	24.06	26.34
（2）B 股	14.88	6.37	6.06	6.66	6.45	6.04	5.30	4.60
（3）H 股	—	5.63	5.96	7.66	6.88	5.74	4.75	4.03
3. 股份合计	100	100	100	100	100	100	100	100
年份 股份构成	2000	2001	2002	2003	2004	2005	2006	2007
1. 未流通股份	64.28	65.25	65.33	64.63	63.80	61.77	62.16	59.68
（1）国家股	38.90	46.20	59.45	59.39	58.67	53.47	35.05	46.57
（2）发起法人股	16.95	12.71	—	—	—	—	—	—
（3）外资法人股	1.22	0.88	—	—	—	—	—	—
（4）募集法人股	5.65	4.70	5.10	4.83	4.85	—	—	—
（5）内部职工股	0.64	0.46	0.27	0.17	0.12	—	—	—
（6）其他	0.92	0.31	0.51	0.24	0.16	—	—	—
2. 流通股份	35.72	34.75	34.67	35.37	36.20	38.23	37.84	40.32
（1）A 股	28.43	25.26	25.69	26.75	27.99	29.91	22.16	23.29
（2）B 股	4.00	3.13	2.85	2.73	2.77	2.87	1.54	1.42
（3）H 股	3.28	6.36	6.13	5.89	5.44	5.45	14.14	15.61
3. 股份合计	100	100	100	100	100	100	100	100

说明：本表格中 1992～2006 年度的统计数据的截止日期为每年的年末，2007 年度的统计数据的截止日期为 6 月底。
资料来源：根据中国证监会官方统计数据（http://www.src.gov.cn）自行整理。

8.3.2　控制权主体的利益重构

在后股权分置时代，非流通股的价值实现不再是账面价值，而是市场价值,公司股价将成为公司股东统一的价值评判的主要标准,非流通股股东和流通股股东的价值取向和利益将趋于一致,形成高效率内部控制机制的利益基础,为股东积极治理和完善公司控制权配置奠定了基础。在后股权分置时代,股价将主要根据公司业绩的优劣而确定,大股东要确保自己的利益势必通过加强公司治理提高股价;此利益驱动将会产生良好的外部效用,使公司治理效率得到提高,中小股东也将从证券市场获得较好收益而增强信心。

但是,股权分置改革虽然解决了股东之间所持股份定价机制不同所导致的利益不一致的问题,但并不意味着消除了大股东与中小股东及债权人之间的矛盾。① 从以总股本为基准的角度去分析,股权分置改革后上市公司的股权集中度会有所下降,似乎有利于减轻内部人控制与大股东对中小股东利益的侵害。但是实际上大股东在支付对价后对上市公司的控制权是一样的,他们仍然是上市公司的实际控制人,对上市公司重大事项的决定权并不会因此而改变。在后股权分置时代,我国上市公司的利益冲突在相当长时期内仍将主要体现为大股东与中小股东及债权人之间的利益冲突,并且利益冲突的表现形式将呈现复杂化的趋势。② 股权分置改革会使大股东的势力从一级市场扩展到二级市场,③ 从而使得上市公司大股东的效用函数发生变化,其最大化自身利益的行为模式也随之发生变化,由股改前的单一从公司内部转移收益,发展为在二级市场获取资本利得和从内部转移收益这两种方式间的权衡。

8.3.3 控制权市场机能的发挥

现代公司两权分离所导致的委托—代理问题,可以通过市场竞争得到有效的解决,公司控制权竞争可以形成对公司经营管理者的外部市场约束,构成公司外部治理机制的重要组成部分。随着股权分置改革的完成,同股同权的股票均以市价流通,股票价格成为真正能够反映公司价值的信号,使兼并收购有了公平统一的财务标准;同时股权流动性增强,所有股

---

① 大股东与中小股东及债权人之间的矛盾是公司的固有矛盾,源于公司的独立人格与其成员有限责任相结合而产生的信用问题。由于现实中公司的现金流量权与控制权客观上存在非一一对应关系,当大股东拥有的控制权可以追求超额现金流量权的时候,大股东就存在利用控制权追求自身利益最大化,转移公司资源,侵害中小股东、债权人和公司利益的动机。
② 严整、周庆:《从上市公司的利益冲突看后股权分置时代上市公司的监管》,载《经济体制改革》,2007年第1期,第46~50页。
③ 李腊生:《论股权分置改革后的投资者利益保护》,载《商业经济与管理》,2007年第3期,第40~46页。

票在二级市场流通，使其他投资者通过并购活动进入公司、接管公司更为便利。可以说，股权分置改革重构了价值体系，使控制权价值通过股价充分反映出来，这就促使大股东积极向上市公司注入资产，而不是单纯地从上市公司抽出资源。[①] 随着上市公司股权分置改革的完成，非流通股获得流通权力，兼并收购机制的功能将得到显著加强，上市公司的控制权争夺将会产生效力，控制权市场的外部治理功能开始生效。[②] 这一方面促使大股东和管理层在被收购的预期市场压力下不断加强经营，提升业绩；另一方面又有利于其他公司利用股权的并购来壮大公司，使公司得到较快的发展。同时，要约收购将取代协议收购成为主流并购模式。[③] 股权分置改革不仅极大地解放了我国的控制权市场，而且可以使公司之间的竞争加剧，通过市场的力量实现公司跳跃式发展，政府主导的并购行为将逐渐减少。此外，随着全流通和股权相对分散化，公司运作的主导权将由一元化主体[④]转向包括中小股东在内的各种市场化利益主体来决定，可以预料在未来的中国证券市场上代理权争夺肯定会愈来愈激烈。[⑤] 在代理权争夺中，管理者和挑战者为了获得足够的支持，需要公开征集股东授权委托书，这就必然会加大对中小股东力量的重视，所以代理权争夺实际上也开辟了中小股东参与公司控制权的一条新途径。

8.4 后股权分置时代优化控制权机制的几点思考

8.4.1 构建股权制衡机制

股权分置改革对促进控制权的流动具有重要的影响，但是，股权分置

[①] 因为在后股权分置时代，一方面大股东实际上成为股价最大的利益相关者；另一方面，股价的持续下跌会带来被并购的压力，即使大股东有意转让公司控制权也会希望在相对高的股价水平上出售股权。

[②] 资源的流动会推进资源的优化配置，而并购是流动的主要方式。

[③] 要约收购是美国上市公司之间最主要的收购形式，它通过公开向全体股东发出要约，达到控制目标公司的目的。其最大的特点是在所有股东平等获取信息的基础上由股东自主做出选择，因此被视为完全市场化的规范的收购模式，有利于防止各种内幕交易，保障全体股东尤其是中小股东的利益。随着市场分割的消除，要约收购必将成为我国全流通股票市场上最具有活力的收购方式。

[④] 政府、国有资产管理部门或大股东。

[⑤] 代理权争夺是上市公司股东对未能实现股东目标的管理层进行惩罚的有力工具，而中小股东的广泛参与其中能起到决定性作用。

改革本身无法回答关于股东价值和完善公司治理的所有问题，[①] 有些方面可能会比股改之前风险更大。从已经结束股权分置改革的上市公司来看，大多数公司都继续保持了大股东的控股地位，表明股权分置现象至少将持续多年。在此期间合理的股权结构可以通过分解原大股东的持股份额，让更多的国有投资主体或其他有实力的投资者成为上市公司的较大股东，从而在股权配置上趋向平衡。而合理分散化的股权结构有利于各股东之间的决策制衡和利益平衡，从而形成上市公司控制权配置在几个较大股东之间的相互制约。

8.4.2 关注利益相关者的利益协调机制

利益相关者因其在企业中投入的专用性资产，相应承担了一定的经营风险，当公司的治理约束无法满足其利益要求时，他们必然会向公司施压或另投其主，从而影响公司的价值。因此，后股权分置时代要求上市公司更加关注利益相关者的利益，建立利益相关者的利益协调机制。尽可能通过股权多元化形成控制权结构的多元利益主体相互制衡的格局，让社会公众股东对涉及自身利益的公司重大事项有最终决定权，提高股东民主程度。例如可以使利益相关者通过各种渠道和方式参与到公司的经营管理中，并能够进一步地实现利润分享，如员工持股计划、供应商产品策划组等。

8.4.3 积极引进机构投资者

机构投资者参与公司治理的成本要小于"用脚投票"，而股权分置问题的解决则为其创造了制度条件。目前我国机构投资者发展迅速，以公募基金、社保基金、QFII 等为代表的机构投资者在数量和规模上都日渐壮大，各类机构投资者将成为资本市场上的绝对主力，他们关注的是上市公司的质量、红利和资本所得。随着更多的民营企业、外资企业以及机构投资者参与到证券市场，一方面使得价值投资理念占据主导地位，有利于证券市场长期发展；另一方面这些多元化的控制权市场主体通过参与到上市公司管理层中，也有利于上市公司治理结构的完善。

---

① 巴曙松：《正在开启的战略之门》，载《中国金融》，2006 年第 19 期，第 55~56 页。

8.4.4 强化上市公司的监管机制

对上市公司的监管不只是证券监管部门的事情,而是涉及投资人、债权人、中介机构、经营者、政府及其相关部门、相关新闻媒体等市场各方参与主体利益的共同事务。我国上市公司现有的监管体系是在股权分置的制度背景下形成的,具有十分浓厚的管制色彩。后股权分置时代我国上市公司的监管面临新的挑战,它既不可能是对现有发达国家上市公司监管的复制,也不会是由市场主导的完全的自发演进过程,而是充分发挥政府行政力量的主导作用,设立并维护合理的市场机制,充分调动市场各方参与主体共同构筑的一个多层次、全方位的综合监管体系。

8.4.5 完善配套法律制度建设

在中国上市公司中,对控制权的滥权现象广泛存在,控制者在违法成本很低的预期意识支配下,极尽手段套取公司资产、挤压中小股东、危害债权人的利益。股权分置改革后,证券市场对法律法规的要求越来越高,因此对我国上市公司控制权的法制环境建设,不应仅仅局限于违法和处罚这两个极端的两极,而应该在中间地带建立起由制度填充的绿色屏障,加强强制性规范。例如对大股东进行关联交易的控制规范,对董事的忠诚义务的细化要求和注意义务的规定,公司相互持股的限制条件的规定,中小股东请求公司回购股权的规定等。

参考文献

1. 吴晓求:《股权分置改革的历史、现状和未来》,载《深圳特区科技》,2005年第12期,第58~61页。

2. 刘伟四:《试论股权分置改革对公司治理的影响》,载《当代经济》,2006年第9期,第58~59页。

3. 韩建军、韩楚:《非流通股协议转让溢价率的实证研究》载《并购季刊》,2002年夏季号。

4. 王晶:《后股权分置时期大股东行为研究》,载《海南金融》,2007年第2期,第27~30页。

5. 马磊、徐向艺:《中国上市公司控制权私有收益实证研究》,载《中国工业经济》,2007年第5期,第56~64页。

6. 巴曙松、陈华良：《后股权分置时代的市场发展新动力：公司治理的改进》，载《杭州金融研究学院学报》，2005年第12期，第7~10页。

7. 严整、周庆：《从上市公司的利益冲突看后股权分置时代上市公司的监管》，载《经济体制改革》，2007年第1期，第46~50页。

8. 李腊生：《论股权分置改革后的投资者利益保护》，载《商业经济与管理》，2007年第3期，第40~46页。

9. 张建民：《后股权分置时代中国股市与上市公司治理的问题与对策》，载《经济学动态》，2006年第6期，第43~47页。

10. 陈新宏：《后股权分置时代的现代公司治理效率研究》，载《北方经贸》，2007年第3期，第23~25页。

11. 郭银华：《股权分置改革与完善公司治理结构》，载《改革与战略》，2006年第6期，第81~83页。

12. 巴曙松：《正在开启的战略并购之门》，载《中国金融》，2006年第19期，第55~56页。

13. Grossman, S. and O. Hart, One share, one vote, and the market for corporate control, Journal of Financial Economics, 1998 (20): 175–202.

14. La Porta, R., F. Lopez-de-Silanes, A. Shleifer and R. Vishny, Law and finance, Journal of Political Economy, 1998 (106): 1113–1155.

15. Shleifer, A. and R. Vishny, Large shareholders and corporate control, Journal of Political Economy, 1986 (94): 461–488.

第三篇 上市公司关联交易及治理

第 9 章

公司关联交易的经济学分析*

由于结果可能具有不公平性，关联交易备受关注。本章依据成本效益的经济学分析方法，利用经济模型对关联交易的各种形式进行了系统的分析，所得结论是，只要关联企业间存在控制与从属关系，且控制公司能从交易中获益，则关联交易就会发生。

9.1 引　　言

关联交易是关联方之间转移资源或义务的交易，其主要特征是，尽管交易是在市场行为方式下进行，但由于交易一方往往对另一方具有控制或重大影响能力，交易结果并不一定是公平的，通常会造成一方企业中投资者利益的侵害，并由此影响到投资者的信心和资本市场的稳定。因此，加强对关联交易的规范与治理以减少不公允关联交易的产生，就成为各方的共识，而深入分析关联交易产生的内在动因，则是科学规范与治理关联交易的基础和前提。

目前，国内外对关联交易产生原因的系统分析并不多。在国外，早期的研究主要集中于关联交易对税收的影响和治理方面（Avi-Yonah，1995；

---

* 本章内容发表在《东岳论丛》2005 年第 6 期。

Durst and Culbertson, 2003), 目的是防止企业利用关联交易进行税收规避, 以确保国家的税收收入。近年来的研究则主要集中于实证分析方面(Gordon and Henry, 2003; Berkman, Cole and Fu, 2003; Gordon, Henry and Palia, 2004; Kohlbeck and Mayhew, 2004; Jian and Wong, 2003), 目的是分析关联交易与经理报酬、盈余操纵和公司价值等方面的关联性。而国内对关联交易的探讨则始于上市公司关联交易的出现, 并随着上市公司不公允关联交易的泛滥而日渐增多, 但研究的重点是如何加强关联交易的规范与治理(乔彦军, 1997; 原红旗, 1998; 汤伟洋, 1999; 肖虹, 2000; 李明辉, 2002), 而对于关联交易产生原因的分析则较少, 且不系统(周阳敏、余廉, 2000; 王洋、宗晔, 2003)。

可以看出, 目前国内外对关联交易的研究主要集中于其影响与治理方面, 而缺乏对关联交易产生原因的深层次分析, 其结果是容易导致治标不治本的问题。因此, 为有效规制关联交易, 有必要对关联交易产生的经济动因进行深入分析, 以便进行针对性规范, 降低治理成本。

9.2 关联交易的经济学分析

依据经济学基本假设, 在市场经济条件下, 企业是追求自身利益最大化的理性经济人, 其经营决策的基本方法是成本收益分析法。一般而言, 如果某项交易的收益大于其成本, 则企业将进行该项交易, 否则, 将拒绝该项交易。但如果企业的经营决策受到外部力量的干涉, 其决策就可能偏离上述基本原则, 甚至会进行有损于自身利益的交易, 而关联交易就是该种交易方式之一。

9.2.1 一般产品或服务的关联交易分析

设 A 和 B 为两个具有关联关系的公司, 其中 A 为控股公司, B 为从属公司。现假设 A 公司将价值 V_A 的产品或服务以 $V_A + R$ 的价格卖给 B 公司, 而 B 公司对该产品或服务不进行任何再加工, 而以市场价 V_A 将其卖给第三者。设 A、B 间交易的费用为 $2C$, 且由两公司平均分享, 而不考虑 B 公司与第三者交易的成本, 经过该项交易后, A 公司的净收益为 π_A,

B 公司的净收益为 π_B，在不考虑税收节约的情况下①，有：
$$\pi_A = (V_A + R) - V_A - C = R - C$$
$$\pi_B = V_A - (V_A + R) - C = -R - C$$

对 A、B 两公司整体（即企业集团）而言，净收益 π_{AB} 为：
$$\pi_{AB} = \pi_A + \pi_B = R - C + (-R - C) = -2C$$

可以看出，如果不考虑该项交易的税收节约，则对企业集团而言，该交易的净收益为 $\pi_{AB} < 0$，它只是将利润由 B 公司转移至 A 公司，不但没有产生新的收益，反而徒增交易成本。因此，从整个企业集团利益的角度，该项交易不会发生。

对 B 公司而言，该项交易的发生将使其净收益减少，即 $\pi_B < 0$。作为理性经济人，它将不同意该项交易的进行。

对 A 公司而言，由于利润转移，可能会有净收益产生。如果 $\pi_A > 0$，即 $C < R$，则从 A 公司自身的角度出发，它会有动力进行该项交易。此时，如果 B 公司为 A 公司的全资子公司，则 B 公司的损失将完全由 A 公司承担，从追求利益最大化的角度而言，该交易不会发生。但如果 B 公司为 A 公司的非全资从属公司时，则 B 公司的损失并非全部由 A 公司承担，设 B 公司的股本由 m 和 n 组成，其中 m 由 A 公司持有，n 由其他股东持有②，此时，A 公司由于在 B 公司中的投资而应分担 B 公司的部分亏损，设为 π_B'，则有：
$$\pi_B' = \frac{m}{m+n}\pi_B = (-R - C)\cdot\frac{m}{m+n}$$

这样，经过该交易后 A 公司实际净收益为 π_A'，则：
$$\pi_A' = \pi_A + \pi_B' = R - C + (-R - C)\cdot\frac{m}{m+n}$$（B 公司亏损，π_B' 为负，故本处用 + 号）

对 A 公司而言，如果 $\pi_A' > 0$，即 $C < \frac{n}{2m+n}R$，则 A 公司在该项交易后将产生净收益 π_A'，因此 A 公司有动力促使 B 公司进行该项交易，此时 B 公司中其他股东的利益将受到损害。上述分析可用图 9-1 来表示，图中，在 M 点上有 $C = \frac{n}{2m+n}R$ 成立，图中的 OMR 围成的区域为 B 公司是 A 公

---

① 在存在税率差异的情况下，关联企业可能会利用关联交易进行税收规避，以实现整体税负最小化。

② 可能由一人持有，也可能由多人持有。

司的非全资从属公司时，A 公司有动力进行交易的区域。

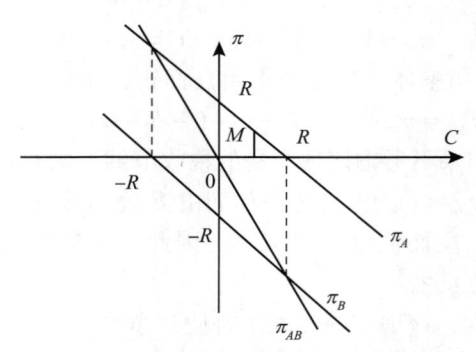

图 9-1　一般产品或服务交易的收益分析

9.2.2　资产交易型关联交易分析

（1）无利润转移的资产交易。现假设 A、B 两公司间交易的不是产品或服务，而是某种资产，该资产价值为 V_A，并以 V_A 的价格卖给 B 公司，B 公司将该项资产投入本公司经营，不再转卖。并假设 A、B 公司由于该项交易使资产结构得到调整，而产生经济效率的提高或规模经济收益[①]，设该收益为 $2E$，交易成本为 $2C$，上述成本和收益由 A、B 两公司分享，则有：

A 公司收益，$\pi_A = V_A + E - V_A - C = E - C$

B 公司收益，$\pi_B = V_A + E - V_A - C = E - C$

集团收益，$\pi_{AB} = \pi_A + \pi_B = 2E - 2C$

可以看出，对 A、B 公司及企业集团而言，如果 $C < E$，则该项交易将使各方受益，此时 π_A、π_B、$\pi_{AB} > 0$，该项交易将会发生；如果 $C \geq E$，则该项交易将不会产生。这种情况下，A、B 公司间的交易行为与独立企业间的交易相同，B 公司的股份构成状况对交易结果无影响，这也说明，公允的交易对关联企业各方不会产生不良影响。

（2）伴随利润转移的资产交易。如果上述交易在进行资产转移的同时，伴有利润转移，设有 R 的利润由 B 公司转移至 A 公司，其他条件同上，则有：

---

① 如果不产生相应的收益，则对该资产交易分析就与上述一般产品交易分析相同。

A 公司收益，$\pi_A = (V_A + R) + E - V_A - C = E + R - C$
B 公司收益，$\pi_B = V_A + E - (V_A + R) - C = E - R - C$
集团收益，$\pi_{AB} = \pi_A + \pi_B = 2E - 2C$

此时，交易能否进行，仍然取决于交易成本及其收益的比较（见图 9-2），讨论如下：

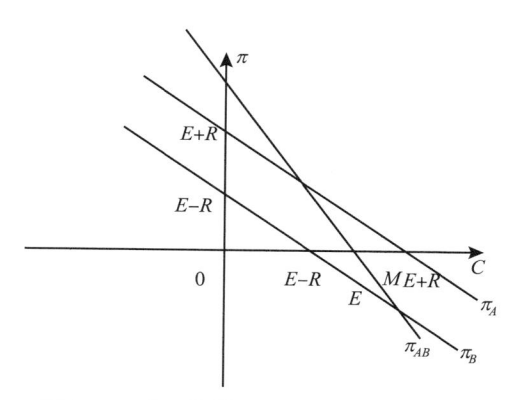

图 9-2 有利润转移的资产交易收益分析

当 $C \leqslant E - R$ 时，对 A 公司而言，$\pi_A = E + R - C > 0$，对 B 公司而言，$\pi_B = E - R - C \geqslant 0$，对集团而言，$\pi_{AB} = 2E - 2C > 0$，可以看出，对理性经济人而言，上述交易对各方是有利的，交易将可能发生。产生这种情况的可能原因是，所交易的资产对于 A 公司而言是非业务必需或不能充分利用，因而未能充分发挥其作用并影响到公司的运营效率，但对于 B 公司而言，该资产是其经营中所必需的或能与其核心能力相匹配的，该资产的购得将有利于其经济效益的提升，因此，付出高于资产价值的价格 $V_A + R$ 购买该资产或许是有利的。当然，由于 B 公司多付出了 R 的价格，致使公司中其他股东的应得收益减少。从公司集团的角度而言，这是为优化资产配置而进行的关联交易。

当 $E - R < C < E$ 时，A 公司的收益为：$\pi_A = E + R - C > 0$，B 公司的收益：$\pi_B = E - R - C < 0$，企业集团的收益：$\pi_{AB} = 2E - 2C > 0$。可以看出，如果从公司自身利益出发，B 公司会反对该交易的进行，但 A 公司会倾向于该交易的实施。从企业集团整体利润最大化的角度而言，由于 $\pi_{AB} > 0$，集团公司会促使该交易的发生，此时，B 公司中其他股东的利益将因此而受损，当然，从公平的角度而言，可以由 A 公司对 B 公司所受损害进行补偿，从而使整个企业集团的收益增加。

当 $E \leqslant C < E+R$ 时，A 公司的收益：$\pi_A = E+R-C > 0$，B 公司的收益：$\pi_B = E-R-C < 0$，企业集团的收益：$\pi_{AB} = 2E-2C \leqslant 0$。此时，B 公司的收益为负，而整个企业集团的收益也为负，因此，作为理性经济人，公司 B 和集团公司都将反对该项交易的发生，但对 A 公司而言，由于 $\pi_A > 0$，故 A 公司有动力进行该项交易。如上分析，如果 B 公司为 A 公司的全资子公司，则 A 公司将不会迫使 B 公司进行该项交易，以避免不必要的费用消耗。如果 B 公司为 A 公司的非全资从属公司，则 B 公司损失的一部分，将最终由 A 公司分享。假设 B 公司的股份构成为 m 和 n，其中 A 公司持有 m，则 B 公司的亏损额中应由 A 公司分担的部分为 $\pi_B' = \pi_B \cdot \frac{m}{m+n} = (E-R-C)\frac{m}{m+n}$，则 A 公司的净收益 $\pi_A' = \pi_A + \pi_B' = E+R-C+(E-R-C) \cdot \frac{m}{m+n}$（$\pi_B'$ 为负），如果 $\pi_A' > 0$ 即 $E \leqslant C < E + \frac{n}{2m+n}R$，该项交易对 A 公司而言仍是有利可图的，出于自身利润最大化的目的，A 公司将极力促使该项交易的进行。在图 2 中，M 点表示该项交易的临界点，在 M 点 $C = E + \frac{n}{2m+n}R$。进一步，如果 A 公司处于控制地位，则在 A 公司的操纵之下，该项交易将不可避免地发生。此时，A 公司将从该项交易中获取净收益 π_A'，而 B 公司则出现负的净收益，由此导致 B 公司中其他股东的利益受损，这就是关联交易对中小股东利益侵害的来源。

当 $C \geqslant E+R$ 时，$\pi_A < 0$，$\pi_B < 0$，$\pi_{AB} < 0$，此时，由于交易费用太高，交易对任何一方都没有益处，作为理性经济人，各方都没有意向进行交易，该项交易将不会发生。

9.2.3 从属公司为上市公司的关联交易分析

前面我们讨论的都是常见的利润自从属公司输出到控股公司的关联交易，但现实中，当从属公司为上市公司时，也会发生利润反向输出现象，即利润由控股公司输入从属上市公司。该种关联交易一般发生在上市公司业绩不佳的情况下，是为了避免上市公司被特别处理或摘牌，或为了保住上市公司的配股资格。当然，控股公司对上市公司输入利润只是手段，其最终目的则是使上市公司"保持再融资能力，通过配股、增发等途径进一步融资，以便将来能够更多地从上市公司抽取利益"。①

现实中，控股公司向上市公司输入利润的方式多种多样，例如，可以利用原材料、产品或服务的交易，也可以利用资产交易或赠与等方式，目的都是为了实现预定利润的输入。但关联交易的具体方式并不影响对其经济本质的分析，此处我们以实现配股融资为目的的关联交易为例进行分析。

假设 A 公司为控股非上市公司，B 为从属上市公司，B 公司欲争取配股融资，但由于经营业绩不佳，单靠自身正常盈利将达不到中国证监会对配股融资的基本盈利要求②，为实现配股融资的目的，A 公司决定以关联交易的方式对 B 公司进行利润输入。设输入利润 R 后，B 公司达到了配股融资的相关要求，并获准进行配股融资，配股比例为 x。假定配股前，B 公司的股权结构由 m 和 n 两部分构成，其中 m 为 A 公司持有，n 为其他股东持有。另假设配股融资时各方都没有放弃配股权③，配股完成后 B 公司的权益构成及相应比例不变。这样，B 公司通过配股融资将从其他股东处获得资金为 $F = V_B \cdot x \cdot \frac{n}{m+n} - C_i$，其中，$V_B$ 为 B 公司进行配股的股本，C_i 为融资成本。通常，虽然该部分资金为 B 公司的权益资本，但由于 A 公司对 B 公司的控制能力，该部分资金在事实上可能是部分或全部由 A 公司占有并使用。

如果 B 公司所融资金全部由 A 公司占有和使用，则在不考虑资金的时间价值情况下，A 公司的实际收益为：$\pi_A = V_B \cdot x \cdot \frac{n}{m+n} - C_i - R - C_T$

其中，C_T 为 A、B 公司间进行利润转移的成本。

由于现实中 C_i 和 C_T 都较小，故只要 $V_B \cdot x \cdot \frac{n}{m+n}$ 大于 R，转移利润的交易对 A 公司就是有利的，此时，利润转移的关联交易将发生。

如果 B 公司所融资金由 B 公司自身使用，则对 A 公司而言，其收益是由于 B 公司使用该部分资金而获取的收益中 A 公司所应分享的部分。此时，B 公司的收益为：

---

① 李明辉：《论关联交易的〈公司法〉规范》，载《中国工业经济》，2002 年第 4 期。
② 中国证监会对上市公司的配股和增发有较严格的规定，2001 年后，对拟配股企业应达到的效益指标做出了适当调整，降低了净资产收益率的指标要求，但许多企业仍难以达到该标准。
③ 现实中，A 公司投入 B 公司的现金可能在事实上仍由 A 公司占有或支配，本章中不考虑这些情况。

$\pi_B = V_B \cdot x \cdot (1+s)^t$ 其中，S 为 B 公司的收益率，t 为资金使用时间。

而 A 公司的收益为：$R_A = \pi_B \cdot \dfrac{m}{m+n}$，其成本为：$C = (R + C_T)(1+r)^t$ 其中，r 为 A 公司自身使用该部分资金时的收益率与同期银行利率中较高者。此时，A 公司在进行利润转移后的净收益为[①]：$\pi_A = R_A - C_A = V_B \cdot x \cdot (1+s)^t \dfrac{m}{m+n} - (R + C_T)(1+r)^t$。

则当 $\pi A > 0$ 时，对 A 公司而言利润输出就是有利的，关联交易将会发生。

9.3 结 论

市场经济中，追求利润最大化是企业的本性，但对具有控制与从属关系的关联企业而言，这种行为方式又有其独特之处。由于现代企业制度实行的是资本多数决定和股东有限责任的原则，在非全资从属公司遭受损失时，控股公司应承担的损失额就仅占其中的一部分，因此控股公司很可能利用自身的控制地位，通过与从属公司进行关联交易的方式，来转移从属公司的利益而追求自身利益的最大化。通过以上分析可以看出，只要控股公司通过关联交易所得到的收益大于其应承担的从属公司亏损份额，这种交易对控股公司来说就是有利的，交易的发生便是可能的，而这正是从属公司的中小股东利益受损的经济原因。

总之，关联企业间是否发生关联交易取决于两个因素：其一，关联企业间是否存在控制与从属关系，或者共同受第三方的控制或影响，这是关联交易的决策及贯彻执行得以进行的保证；其二，关联交易的双方或一方将在预期时期内从交易中获得净收益，这是关联交易得以进行的前提。在这两种因素的作用下，即使是明显不公允的关联交易，仍将实际发生（如果不进行相应的监管）。

参考文献

1. 李明辉：《论关联交易的〈公司法〉规范》，载《中国工业经济》，2002 年第

[①] 当然，A 公司还会因 B 公司经营良好而享有其他间接收益，如知名度、信誉等方面的提高。

4 期。

2. 周阳敏、佘廉：《关联交易的经济学分析及政策建议》，载《科技进步与对策》，2000 年第 10 期。

3. ［美］H. 范里安：《微观经济学：现代观点》，上海三联书店 1995 年版。

4. Michael C., Durst and Robert E., Culbertson, Clearing Away the Sand: Retrospective Methods and Prospective Documentation in Transfer Pricing Today, New York University Tax Review, Fall, 2003.

5. Reuven S., Avi-Yonah, The Rise and Fall of Arm's Length: A Study in the Evolution of U. S. International Taxation, Virginia Tax Review, Summer, 1995.

6. Elizabeth A., Gordon and Elaine Henry, Related Party Transaction and Earnings Management, Working paper, May, 2003.

7. Elizabeth A. Gordon, Elaine Henry and Darius Palia, Related Party Transactions: Association with Corporate Governance and Firm Value, Working paper, August, 2004.

8. Henk Berkman, Rebel A., Cole and Jiang Fu, Expropriation, Regulation, and Firm Value: Evidence from Events in China, Working Paper, June, 2003.

9. Mark Kohlbeck and Brian Mayhew, Agency Costs, Contracting, and Related Party Transactions, Working paper, December, 2004.

10. Ming Jian and T. J. Wong, Earnings Management and Tunneling through Related Party Transactions: Evidence from Chinese Corporate Groups, Working Paper, June, 2003.

第10章

我国上市公司关联交易决定因素的实证分析

作为一种具有潜在危害性的经济行为，上市公司的关联交易究竟由哪些因素所决定，对这一问题的分析将直接关系到对上市公司关联交易的治理，为此，本章通过建立数学模型的方式对其进行定量分析，得出以下结论：第一大股东与关联交易呈正相关性并通过显著性检验；高层管理人员持股比例与关联交易呈正相关性，但未通过显著性检验；第一大股东之外的前五位大股东持股比例与关联交易数量未呈现相关性；独立董事比例与上市公司关联交易呈现负相关性。

10.1 上市公司关联交易决定因素的理论分析及研究假设

10.1.1 所有权安排与关联交易

所有权结构安排是现代公司治理中较为重要的一种机制，它对参与公司契约的股东行为具有重要影响。一般而言，当公司的所有权较为分散时，出于成本收益的考虑，股东们缺乏足够的激励来实施对经理人员的监督，于是股东们的"搭便车"行为便会导致公司的内部人控制问题，股东的利益可能会受到经理人员的损害（Berle and Means, 1932）。通常，为解决代理成本问题而采取的手段是赋予代理人一部分剩余索取权，而更为有效的方式就是让代理人成为企业所有者（张维迎，1999）。但对上市公司这样的大型公众公司而言，让代理人拥有全部股份是不现实的，因此，目前的做法就是通过多种方式让高层管理人员持有公司股份，使其变成公司股东。从理论上讲，当公司的高层管理人员成为股东后，其目标函数的偏离就会变小，相应的，对公司利益的侵害行为也会减少。然而，高层管理人员持有公司股份也提高了其实施关联交易的能力，因为高层管理人员所持有的股份比例较小，而通过关联交易所获取的利益通常会大于其股份收益，因此，该种方式可能起不到应有的作用。

当然，当公司中存在持股比例较高的大股东时，大股东在公司中的利益使得其监督经理变得有利可图（Shleifer and Vishy, 1986），于是，这种较为集中的所有权安排可在一定程度上解决公司治理中的"搭便车"行为及代理问题。然而，大股东的存在也会产生另一种代理成本，这就是通过实施关联交易转移公司利益以收回其投资成本（Shleifer and Vishy, 1997），甚至出现"掏空"上市公司的现象（Johnson et al, 2000）。由于现代公司实行资本多数决定原则，大股东完全可以凭借其所持有的多数或相对多数股份而实现对上市公司的实际控制。于是，出于追求自身利益最大化的考虑，大股东便会利用这种控制权优势进行一些有损于上市公司利益的关联交易。现实中，我国的上市公司大多有自身的控股股东，这就为其实施关联交易创造了有利条件。

同时，控股股东的产权性质也会影响到关联交易行为的实施，不同的控股股东实施关联交易的动机不同，其行为方式就不一样。如前所述，我国的上市公司大部分由国有企业改制而来，由于改制情况不同，其关联方就有差异。有些上市公司的控股股东是纯粹的政府部门或国有资产经营公司，有些则是学校或事业单位（本章称该类公司为政府控制型），由于这些部门一般没有具体的生产经营行为，因此其与上市公司进行关联交易的行为应该少一些。但由于这些公司可能会出现内部人控制问题，内部人利用关联交易进行利益侵占的问题可能存在，因此，这类公司的关联交易行为具有不确定性。而更多上市公司则拥有一个以集团公司形式存在的控股股东（大部分民营企业上市后也采取该种方式）（本文称该类公司为法人控制型），由于集团公司已经将具有较强盈利能力的部分改制到上市公司中，其经营能力一般会受到影响，因此，其通过关联交易侵占上市公司利益的动机就较强一些。

然而，当公司中存在其他的大股东时，控股股东的关联交易行为可能会受到一定的限制（La Porta et al, 1999）。由于其他大股东所持有的公司股份较多，难以在市场上以"用脚投票"的方式进行利益自保，更重要的是，我国上市公司中大股东所持有的股份往往是非流通股份，除了进行市场外的协议转让外，无法在市场上出售。这样，当上市公司中第二大股东，甚至是前几位大股东持有的股份较多时，其对第一大股东的监督激励便会增强，第一大股东实施关联交易的行为便会受到一定约束。

基于上述分析，笔者就所有权安排影响关联交易的情况提出如下研究假设：

假设一　第一大股东与关联交易的关系。上市公司第一大股东的性质会影响关联交易的实施情况，当上市公司由政府型股东控制时，关联交易行为具有不确定性；当上市公司由法人型（包括民营企业）股东控制时，其关联交易行为较多。

假设二　高层管理人员持股与关联交易的关系。在持股数量低于100%的情况下，高层管理人员持股越多，上市公司的关联交易就越多。

假设三　其他大股东与关联交易的关系。其他大股东能制约第一大股东的关联交易行为，其他大股东持有的公司股份数量越多，上市公司的关联交易就越少。

10.1.2　独立董事与关联交易

依据公司治理理论，在现代公司中实际居于中心地位的是公司董事会，控股股东对上市公司的控制主要是通过控制公司董事会及其领导下的管理层来实现，而控股股东与上市公司的关联交易也大都通过公司董事会来实施。然而，在资本多数决定原则下，中小股东由于所持股份有限，很难选择自己的代表进入公司董事会，其结果就是上市公司的董事会通常由控股股东所把持。这样，代表控股股东利益的董事会在缺少必要监督的情况下，往往会成为控股股东实施关联交易的工具。于是，为保护上市公司及其中小股东的利益，在上市公司中引入独立于各方利益的独立董事便成为治理不公允关联交易的重要手段。由于独立董事与公司及其股东之间不存在经济利益上的联系，因而能够以较为客观公正的立场对公司的经营管理及重要决策进行准确判断，并能阻止不利于上市公司的经营行为的实施。基于此，本章提出如下假设：

假设四　独立董事与关联交易的关系。独立董事能够阻止不公允关联交易的发生，独立董事在董事会中的比例越高，上市公司的关联交易就越少。

10.2　数据选择及模型建立

10.2.1　数据来源及选择原则

依据中国证监会2003年8月发布的《上市公司分类指引》的分类，笔者选择了2003年12月以前在上海证券交易所上市的制造业中的机械、设备、仪表类公司（行业分类代码C7）2003年和2004年的关联交易数据为研究样本，剔除了仅发行B股的公司、披露不规范的公司、被特别处理的公司以及2004年配股的公司，最终的样本量为207家（其中，2003年为104家，2004年为103家）。分析中用到的数据来源如下：上市公司关联交易的具体数据、主营业务利润以及第一大股东的性质由笔者根据上市公司发布的年报资料分析整理，年报源于上海证券交易所网站（http://www.sse.com.cn）刊登的电子版，为保证数据的准确性，笔者还对部分上市公司的年报与中国证监会网站（http://www.csrc.gov.cn）及《中国证券报》上刊登的相应年报资料进行了校验。上市公司的其他数据均来自CSMAR数据库。本章的数据处理选用的是目前较为流行的社会科学用统计软件SPSS11.5 for windows。数据来源公司见表10-1。

样本选择的原则如下，其一，样本公司能反映出我国上市公司的发展现状。制造业类公司是我国上市公司的主体，基本上反映了我国上市公司的竞争水平和发展情况，而机械、设备、仪表类公司在制造业中具有典型的代表性，它不但在数量上涵盖了较多的公司，而且在上市公司来源、企业规模、市场竞争能力等方面都具有较强的代表性，完全符合研究要求。其二，样本公司能反映出我国上市公司关联交易的状况。本章选择的机械、设备、仪表类公司的股东构成及第一大股东的情况基本上反映了我国

表10-1 统计数据来源公司及其名称

公司代码	公司名称	公司代码	公司名称	公司代码	公司名称	公司代码	公司名称
600006	东风汽车	600243	青海华鼎	600499	科达机电	600698*	济南轻骑
600031	三一重工	600262	北方股份	600501	航天晨光	600710	常林股份
600038	哈飞股份	600268	国电南自	600507	长力股份	600715	松辽汽车
600055	万东医疗	600290	苏福马	600517	置信电气	600724	宁波富达
600066	宇通客车	600302	标准股份	600520	三佳模具	600742	一汽四环
600067	冠城大通	600303	曙光股份	600523	贵航股份	600753	冰熊股份
600071	凤凰光学	600312	平高电气	600526	菲达环保	600760*	ST黑豹
600072	江南重工	600316	洪都航空	600550	天威保变	600761	安徽合力
600081	东风科技	600320	振华港机	600560	金自天正	600765	力源液压
600089*	特变电工	600335*	ST中发	600565	迪马股份	600786*	东方锅炉
600097	华立科技	600336	澳柯玛	600566	洪城股份	600806	交大科技
600099	林海股份	600338*	ST珠峰	600577	精达股份	600815	厦工股份
600104	上海汽车	600343	航天动力	600580	卧龙科技	600818	永久股份
600112	长征电器	600346	冰山橡塑	600582	天地科技	600835	上海电气
600148	长春一东	600366	宁波韵升	600587	新华医疗	600841	上柴股份
600149	邢台轧辊	600372	昌河股份	600590	泰豪科技	600843	上工股份
600150	沪东重机	600375	星马汽车	600592	龙溪股份	600847*	ST渝万里
600151	航天机电	600379	宝光股份	600604	二纺机	600848	自仪股份
600162	山东临工	600382	广东明珠	600605	轻工机械	600854	春兰股份
600166	福田汽车	600388	龙净环保	600609	金杯汽车	600855	航天长峰
600169	太原重工	600391	成发科技	600610*	中国纺机	600860	北人股份
600178	东安动力	600397	安源股份	600619	海立股份	600862*	ST纵横
600183	生益科技	600416	湘电股份	600627	电器股份	600875	东方电机
600192	长城电工	600435	北方天鸟	600673	阳之光	600877	中国嘉陵
600202	哈空调	600468	特精股份	600676	交运股份	600879	火箭股份
600213	亚星客车	600469	风神股份	600679	凤凰股份	600890	中房股份
600218	全柴动力	600475	华光股份	600685	广船国际	600892*	湖大科教
600237	铜峰电子	600481	双良股份	600686	厦门汽车		

注: *表示未进入回归分析的公司。

上市公司的现状,其关联交易的实施情况较具代表性。同时,在剔除了被特别处理的公司以及 2004 年配股的公司后，样本公司基本上没有通过关联交易为上市公司输送利益的理由，可以认为所进行的关联交易具有侵占上市公司利益的可能性，可以用来对上市公司关联交易的影响作用进行科学分析。

10.2.2 变量定义与模型

（1）上市公司股东性质的判定与计量。本章中，上市公司第一大股东为政府（包括国有资产管理局、国有控股公司和学校）时，用变量 Gov 表示，并取值为 1，否则为 0；上市公司的控股股东为集团公司时，用变量 Lp 表示，并取值为 1，否则为 0；上市公司的控股股东为民营企业时，用变量 Np 表示，并取值为 1，否则为 0。

（2）股东持股数量的计量。本章中，用第二股东至第五股东的持股之和来表示其他大股东的持股情况，并用 S_{2-5} 表示，每个股东的持股数量用其所持股份占上市公司全部股份的比值表示。

（3）独立董事的计量。本章中，独立董事采用该年度末上市公司所拥有的独立董事与其董事会全体董事的比例来计量，并用 Dir 表示。

（4）高层持股的计量。本章中，高层管理人员包括全体董事及副总经理以上的管理人员，其持股情况用其持有的股份占上市公司全部股份的比例来计量，并用 Ms 表示。

（5）模型。依据上述分析，笔者建立如下模型对影响关联交易的因素进行分析。

$$Rptsum = \beta_1 Dir + \beta_2 Ms + \beta_3 Gov + \beta_4 Lp + \beta_5 Np + \beta_6 S_{2-5} + \varepsilon$$

10.3 结果分析与政策建议

10.3.1 结果分析

将数据代入上述模型，得到的回归结果如表 10-2 所示。

表 10 – 2　　　　上市公司关联交易影响因素的回归分析结果

系数	B	Std. E.	t	Sig. t	Rsq.	F	Sig. F
β_1	-0.283	0.567	-0.499	0.618	0.214	8.73	0.000
β_2	0.065	0.182	0.358	0.72			
β_3	0.138	0.215	0.64	0.523			
β_4	0.39 *	0.193	2.024	0.044			
β_5	0.527 *	0.235	2.242	0.026			
β_6	0 (-0.004)	0.003	-0.037	0.971			

注：* 表示在5%水平上（2-tailed）是显著的。括号中的数字为修正后的系数。

从实证结果可以看出，（1）股东性质与关联交易数量间存在相关性，法人和个人（即民营企业控股的上市公司）控股型股东与关联交易的发生呈现正相关关系且通过显著性检验，但政府型股东与关联交易数量间的正相关关系没有通过显著性检验，说明这类企业可能存在内部人控制问题，但其进行利益转移的行为并不明显，因此，假设一成立。这说明，我国上市公司中大量存在的集团控股公司对上市公司的关联交易具有重要影响，也证明了前文分析中所阐明的关于控股公司是上市公司关联交易的直接操纵者的理论分析。（2）高层管理人员的持股比例与关联交易的数量呈现出正相关关系，但没有通过显著性检验。这说明在高层管理人员持股数量较小，而上市公司基本上存在控股股东的情况下，高层管理人员通过关联交易对上市公司利益进行转移并不容易。因此，假设二不成立。（3）第二大股东至第五大股东的持股之和与上市公司关联交易的数量没有表现出相关关系，仅与修正后的系数呈现负相关关系，因此，假设三不成立。这说明，在上市公司进行关联交易的过程中，其他大股东并没有发挥抗衡第一大股东的作用，这可能是由于我国大部分上市公司的第一股东居于绝对控股地位所致。因此，降低上市公司第一大股东的持股比例，并增加其他股东的持股比例以形成大股东共同治理的情形，将有利于减少上市公司关联交易的发生。（4）独立董事的比例与上市公司关联交易的数量呈现负相关关系，这说明在上市公司中引入独立董事可以发挥一定作用，有利于减少上市公司关联交易的发生，但由于未通过显著性检验，说明独立董事目前在上市公司关联交易的治理中没有发挥较大作用。因此，假设四不成立。

10.3.2　政策建议

基于保护投资者特别是中小投资者及其他利益相关者利益的目的，在汲取发达国家关联交易治理经验的基础上，应建立我国上市公司关联交易的综合治理模式，即构建一个由企业自治、政府规制、行业监管和道德规范四个维度构成的关联交易综合治理体系。主要措施包括：股权结构的优化；通过建立关联股东表决回避制度、累积投票制度、独立董事制度和独立监事制度来完善公司治理；通过对控股股东课以诚信义务、要求提供关联交易担保等方式赋予控股股东一定的法律义务；通过细化关联交易的内容、加大对违规企业和责任人的处罚力度以及迫使企业重新编制财务报表等方式强化信息披露；利用股东派生诉讼制度和揭开公司面纱原则来加强对投资者的法律救济；利用证券交易所和注册会计师加强对关联交易的监控；以及通过强化上市公司的社会责任和声誉机制的作用发挥来减少不公允关联交易的发生。

参考文献

1. [加] J. 迈克尔·鲁宾逊：《证券管理与证券法——十四国证券及其法律的考察》，群众出版社1989年版。

2. 金德环：《证券市场基本问题研究》，上海财经大学出版社1998年版。

3. 柳经纬、黄伟、鄢青：《上市公司关联交易的法律问题研究》，厦门大学出版社2001年版。

4. 施天涛：《关联企业法律问题研究》，法律出版社1998年版。

5. Harris M. & Raviv A., The theory of capital structure. Journal of Finance, Vol. 46 No. 1, 1991: 297 - 355.

6. Mark Kohlbeck & Brian Mayhew, Agency Costs, Contracting, and Related Party Transactions. Working Paper. Dec., 2004.

7. Mark Kohlbeck & Brian Mayhew, Related Party Transactions. Working Paper. Sept., 2004.

8. Michael C. Durst, Robert E. Culbertson, Clearing away the sand: Retrospective methods and prospective documentation in transfer pricing today. New York University Tax Review, Fall, 2003: 39 - 135.

9. Michael C. Jensen & William H. Meckling, Theory of the Firm: Managerial Behavior, Agency Costs and Ownership Structure. Journal of Financial Economics, Vol. 3 Issue4, 1976: 305 - 360.

10. Ming Jian & T. J. Wong, Earnings Management and Tunneling through Related Party Transactions: Evidence from Chinese Corporate Groups. Working Paper. June, 2003.

第 11 章
公司关联交易治理制度及其构建[*]

本章在对关联交易成因分析基础上，提出了以保护投资者利益为指导思想的关联交易政府规制模型。主要包括对控股股东课以诚信义务，并要求提供关联交易担保，这将有效降低不公允关联交易的发生；强化信息披露应成为公司关联交易监管的重点，通过细化关联交易的信息披露内容、加大对违规企业和责任人的处罚力度以及迫使企业重新编制财务报表；加强对投资者（包括债权人）的法律救济，实行股东派生诉讼制度和揭开公司面纱原则，也是进行关联交易治理的有效途径。

11.1 关联交易的成因及政府规制模型

由控股股东与上市公司所实施的不公允关联交易主要存在两个问题：其一是信息不对称。一方面，控股股东与上市公司之间存在信息不对称。由于控股股东一般会直接或间接参与上市公司治理，因而能获取关于上市公司的全部或大部分信息，而上市公司则很难了解控股股东的所有信息，这就出现了交易双方的信息不对称问题，控股股东具有信息优势，而且具有控制权优势，因此可以诱导或迫使上市公司从事不公允的关联交易。另一方面，控股股东及上市公司与中小股东（包括公司债权人）之间存在信息不对称。作为交易双方的控股股东及上市公司掌握着交易的信息，了

---

[*] 本章部分内容发表于徐向艺等著《公司治理制度安排与组织设计》，经济科学出版社 2006 年版。

解关联交易对上市公司运营及收益的影响,对交易信息具有优势,而中小股东则很难了解交易的全部信息,因此,在对关联交易进行表决时就可能会被误导,从而做出不当决策。其二是收益不对称。控股股东通过关联交易转移上市公司的利润或财产,可以实现自身利益最大化,但会导致上市公司利润减少或盈利能力降低,甚至会影响其偿债能力。这样,中小股东及债权人的利益就会受到不公平的侵害。

上述两个问题单靠企业自身很难解决,一方面,控股股东的信息优势可以满足其利益追求,而一旦失去则会损害其自身收益,作为理性经济人,控股股东不会主动消除这种信息不对称;另一方面,中小股东出于成本收益的考虑和搭便车的心理,不会主动收集上述信息而减轻信息不对称状况。这是因为,信息具有公共产品的性质,个别中小股东花费成本收集到的信息,可能会被其他股东无偿使用,因而会挫伤其收集信息的积极性。而如果中小股东都去进行信息的搜集,则会造成信息成本的重复支出,造成经济效率的降低(曹国利,1998)。于是,市场失灵问题的出现不可避免。此时,对关联交易实施政府规制将有利于解决市场失灵,保护投资者(特别是中小投资者)利益。依据政府规制理论,市场是脆弱的,如果放任自流,就会导致不公正或低效率,而政府规制是对社会的公正和效率需求所做出的相应反应,它可以提高资源配置效率,增进社会福利。具体到关联交易,通过政府规制,使控股股东及上市公司承担一定的责任与义务,并使其在没有履行这些责任时受到一定的惩罚,就会大大减少不公允关联交易的发生。例如,赋予控股股东对上市公司和中小股东的诚信义务,可以利用法律责任的形式促使其自觉减少不公允的交易。而要求控股股东及上市公司对相关信息进行详细披露,则可以减轻信息的不对称状况等(如图 11-1 所示)。

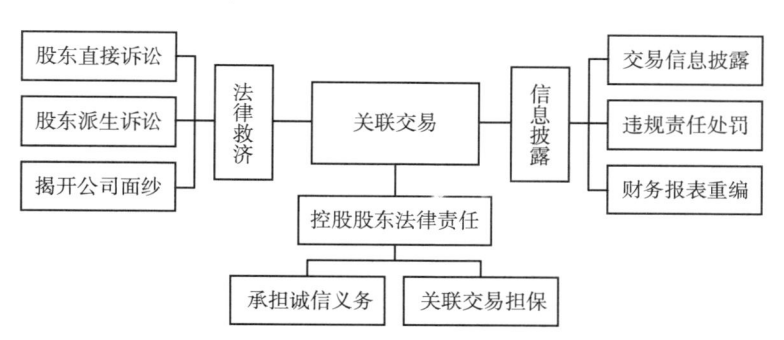

图 11-1 我国上市公司关联交易的政府规制模型

11.2 控股股东的诚信义务及担保责任

11.2.1 控股股东在关联交易中的诚信义务

股东个人通常对公司和中小股东并不负特别的诚信义务，他可以为追求自身利益而自由行使表决权，这并不造成对其他股东利益的侵害。当母公司或其控制下的关联企业与上市公司进行关联交易时，由于交易的最终受益者往往是控股股东。因此，应以法律、法规的形式规定控股股东对上市公司及中小股东负有诚信义务。

此时，控股股东在进行关联交易时应保证符合既定的程序：程序公平和实质公平。程序公平要求，控股股东要主动聘请财务顾问对关联交易进行评估并就交易的公平和合理性发表意见；关联交易要得到独立董事的多数同意；在董事会对此进行表决时，关联董事进行必要回避；在股东大会对此进行表决时，控股股东进行必要回避或表决权限制等。经过上述程序，表明关联交易经过了非关联人士的合理判断和决策，应予以维持，除非存在严重的欺诈。实质公平则要考虑，在交易的动议、安排、谈判和披露方面对上市公司的中小股东是否公平，交易价格是否考虑了相关因素，并与相似的市场交易价格一致。另外，还要考虑，交易对公司是否有利，能否有利于提高公司的盈利能力、市场竞争力；该交易是否必须与控股股东进行，可否由独立第三方提供相似交易；在没有独立第三方的情况下，如何保证交易价格是公平的；如果该项交易不实施，将会对公司造成怎样的影响等。这样，当控股股东实施了不公允关联交易后，中小股东就可以其违反了诚信义务为由，请求法院撤销不公允的关联交易，并对因该关联交易而给上市公司和中小股东造成的损害进行赔偿。

目前，我国已在《上市公司章程指引》和《关于加强社会公众股股东权益保护的若干规定》中引入了控股股东的诚信义务，但其法律效力有限，而且规定也不具体。在 2005 年 10 月修订的《公司法》中，尽管规定了"控股股东不得利用其关联关系损害公司利益"的内容，但没有对控股股东的诚信义务做出明确规定，因此，政府在制定《公司法》实施细则的相关法规中，应明确控股股东的诚信义务，并对违反该义务的法律责任做出相应处罚规定。

11.2.2 控股股东关联交易中的担保责任

通常，上市公司的关联交易是由控股股东所操纵，从关联交易中受益的也是控股股东，而批准该交易的上市公司管理层往往是由控股股东所选派，因此会有意袒护控股股东，任由关联交易的进行。于是，公司的利益就会受到损害，中小股东的应有权益无法得到保障。在现实中，正确判断关联交易的公允性和合理性，需要有充足的信息，但中小股东并不参与公司的日常运营和决策，因而存在信息不对称问题。对于拟进行的关联交易对公司的合理性、必要性以及交易对公司当前及未来运营的影响，中小股东就不能做出准确判断。此时，为保证关联交易的公允性，维护上市公司及其他股东的利益，引入控股股东的关联交易担保制度就具有必然的合理性。

实行关联交易担保制度，就是对那些较为复杂、交易的后果很难立即做出判断的交易，例如，有关资产、企业、在研项目以及无形资产方面的交易等，要求控股股东对"交易后果对上市公司是有利的"这一事实做出承诺并提供担保。如果在担保有效期内该交易的结果没有达到最初的承诺，则控股股东应对存在的差额负相应的补偿责任，或者撤销该交易，由控股股东按最初的交易条件购回交易标的。实行关联交易担保制度，一方面，可以有效降低由于信息不对称所导致的交易成本，促使中小股东相信控股股东及公司管理层所提供的交易信息的可靠性，在基本合理的情况下放心地同意该交易的实施，从而提高交易效率。另一方面，要求控股股东对关联交易后果承担一定的责任，可以增加控股股东实施关联交易的成本，这样，在预期到难以从关联交易中获得额外收益后，上市公司的控股股东就会自觉减少同上市公司的关联交易。当然，该制度不宜长久实行（因为交易自由是公司的权力），也不宜在公司法中规定，但对于目前不公允关联交易屡禁不止的现状，可以由中国证监会做出相应的规定，迫使上市公司在近一段时期内执行这一制度。

11.3 关联交易的信息披露及财务报表重编制度

11.3.1 强化关联交易的信息披露制度

要求对关联交易信息进行完全、及时和准确的披露，可以有效减轻信息不对称程度，使投资者能够据此做出合理的判断和决策，避免不必要的损失。更为重要的是，它可以有效控制不公允关联交易的发生，因此，强化信息披露，对保护投资者利益是必要的。

上市公司关联交易信息披露涉及事前、事中、事后以及违反披露规范的法律责任，针对上述各个层面，我国证券监管当局已经颁布了一系列信息披露制度，而且取得了一定效果，但由于制度自身存在着某些不足以及实践中的执法力度不够，不公允关联交易时有发生。目前，我国对关联交易信息披露的规定主要体现在中国证监会、财政部和证券交易所的不同规定中。但这些规定的目的、内容并不完全一致，而且都存在对披露内容的要求不够细化的问题。在现实中，对投资者的投资决策影响较大的主要是上市公司所发布的各种信息，特别是年度报告和半年度报告中所披露的公司财务信息。为使投资者能够准确了解关联交易对上市公司经营状况的潜在影响，上述各部门都要求上市公司在财务报告中披露关联交易的情况，而其依据则是财政部所发布的《企业会计准则》中的相关规定。然而，这些规定大多较为原则，需要做出进一步细化。

具体而言，在信息披露内容方面，可以增加如下要求：其一，关联交易原因的披露。上市公司应该披露实施关联交易的原因，并说明该交易是否可以与第三方进行，如果可以，应说明为什么选择与控股股东进行交易。其二，关联交易定价的披露。上市公司应该披露具体的关联交易定价方法，而不仅仅是含糊的说明。在进行定价披露时，应说明是否有独立第三方价格可参考，如果有，应列示；如果没有，说明具体的定价依据。目前，可以借鉴我国税法以及美国税法中对关联交易定价的相关规定，详细规定企业在各种情况下应该采用的定价方式，并要求上市公司在财务报告中做出披露。其三，关联交易支付方式的披露。即使是公允的关联交易，如果支付方式不同，也会导致交易风险的不同。因此，应要求上市公司披露交易的支付方式，说明结算的形式、结算日期、违约责任等。其四，关联交易对业绩和财务状况影响的披露。对投资者而言，关联交易对上市公司业绩及其财务状况的影响是最重要的，因此，应要求上市公司对该方面的内容进行相应的披露。在披露方式上，应该规范关联交易的披露格式，要求上市公司按照统一的格式进行交易信息披露，以增加披露的清晰度。例如，可以设计如下类型的表格，供上市公司关联交易信息披露时使用，如表 11-1 所示。

表 11-1　　　　　上市公司关联交易信息披露格式（示范）

交易对方	交易内容	定价方式	交易数量	交易金额	支付方式	交易额占总交易额的比例	交易产生的利润额	交易利润占利润总额的比例	交易对企业运营的影响

另外，还应增强关联交易信息披露的法律效力，规定没有经过信息披露的交易不能成立的法律要求，以迫使上市公司主动披露相应的交易，减少信息不对称。同时，对违规企业及其责任人应加大处罚力度。良好的披露制度是以严格的执行为基础的，否则，约束将是无力的。我国上市公司之所以屡屡进行不公允关联交易，就是因为相应的制裁力度不够，违法收益大于成本支出，违法行为有利可图。目前，监管当局对上市公司违法的惩罚大多是行政处分和罚款，这显然是不够的。如果违法行为实施者本人得不到应有的惩罚，他就不会担心违法行为的后果，违法行为的实施就会屡禁不止。因此，在加大对实施不公允关联交易企业的惩罚力度的同时，还应该加大对交易责任人的制裁力度。在现实中，各种制裁方式对犯规者的惩戒力度并不同，通常是刑事处罚力度最高，民事次之，而行政处罚力度最小。因此，对后果较为严重的不公允关联交易的责任人，在实施经济处罚的同时，对其课以严厉的刑事处罚，则制度的威慑效果就会明显增强。当然，还应增加对关联交易受害人实行经济补偿的规定，这样既可以调动投资者参与对关联交易治理的积极性，又可以实现社会公平，降低投资者因不公允关联交易而遭受的损害。

11.3.2　基于关联交易的财务报表重编制度

上市公司的财务报表是投资者（包括债权人）判断企业经营状况、盈利能力和发展前景的依据，对投资者的投资决策具有重要作用。一般而言，企业的财务报表应该满足真实性、相关性、可比性和可理解性等要求，能够为投资者和债权人提供关于企业的真实可靠信息，据此判断企业的质量并作出相应的决策。如果财务报表不能正确反映企业的财务状况和经营状况，就会使投资者无法区分企业的优劣，从而可能做出错误决策，导致资源的错误配置，进而会影响到社会经济的发展。因此，确保上市公司财务报表的准确披露至关重要，而当上市公司发生关联交易时，在报表中对相关信息进行准确披露就很有必要。如前所述，与一般的市场交易不同，上市公司的关联交易通常是由控股股东所操纵，其交易条件与交易价格可能与正常的市场交易相差较大，交易结果甚至会影响到企业的运营能力和长远发展，因而更需要进行准确披露。现实中，上市公司的关联交易往往是控股股东操纵上市公司利润、进行利益转移的工具，因此，为掩饰真正的交易目的及交易结果，上市公司通常会对财务报表进行故意歪曲和人为调整，致使所披露的财务报表存在不实、偏颇或欺诈现象。很明显，这种财务报表容易对投资者和债权人造成误导，导致其错误决策，并带来不应有的损失。然而，如果上市公司不对错误的财务报表进行纠正和重新编报，投资者往往难以了解上市公司的舞弊伎俩、报表中的会计差错及其影响，也难以据此要求损害赔偿。这种情况下，为有效保护投资者的利益，提高上市公司财务报表的准确性，就应该在上市公司中引入财务报表重新编报制度。

简言之，实行财务报表重编制度就是要求，当上市公司在财务报表中歪曲了不公允关联交易的相关信息而被发现后，必须在规定的时间内对错误的报表进行纠正和重新编报，并在重新编报的报表中详细披露舞弊的各种手法或重大差错对公司财务状况、经营业绩和现金流量的影响等。这样，就可以使投资者掌握更多的证据，提高对造假者指控的胜诉概率。同时，还会让社会公众认清造假者的丑恶嘴脸，从而加大造假者的社会成本，有效减少不公允关联交易的发生。目前，在我国上市公司中针对关联交易的披露实行财务报表重编制度，可以从如下方面进行。

其一，财务报表重编的条件。财务报表重编一般发生在虚假信息披露被发现之后，但由于虚假信息及其影响的不同，对重新编报的要求也应有所差别。上市公司发生的关联交易并非都有害于公司及其中小股东的利益，但由于顾及企业信誉和形象，即使是有益于上市公司的关联交易，上市公司也可能不愿意在财务报表中进行充分披露。这样，财务报表中对关联交易的不实披露就包括两类，即有利的交易信息不全面披露和有害的交易信息歪曲披露。前者可能不会对投资者造成损害，但会影响投资者对企业的正确评价；后者很可能会造成对投资者的误导，导致其利益的受损。因此，对这两类虚假披露的编报要求应该加以区别对待。对于出现前者的情况，应该要求上市公司在指定媒体上进行声明，并在下次报表披露时一并改正。而对于出现后者的情况，则应该根据其虚假的程度进行处理。如果歪曲披露的数据低于某一标准时（如净资产的0.5%以下），则要求该公司在指定媒体上进行更正声明，并在下次报表披露时改正。如果超过该标准，则必须在限定时间内对财务报表进行重新编报。

其二，财务报表重编的内容。重编的财务报表应该包括两个部分，即矫正后的内容和矫正前的内容，并对照列出，以便于投资者了解原先的报表所歪曲的事项及其影响情况。在重编报表中的主体部分，必须将歪曲或遗漏的交易数据进行更正，并按照会计准则的要求调整受其影响的其他数据，使财务报表恢复到正常状况。而且，报表的调整必须自虚假报表所报告的时期开始，一直进行到报表重编之日为止。同时，还必须在报表附注中对舞弊情况进行详细说明。详细列举每一项不公允关联交易的情况，相应的歪曲目的和歪曲手法，对应报表主体中的项目，对本年度企业盈利状况、现金流量等方面的影响，调整到正常情况后的数据，在附注的最后，还应该说明对该财务报表造假负责的人员及其相应职务。这样，就可以使投资者掌握上市公司虚假披露的详细证据，为其日后的索赔奠定基础。

其三，财务报表重编的责任人。虚假的财务报表不仅因报表重编而造成社会资源的浪费，还会误导投资者的决策，给其带来损失，进而影响到资本市场的稳定和发展。因此，应该对造成财务报表重编的责任人进行必要的曝光和惩罚。例如，规定在重编后的报表中披露造假的负责人，并由监管当局根据造假的后果对其实施经济处罚或提起相应的刑事诉讼。另外，虚假信息披露被揭露后，上市公司还应该就财务报表重编指定负责人，并保证重编报表的真实性。

其四，重编财务报表的披露。出现财务报表重编时，将会影响投资者对上市公司评价，因此，报表重编及其披露不能无限期地拖延，以免给投资者带来更大的损害。实践中，应该按照报表的虚假情况分别规定更正期限。对需要进行更正声明的上市公司，应该要求其在较短的时间内（如两个星期内）进行披露；对需要重新编报财务报表的上市公司，应要求其在一定时期内（如两个月内）进行重新披露。当然，还应该规定上市公司必须在发布原虚假报表的媒体上进行重新披露，以便于投资者查阅。

另外，对于出现财务报表重编的上市公司，应该被列为监管当局今后监管的重点对象。同时，还应该要求重编财务报表的上市公司做出相应的承诺，保证以后所披露的财务报表的真实性。

11.4 投资者的法律救济制度及其构建

法律的价值目标就是追求社会的公平与正义，在不公允关联交易中，控股股东所获取的收益是以牺牲其他中小股东的利益为代价的。为此，为维护社会公平与市场信心，对投资者（包括债权投资者）施以相应的法律救济就是必要的。

11.4.1 股东派生诉讼制度

对中小股东而言，控股股东与上市公司进行的不公允关联交易可能会出现两种结果：直接侵害中小股东的利益或直接侵害上市公司的利益。对前一种结果，受损的中小股东可以直接对损害实施方——控股股东提起诉讼，请求相应的赔偿，以维护自身利益。对于后一种情况，由于受损的上市公司是投资者投资收益的来源，因此，如果上市公司的损失不能追回，则中小股东的利益将间接受损。此时，中小股东应该敦促上市公司的管理层对该损失进行追偿，如果上市公司的管理层无理拒绝，法律就应该提供相应的救济措施，赋予中小股东提起派生诉讼的权利。目前，最新修订的《公司法》中已引入了该制度，但没有对该制度的实施条件与程序作出规定。因此，为防止中小股东滥用派生诉讼权利，影响上市公司的运营效率，应借鉴美国的治理经验，对我国上市公司的股东派生诉讼制度设立一定的限制条件。

其一，诉讼主体的资格。能够提起派生诉讼的必须是公司股东，而且其持有公司的股份必须达到一定的比例，持有的时间也必须满足一定的要求。

其二，诉讼的程序性要件。股东在提起派生诉讼之前，必须先向公司提出正式请求，要求公司管理层采取适当措施追偿损失。目前，我国应规定将该请求呈交独立董事或监事会决议。在上述请求遭到拒绝后的一段时间期满，才可以提起派生诉讼。当然，如果非公允的关联交易正在进行，而且如不及时制止将造成无法挽回的损失时，股东可以直接提起诉讼。另外，股东在提起诉讼时，法庭可以根据其持有的股份比例及其价值，要求股东提交一定的诉讼费用担保，以防止滥诉行为。

其三，诉讼的实质性要件。原告股东的行为必须是善意的，提起诉讼的目的是为了公司的利益而非自身的私利。在损害发生时该股东就持有公司股份，在诉讼进行过程中仍持有股份。而且，在不法行为发生时，该股东对这些不法行为没有批准同意或默认。另外，股东持有公司股份的数量或比例须达到最低数额的规定。

其四，诉讼的赔偿问题。原告胜诉，则控股股东或公司董事必须对公司损害负赔偿责任，同时，原告的费用由公司支付，这样可以鼓励股东积极参与对公司利益的维护。原告败诉，如果原告的起诉是没有恶意的，则原告股东应该对作为被告的控股股东或董事的损失负赔偿责任，因为该损失的产生是由原告引起；如果原告的起诉具有恶意，则原告对公司和被告均负有赔偿责任，以避免滥诉或敲诈行为。

11.4.2 揭开公司面纱原则

公司人格独立和股东有限责任是现代公司制度的两大基石，但我国上市公司的不公允关联交易却破坏了其确立的基础。我国部分上市公司的控股股东利用关联交易大量转移上市公司的资产或利润，造成上市公司丧失偿债能力而侵害债权人利益的事件时有发生。为此，我国在2005年10月修订的《公司法》中引入了揭开公司面纱制度，但却没有对该制度的实施要求做出具体规范，因此，有必要在实践中对该制度的实施条件与程序作进一步完善。

具体而言，法院在援引该制度时应确立相应的使用标准，目前应主要考虑如下因素：[①] 其一，资本显著不足。要求公司在从事其经营活动时要有足够的资金来源，以便对经营过程中可能出现的损失予以填补，否则，便可以使用该原则。这样，可以避免控股股东利用设立关联企业的方式进行不公允交易后借助公司面纱而逃避责任的情形。其二，欺诈。规定上市公司的关联人在出现违反公共秩序或善良风俗等行为，或者在出现违反法规的违法行为而导致债权人的利益受到损害时，法院可以使用该原则揭开其面纱。例如，母公司利用关联交易的方式剥夺子公司的资产，或转移资产为母公司所有等。其三，资产混同。如果控制公司和上市公司的资产关系很难做出明确区分，控制公司在处理上市公司的财产时就像处理自己的财产一样，则可以揭开公司面纱。其四，不遵守适当的公司形式。例如，不按规定召开董事会或股东大会，关联交易不经过董事会或股东大会批准等。其五，过度控制。例如，母公司对上市公司经营有完全的支配性控制；母公司对上市公司行使控制权系为不正当的利益；母公司对上市公司的控制对债权人或股东造成损害；债权人的损害与母公司所行使的控制力

---

① 施天涛：《关联企业法律问题研究》，法律出版社1998年版，第168~171页。

有相当的因果关系。出现上述情形时，可以援引该制度。

另外，在实施该项制度时，可以实行举证责任倒置的原则，只要公司债权人能证明有控制问题存在即可。这样，可以减轻因信息不对称而造成的原告举证困难的问题，同时也可以对关联人实施不公允关联交易形成威慑。

参考文献

1. ［美］莱瑞·D. 索德奎斯特：《美国证券法解读》，法律出版社 2004 年版。
2. ［美］罗伯特·C. 克拉克：《公司法则》，工商出版社 1999 年版。
3. ［美］玛格丽特·M. 布莱尔：《所有权与控制》，中国社会科学出版社 1999 年版。
4. 施天涛：《关联企业法律问题研究》，法律出版社 1998 年版。
5. 蒋大兴：《公司法的展开与批判——方法·判例·制度》，法律出版社 2001 年版。
6. A. M. Rugman & L. Eden, Multinationals and transfer pricing. New York: St. Martin's Press, 1985.
7. Adolf A. Berle & Gardiner C. Means, The Modern Corporation and Private Property. Harcourt, Bruce & World. Inc., 1968.
8. Charlesworth & Mores, Company Law (14th ed). Sweet and Maxwell Press, 1991.
9. Dine Janet, The Governance of Corporate Group. New York: Cambridge University Press, 2000.
10. L. S. Sealy, Cases and Materials in Company Law. Butterworths, 1985.
11. Robert W. Hamilton, The Law of Corporations (4th ed). West Group, 1996.

第四篇
公司治理中权力与利益关系

第 12 章

权力、资本裂变与治理结构[*]

权力及权力的配置问题是公司治理研究的焦点,不同学科对权力都有自己的定义和阐释,但对权力本身、权力来源以及权力配置存在不同程度的混淆。用马克思主义动态的分析方法,从企业形式变迁的角度,遵循资本裂变的逻辑,探寻企业权力及其来源的演变是一个新的有效视角。事实上,权力是基于资源占有或控制而衍生出来的一种社会生产关系,它就必然反映社会生产力的发展水平并与之相适应。公司治理的制度设计就必须恰当地配置企业中的各种权力关系,其本质就是权力的治理。因此,权力是理解治理结构的一把钥匙。

12.1 引　　言

权力及权力配置问题是公司治理研究的焦点:经济学对公司治理研究的代表观点是一套激励与约束制度安排,而制度存在于一个有权力的系统中就必然反映了权力的配置关系,否则它就不会持久;管理学的典型研究是治理的组织结构体现,各组成部分功能及运作方式,这同样是关于责、权、利的界定问题;法学界从法理的角度理解的公司治理,本质上还是对

---

[*] 本章内容发表在《软科学》2007 年第 21 卷。

孟德斯鸠的"三权分立"思想的发挥，他们所寻求的依然通过权力的制约来实现公平、公正与效率的兼顾；社会学则把一部分研究的精力置于如何防止公司日益膨胀的权力及其所引致的社会问题等。虽然这些研究归根结底都或多或少，或明或暗的是关于权力以及权力配置的研究，但我们却不得不遗憾地指出，对于权力，特别企业权力的研究才刚刚起步，对权力本身、权力来源以及权力的配置问题存在一定程度的混淆并因学科的差异而难以融合。另外，在经济学对权力的研究中，由于研究方法的静态化无法揭示权力的动态本质。这样，以微观经济学，特别是企业理论为主要基础的公司治理研究，如果不能准确地理解和把握权力，无论是去讨论权力制衡、利益保护，还是激励约束，都是片面的和不恰当的。正基于此，本章从权力的视角，结合资本裂变的逻辑，从企业组织变迁的动态角度考察权力、权力的来源以及对公司治理研究的启示。

12.2 权力的定义

加尔布雷斯曾说过："很少有什么词汇像'权力'一样，几乎不需要考虑它的意义而又如此经常的被人们使用"，由此可见"权力"的流行程度和使用频率。那么，权力到底是什么？权力（power）一词，英文释义中通常用作能力（capacity）、技巧（skill）或禀赋（talent）的同义语，是对外部世界产生某种效果的能力及潜藏在人的一切物理行为或心理能量。权力的中文释义是指职责范围内领导和支配的力量。因学科领域的差异，对权力的定义和理解各不相同。

12.2.1 权力的社会学定义

在社会学中，权力主要是从三个角度来定义的。第一，冲突与强制性的角度。从该角度理解，"权力是某社会关系中一个行动将处于不顾反对而贯彻自己意志的地位的概率，不管这种概率所依据的基础是什么"，这是对西方后来的思想家对权力的解释影响最大的一种观点，其提出者是马克斯·韦伯。此后，达尔在其《社会科学国际百科全书》中的《论权力》一文中指出："对于权力，我的直觉看法是：在 A 能使 B 做 B 本不愿做的事情这个范围内，A 对 B 拥有权力"。R. H. 陶奈从"不对称"的关系上发展了韦伯的定义,他认为权力是一个人(或集团)按照他所意愿的方式去改变他人或集团的行为,以及防止他自己的行为按照一种他不愿意的方式被改变的能力(陶奈,1931)。这些定义都是从产生冲突的时候权力具有强制执行的角度来阐发的。然而,现实中的权力所表现出来的似乎不仅仅是强制性,因此有了权力定义的第二种角度:预期控制力。从这个角度进行阐释的是英国两位著名的哲学家:托马斯·霍布斯(Thomas Hobbes)把权力定义为"获得未来任何明显利益的当前手段",而对于波特兰·罗素(Bertrand Russel)来说,权力是"预期效果的产生"。显然,他们是从权力的能力的角度进行解释,无非霍布斯的观点是一种潜在的能力,可发生也可以不发生,而罗素的权力则可能是"偶发性"的主宰的能力。而现实中的权力不仅仅是强制的、冲突的性质,它仍然可能有着互惠性质,比如组织中权力的作用就可能是有助于双方实现集体目标的手段。因此就有了帕金斯从系统的角度出发而来的第三种定义——帕金斯提出了一个与韦伯从冲突角度讨论权力的全然不同的定义,他把权力视为一种系统中的手段或能力,"当根据各种义务与集体目标的关系而使期望义务合法化时,在遇到顽抗就理所当然会有靠消极情景制裁去强制执行的地方,权力是一种保证集体组织系统中各单位履行相互约束力的义务的普遍化能力"。帕金斯用"一致性"代替了韦伯的"冲突",将权力作为实现系统中集体目标的手段。

12.2.2 权力的组织管理学定义

从组织和管理学的角度对权力做出具有广泛影响的定义的当属巴纳德。他将权力定义为:权力是正式组织沟通(命令)特性,它的效力通过参与行为控制过程的组织成员的认可来体现。这样,权力可以包含两方面维度:第一是权力主体,即发布命令的"权力人";第二是权力客体,即接受者。从这个角度来理解,权力是否发挥作用,取决于它指向的人,即权力客体,而不取决于"权力人"(发布命令的人)。也就是说,有效展现权力所表现出来的沟通(命令)需要满足四个客观条件:(1)沟通足够清晰,能够为人所理解;(2)接受者认为沟通与组织目标一致;(3)接受者抉择时认为与自己的偏好相一致;(4)接受者的身心能够顺从这种沟通。正是基于以上四点,管理工作的相当一部分内容都是对命令的解释和再解释。另一项研究把权力的来源归为职位的、奖赏的、惩罚的、专家的、感召的五类。

12.2.3 权力的经济学分析

在经济学的分析谱系当中，权力是一个与组织剩余、资源稀缺程度等密切相关的，没有经过严格定义的，与权威、谈判能力相混用的概念。经济学家说，组织中的某个人如果能够获得更多的组织剩余，那么他就拥有更强的谈判能力。因此，从一般的经济学意义上来看，权力是指个人在组织中所拥有的讨价还价能力，而这种讨价还价的行为或者能力之所以产生而且重要，根源于契约的不完全性。在经济学的谱系当中，权力之所以表现含混，源于它在经济学流派的变迁中时隐时现，这一方面表现在权力被视为"仍然占据着现代人的头脑的古老的政治观念"，常作为社会学、政治学的概念出现而被排斥在经济学的分析框架之外，但实际上，权力从最一般的角度决定了资源配置的效率和实际利益的分配，经济学就绝对无法回避对权力问题的研究。另一方面，经济学家们在对权力进行分析的时候，往往对权力自身以及权力的基础和来源未能做出清晰的界定。

在阿罗—德布鲁式的新古典经济学的分析框架里，价格机制自发的、无摩擦地配置资源，引导各利益最大化的经济主体的行为，在这里，实质上是没有权力生成的空间的。可这种与现实相去甚远的"黑板经济学"引发了学者们的不满和反思，现代企业理论的开创者科斯是其中最为杰出的代表。根据科斯的思想，企业之所以有别于市场，是因为企业中的资源配置方式不是通过价格机制，而是通过权威控制关系——权力在企业理论中明确地现身了。科斯通过罗宾逊经济的例子，把企业比作"在无意识的合作海洋中有意识的权力的孤岛"。一个明显的结果是，许多经济学家都同意科斯的这个比喻，然而却少有论及到底什么是企业当中的权力？这些权力的来源以及配置、运行的方式是什么？以科斯为首的先行者们，过于地迷恋于"交易成本"这个具有革命意义的概念，而无暇于沿着权力研究的道路继续前进，科斯甚至未能对源于所有权的"权威"和与管理相关的"指挥"做出区分，更没有给出权力的基础和来源的答案。对上述问题做出解释的是财产权理论（the property rights approach），把不同于价格机制的这种公司权力或权威根源于哪些无法通过合约进行保证的权利，其中最为卓有成效的工作当属格卢斯曼、哈特和摩尔（Grossman and Hart, 1986; Hart and Moore, 1990; 即 GHM 模型）。他们提出了一个不完全契约（incomplete contract）的理论框架来研究企业中的权力问题。正是根源于契约的不完全性，对哪些无法在契约中做出明确规定的或然事项以及由此所引发的处置权力的配置就至关重要。他们提出了"剩余控制权"（residual control rights）的概念并把其天然地归属于非人力资本所有者："在契约不完全时，所有权是权力的来源"，而且"对物质资本的控制权能够导致对人力资本的控制：雇员倾向于按照他的老板的利益行动"（Hart and Moore，1990）。进而，将物质资本的所有权或控制权作为研究的焦点，把企业定义为物理资产的集合。因此，物质资本所有权就成了公司权力的明确来源，公司治理的基本要义就是对这种权力提供保护。然而，单纯的物理资产所衍生出来的财产所有权，进而所衍生出来的"剩余控制权"，不是我们现实中公司权力的来源，至少不是唯一来源。这一点散见于学者们的后续研究，包括对人力资本的认识（周其仁，1996；方竹兰，1997；杨瑞龙，杨其静，2001等）、对关键资源的控制权都是权力的来源（Rajan and Zingales，1998）等。

综上所述，在经济学中对权力的研究触及到了企业权力结构与企业效率的互动关系问题，但依然存在着重大缺陷：未能对权力做出明确的定义，静态的分析方法不能解释权力及其权力的本质和发展规律，对权力本身、权力来源以及权力的配置存在一定程度的混淆。以经济学，特别是企业理论为主要理论基础所发展起来的公司治理研究，形成各不相同、甚至互相抵触的结论也就不足为奇了。由此，当把研究视角置于企业内部的权力关系时，需要给出权力一个清晰的定义。而企业作为一种经济组织，其基本属性是价值创造和价值增殖，也就是说创造出比前期投入更大的产出是企业能够存续的基本条件。在这样的条件之下，我们认为企业当中的权力具备这样一些基本的特性：（1）企业中的权力所描述的是主体间的经济关系；（2）企业当中权力的来源是对企业价值创造过程中资源的占有或者控制；（3）企业当中权力的行使方式是强制的或契约的或诱致（互利）的。因此，可以这样定义企业中的权力：是指个人（或组织）基于对有价值资源的占有或控制而产生的，能够改变他人（或组织）的行为预期而对企业剩余（价值）创造和分配产生影响的能力。在接下来的部分，我们用动态的分析方法，从企业形式变迁的角度，检验企业权力的定义并探寻隐含资本的裂变过程当中权力来源的演变。

12.3 资本裂变与企业权力来源的演变

企业中的权力结构，其本质上是一种社会生产方式，因此不能单纯的将其看作一种契约关系。按照马克思的理论逻辑，人们在生产过程中结成相互依赖的关系，由于各种生产主体和生产要素的性质存在差异，对经济发展的贡献和作用各有不同，由此决定了社会各集团成员在生产中的地位及对各种资源的支配能力和谈判能力的分布状况。其中代表社会生产力发展的集团拥有对社会资源的绝对支配能力从而在社会利益分配中享有社会剩余。在剔除暴力的因素之后，权力根本的来源就是对资源（生产要素）的占有或者控制，资源越为稀缺和关键，它所带来的权力就越大。这样，权力就不是一个外生变量，而是内生为与资源相关的一种社会生产方式。企业当中所体现的权力关系，也就必然反映占主导地位的生产要素所有者的利益，而且也将随着生产要素的主导地位的变化而出现权力关系和权力结构的更替。总览当前对公司治理的研究，主流的分析框架是解决委托代理问题，其研究的焦点在于对投资者利益的保护，背后的逻辑为"资本雇用劳动"。从权力的视角来看，这样的一个静态研究并没有把握住权力动态的本质，因为如果投资者投入的是企业发展最重要的资源，则他就必然拥有最强势的权力，那么又如何沦落到被保护的地位呢？如果投资者的投入不是企业发展中最重要的资源，那么公司治理就不应当仅以保护投资者的利益为重。只有从社会生产力发展的角度，并结合资本形态的裂变才能理解和解释这个矛盾。

12.3.1 古典资本主义企业

在所有者与经营者合一的古典资本主义企业中，资本雇用劳动的雇佣关系作为一种占主导性的社会生产关系是以分工协作和机器大工业体系的出现为基础的。第一，一旦工人之间产生了协作，资本的指挥就发展成为劳动进行所必要的条件，成为实际的生产条件；一旦从属于资本的劳动变为协作劳动，这种指挥、监督和调节的职能就成为资本的职能。第二，由于知识的物化，即集中体现在机器等固定资产的发展之上，劳动者在知识的物化过程中出现技能的单一现象，从而严重地依附于机器。这样，在这个时代背景下的这种体系中，资本，特别是物质资本代表了社会生产力的发展，决定了此时社会生产的效率，资本雇佣劳动，资本所有者因其拥有最具有稀缺性的资源而具有绝对权力。由于所有权与经营权合一，企业中的权力集中体现在剩余控制权与剩余索取上，把它们配置给资本提供者就是一种适合生产力发展的制度安排。需要指出的是，资本雇佣劳动不是天然而是社会生产力发展的产物，比如在原始社会拥有经验的老人享有很大的权力，在封建社会拥有技术的作坊师傅享有较大的权力。在古典资本主义企业当中，不存在两权分离现象下的治理问题。

12.3.2 两权分离下的现代公司制企业

随着社会生产力的发展，企业形态日益庞大，所需要的资本投入也已经不是通过单个的资本积累能够完成的，于是两权分离的现代公司制企业进入我们的研究视野。由于所有权和经营权的分离人力资本的所有者具有了很大的事实上的权力——他们可能实际上控制了企业并可能与企业所有者（物质资本所有者）的利益相冲突。同时，由于人力资本具有与其所有者不可分离的特性，在不允许存在奴隶制的社会当中，人力资本就只能通过激励而非压榨的手段来获得，人力资本参与企业剩余分配，分享企业所有权的呼声就越来越高。为了解决委托代理问题，引出了最初意义上的公司治理——设计出一套对代理人监督和激励的制度，来强迫或者诱使企业的剩余分配给"合法的"所有者——分散的股东。这种制度安排的核心就是让企业的实际经营者（人力资本所有者）部分的成为企业的所有者，治理结构就需要反映这种安排。此时，企业权力的来源已经不仅仅是物质资本的所有者，而是扩展到了人力资本的所有者。但是，虽然此时资本的形态裂变为物质资本和人力资本，但企业权力的来源并没有超出"所有权"这个概念，无非是不同的资本的所有权罢了。

12.3.3 变化了和变化着的新企业

历史的车轮驶入 21 世纪，虽然企业理论与公司治理的研究在上个百年中留下了浓墨重彩的一笔，但时代的发展即使没有冲垮它们的基础，也已经冲淡了它们的颜色。单纯的研究的焦点置于所有权配置，以及把物质资本当作企业权力来源的观点变得越来越不合时宜，这主要源于变化了和变化着的新企业（即新时期企业形式和资本性质的变化）：第一，企业形式更加松散。近几十年来垂直一体化的企业不断分解，企业越来越关注自己的核心能力，通过战略收缩，纷纷采用外包等更为松散的合作形式，而垂直一体化的大公司却是最初提出公司治理问题时的主要分析对象。第二，新的企业形式不断涌现，比如网络组织，虚拟组织，战略联盟等，这些新的企业形式或企业间的合作关系已经使得企业权力的触角伸到了企业的法律边界之外。第三，人力资本重要性日趋增加，而物质资本由于信息技术、资本市场的不断发达而变得相对容易获得。另外，作为一定的，社会的，属于一定历史社会形态的生产关系的资本，它体现在一个物上，并赋予这个物以特有的社会性质。社会资本的逻辑应该包含在公司治理当中。正是在这个意义上，企业权力的来源更大大超出了对物质资本的所有上。我们看到，客户关系是银行价值创造的重要资源，一个银行的客户经理并不具有对银行或者客户的所有权，但是如果他掌握了许多重要的客户，那么他就对银行的价值创造和分配具有很大的影响力，也就是说他在银行中将拥有很大的讨价还价能力。因此，我们超越所有权的概念，而把企业权力的来源归结为对企业价值创造过程中关键资源的占有或控制。如果关键资源是一台机器，那么使用这台机器就产生权力；如果关键资源是一个主意，那么产生这个主意的人就拥有权力；如果关键资源是政治关系，那么有政治人脉的人就拥有权力。

综上，权力作为一种社会关系就必然与社会生产力的发展需要相适应，而资本形态的裂变反映了社会生产力的发展过程。而从社会结构的分析视角下看待资本，如图 12-1 所示，三个方面的要素促成了经济的发展。企业作为一个契约的联结（a nexus of contracts, Alchain and Demstz, 1972），对其价值创造起作用的实际上是一种"泛资源"（pan resources）：人力资源、物质资源、技术构成了生产的基本要素，价值观念和制度规范为企业运行提供了软环境和制度保障，个体之间以及企业组织之间的网络关系和行为，为交易所需要的信任和合作提供了可能。这种"泛资源"也反映了资本裂变及其权力归属的演变路径、权力的配置方式，以及所对应的主导的企业形式，如表 12-1 所示。这样，从企业的基本属性出发，在价值创造与价值增殖的过程中，由于起到关键作用的资源有所差异，公司治理的基本要义就不应当仅仅是设计一套制度安排来改变企业的剩余分配，而应当通过恰当的配置企业中的权力关系，来增大企业剩余并合理地进行分配，从社会发展的角度财富创造要比财富分配更为重要。

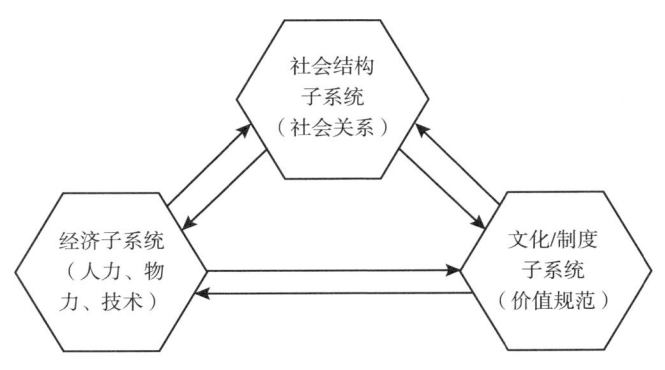

图 12-1 资本的社会结构观

表 12-1 资本裂变及权力归属

资本形态	物质资本	技术资本	人力资本	社会资本
构成要素	货币及机器、厂房等衍生资本	生产和管理技术	劳动者的知识与技能	组织网络、社会关系、价值观念等
权力归属	物质资本所有者	物质资本所有者人力资本所有者	人力资本所有者	各相关主体方
权力配置方式	一元主导	二元共享		多元分享
主导的企业形式	古典资本主义企业	现代公司制企业		新企业

12.4 权力是理解治理结构的一把钥匙

权力作为体现主体间的一种社会关系，必然与社会生产力的发展水平相适应并反映生产力的发展水平。它因对资源的占有或者控制而内生于企业系统当中。由于资源的重要程度在企业价值创造中的作用有所不同，企业当中所体现的权力关系，也就必然反映掌握最为关键的资源所有者，或者占主导地位的生产要素所有者的利益，而且也将随着生产要素的主导地位的变化而出现权力关系和权力结构的更替。而权力结构的更替，相应的权力配置方式也随之发生变化，这一点从资本裂变的过程中可以得到证实（见 Tab.1）。对公司治理研究所提出的单边治理、双边治理及利益相关者治理，实质上反映的就是三种权力的配置方式。

从系统的角度看，任何一种生产要素（资源）都对生产效率（企业价值创造）发挥作用，但并不是所有产生作用的因素都拥有控制资源和收益的权力,为不损害生产效率的发挥,权力配置和制度设计就必须反应主导要素提供者的利益。因此,治理结构本质上反映的是企业中的权力配置关系,而结构的不平衡性以及生产力发展的不均衡性就决定了辅助的、多样化的治理结构共存是必须的,不应当简单的从某种主义出发,强制性的推行某种制度模式。治理结构的演变反映了企业权力主体的更替,这就必须与社会生产力的整体发展水平相适应,否则就无法起到应有的效果。事实上,世界各国的经验已经证实了这一点:无视社会发展水平的"股东至上"、"资本天然雇佣劳动"的绝对私有制逻辑被东欧的转轨经验(特别是捷克和俄罗斯)证明是错误的;以"劳动控制资本"为基础的西班牙贡德拉贡模式及社会民主主义的试验证明这种模式无法在落后的市场经济体系中推广;而世界银行对中国国有企业改革的实证分析表明,过分强调劳动者的利益以及对生产体系的作用,采取职工持股及管理层收购进行企业改革,得到的生产效率并不显著,反而导致大规模讨债和侵吞国有资产。因此,不在生产力与生产关系的系统内把握权力的配置而设计所谓的治理结构,就只能是"在马背上画白道道来制造斑马的行为"。

参考文献

1. K. J. Galbraith, Power analysis, Shijiazhuang People Press (in Chinese), 1988, p. 1.

2. M. Weber, Theory of social organization and economic organization, Shanghai Translation Press (in Chinese), 1981, p. 152

3. R. A. Dahl, Power, Encyclopedia of the Social Science, 1968, pp. 407.

4. Thomas Hobbes, Leviathan, Parts Ⅰ and Ⅱ (Indianapolis: Bobbs-Merrill, 1958), p. 25.

5. Bertrand Russell, Power: A New Social Analysis (London: George Allen and Unwin, 1938), p. 25

6. T. Parsons, The structure of social activity, Shanghai Translation Press (in Chinese), 1972, p. 642.

7. C. I. Barnard, The functions of the executive. Cambridge, MA: Harvard University. Press, pp. 102 – 136.

8. R. H. Coase, The nature of the firm, Economica, New Series, Nov., 1937. Vol. 4, No. 16, pp. 386 – 405.

9. Oliver Hart, John Moore, Property rights and the nature of the firm, Journal of Political Economy. 1990. Vol. 98, No. 6, pp. 1119 – 1158.

10. R. G. Rajan, L. Zingales, Power in a theory of the firm, The Quarterly Journal of

Economics, 1998 (113), working paper.

11. K. Marx, Capital, Beijing People Press (in Chinese), 1972, p. 332.

12. R. G. Rajan, L. Zingales, The governance of the new enterprise, NBER Working P. 7958. 2000.

13. Marx and Engels, Florilegium (in Chinese), Vol. 25, Beijing People Press, 1975, p. 920.

14. Yan ji-rong, Capital theory evolvement and the significance of social capital (in Chinese), Xuehai, Apr. 2006, pp. 59.

15. Liu yuan-chun, The power and management system of enterprise—a Marxist dynamic Macro-analysis framework (in Chinese), Study and Research, Vol. 3, 2005, p. 18.

第13章
高管人员报酬激励与公司治理绩效研究[*]

本章选取沪深 A 股上市公司 1107 家，分别从报酬形式、总经理来源形式、公司规模、行业竞争环境、地区分布、股权结构、代理成本等方面来对高管人员报酬（高管薪酬和高管持股）激励与公司治理绩效之间的相关关系进行分析，主要结论是：在目前的报酬激励体系下，非年薪制激励形式优于年薪制和股权性报酬激励形式；总经理为董事长或董事的公司治理绩效和激励机制优于其他类型；公司规模、行业竞争环境和地区分布影响公司治理绩效水平；股权结构的外生性扭曲了股票市场的有效性理论；高管薪酬、公司治理绩效与代理成本显著负相关。最后根据实证分析的结果，提出相关的政策建议。

13.1 引　　言

现代企业所有权和控制权的分离，使得古典意义的企业家职能发生了分解，产生了职业化的管理人员，笔者称为高管人员。而高管人员和企业所有者的目标和利益不一致，以及他们之间的信息不对称，导致了委托代理问题和高管人员激励约束问题的产生。从激励约束问题的本义看，高管

---

[*] 本文内容发表在《中国工业经济》2007 年第 2 期。

人员的报酬无疑是最直接的影响因素，因为他们的货币报酬和非货币报酬可以认为是其努力和贡献的回报。同时，报酬机制激励的有效性取决于高管人员的报酬和他们贡献的正相关程度。

众多学者对高管人员报酬激励和公司业绩关系的问题进行了研究。詹森和墨菲（Jensen and Murphy，1990）研究了现金报酬、内部持股方案和解雇威胁所产生的激励作用，考察了这几种报酬形式对业绩的敏感性，发现股东财富每变化1000美元，CEO的财富就变化3.25美元。墨菲（1985）的实证研究结果表明，经营者报酬与公司业绩之间存在正相关性。另外，墨菲（1986）、吉本斯和墨菲（Gibbons and Murphy，1990）等还考察了公司规模、业绩因素以及经理人的年龄、任职期间、是否是创始人和是否外聘等经理个人特征因素对经理报酬的影响。魏刚（2000）、李增泉（2000）、杨瑞龙和刘江（2002）等考察了中国上市公司高级管理人员激励与公司业绩之间的敏感性以及经理报酬与企业规模、国有股股权比例之间的相关关系，结果表明，经理报酬与公司业绩不存在显著的正相关关系，与高级管理人员持股比例不存在显著的负相关关系，而与企业规模显著正相关。湛新民和刘善敏（2003）通过对上市公司经营者的任职状况、报酬结构与公司绩效之间的关系进行研究，发现经营者的持股比例与企业绩效有显著性弱相关关系，实行年薪制的经营者与公司绩效呈显著弱相关性，并且公司资产规模、行业特性、区域范围和股权结构对经营者年薪、持股比例和公司绩效有深刻影响。张俊瑞等（2003）的研究表明，高级管理人员年度薪金报酬与每股收益和公司规模显著正相关，与高管持股比例显著正相关，与国有股比例存在较弱的负相关关系。

本章选取中国境内A股上市公司为样本，对高管人员报酬激励与公司治理绩效的关系进行研究，并对公司治理中较为棘手的代理成本衡量指标进行探索。本章的高管人员界定为董事长和总经理，公司治理绩效指标选取主营业务资产收益率（主营业务资产收益率＝主营业务利润/总资产）。同时，考虑到数据收集的难度和研究的可行性，高管人员报酬形式仅选取了货币性报酬（定义为高管薪酬，即年报公布的年度货币性报酬）和股权性报酬（定义为高管持股，即高管所持股票占上市公司股票总数的比例）两个易观察的可量化因素，对于其他的激励形式，诸如职位升迁、社会地位、荣誉、个人成就感等不易观察的非量化因素，将不纳入考察范围。

13.2 研究样本与假设

13.2.1 研究样本

根据分析的需要，我们以2005年4月30日公布年报的1348家A股上市公司为选样窗口，采用截面回归的统计研究方法。考虑到新上市公司的不稳定性和极端值对统计结果的不利影响，剔除了2003年以后上市的公司167家和PT、ST公司41家，再剔除相关数据缺失的公司33家，剩余1107家公司作为样本。论文数据主要来源于CSMAR数据库，其他部分数据来源于深、沪证券交易所和万通证券网。数据处理使用社会科学用统计软件包（SPSS 11.0）完成。

13.2.2 研究假设

对于高管人员报酬与公司治理绩效的影响因素，分别从报酬形式、总经理来源形式、公司规模、行业竞争环境、地区分布、股权结构、代理成本[①]等方面来分析高管薪酬（Ps）[②]、高管持股（Ms）[③]与公司治理绩效（Per）之间的相关关系。在此基础上建立回归模型并提出如下假设：

$$Ps(Ms) = a + bPer + \varepsilon \tag{1}$$

（Ps为高管薪酬，Ms为高管持股，Per为公司治理绩效，a、b为系数，ε为残值，下同）

[①] 一般而言，代理成本包含三方面的内容：（1）委托人的监督支出；（2）代理人的保证支出；（3）剩余损失。显然，这三方面的成本难以量化，本章选取的代理成本衡量指标是参照曹廷求等人（《南开管理评论》2005年第4期）的研究，并加以改进而得。

[②] 由于2004年以前上市公司年报不披露董事长和总经理的一般年度薪酬数据，只披露年薪制的薪酬和持股情况，因此，本文高管薪酬数据做了如下处理：（1）董事长与总经理均实行年薪制的情况下，取二者年薪的均值。（2）只有董事长（或总经理）实行年薪制，且二者均从上市公司领薪，则取［董事长（或总经理）年薪 + 前三高管（或董事）年度薪酬/3］/2。（3）二者均不实行年薪制，且都从上市公司领薪，则取［前三董事薪酬 + 前三高管薪酬］/6。（4）二者均不实行年薪制，且董事长（或总经理）不从上市公司领薪，则取［前三高管薪酬（或前三董事薪酬）］/3。（5）二者皆不从上市公司领薪，则取0。（6）董事长（或总经理）只领取津贴，则取其津贴值与总经理（或董事长）的薪酬均值加权平均。若二者均只领取津贴，取二者津贴值的均值。

[③] 高管持股数据作了如下处理：只有董事长（或总经理）一人持股的，取董事长（或总经理）的持股比例，董事长与总经理均持有上市公司股份的，取二者持股比例的均值。

假设一：不同报酬激励形式（Di）和总经理来源形式（Gi）的公司，$Ps(Ms)$ 与 Per 之间的相关性有显著差异。

假设二：高管人员报酬与公司规模（选取公司总资产指标，用 Si 表示）具有显著正相关关系，且规模不同的公司，$Ps(Ms)$ 与 Per 之间的相关性有显著差异。

$$Ps(Ms) = c + dSi + \eta \tag{2}$$

假设三：不同行业竞争环境（IDi）[1] 和不同地区（Zi）[2] 的公司，$Ps(Ms)$ 与 Per 之间的相关性有显著差异。

假设四：股权结构（选取第一大股东持股性质、第一大股东为国有股的持股比例两个指标，分别用 Ei、Ri 表示）不同的公司，$Ps(Ms)$ 与 Per 之间的相关性有显著差异。

假设五：高管人员的报酬、公司治理绩效与代理成本（用 Cs 表示，$Cs =$（管理费用 + 营业外支出）/主营业务收入）具有显著负相关关系。

$$Ps(Ms) = e + fCs + \delta \tag{3}$$
$$Per = g + hCs + \sigma \tag{4}$$

13.3 实证分析结果

13.3.1 总体样本描述

如表 13-1 所示，1107 家上市公司的平均治理绩效水平为 11.55%，最大值为 67.01%，最低值为 -17.67，整体治理绩效水平偏低，但没有出现明显的极端值。高管薪酬（有效样本 1085 家，有 22 家公司没有披露董事长和总经理的年度薪酬）平均值为 19.56 万元，最大值为 321 万元，最低值为 0 元（许多上市公司的董事长和总经理并不从公司领取薪酬），

---

[1] 参照徐向艺和王俊韡《股权结构与公司治理绩效实证分析》（载《中国工业经济》，2005 年第 6 期）的划分，将样本公司分为行业竞争环境强和行业竞争环境弱两类公司，将具有全国垄断性、寡头垄断、纯粹的公用事业和具有特殊专营权的公司列入行业竞争环境弱的类别，将在全国范围内不具有垄断性和专营权但不是主营业务的列入行业竞争环境强的类别。经过划分，处于行业竞争较强环境的有 1042 家，处于行业竞争较弱环境的共有 65 家公司。

[2] 分东部、中部、西部。东部省份：广东、海南、福建、上海、浙江、江苏、山东、北京、辽宁、天津；中部省份：湖南、湖北、河北、吉林、黑龙江、河南、山西、安徽、江西；西部省份：新疆、内蒙古、西藏、甘肃、宁夏、陕西、贵州、四川、重庆、云南、广西、青海。

表 13-1　　　　　　　　　1107 家样本公司总体数据分析

	N	Minimum	Maximum	Mean	Std. Deviation
公司治理绩效 Per（%）	1107	-17.67	67.01	11.5464	8.23178
高管薪酬 Ps（元）	1085	0.00	3210000.00	195609.6608	220877.9970
董事长年薪（元）	7	60000	360000	183418.78	102378.983
总经理年薪（元）	14	56100	676000	215952.81	163412.672
高管持股 Ms（%）	1107	0.000000	22.706005	0.09258673	1.039572366
董事长持股比例（%）	1107	0.000000	23.685427	0.10045358	1.193126411
总经理持股比例（%）	1107	0.000000	22.706005	0.06811828	0.892712630

总体水平较低。1107 家公司中仅有 7 家公司实行董事长年薪制，14 家公司实行总经理年薪制，而且年薪水平较低，平均在 20 万元左右。高管持股平均值为 0.9259%，董事长的持股比例明显高于总经理的持股比例，但也仅仅占 0.10% 左右，可见，我国上市公司高管持股水平极低，股权性报酬激励的作用难以得到有效发挥。

13.3.2　分类检验

假设一～假设五的分析结果如表 13-2 和表 13-3 所示。

（1）由表 13-2，实行年薪制公司的治理绩效（均值，下同）明显低于非年薪制的公司，同时实行年薪制公司的货币报酬与公司治理绩效存在一定的负相关，但没有通过显著性检验。而非年薪制公司的货币报酬与公司治理绩效存在正相关，通过了 0.01 的显著性检验，与李增泉（2000）的结论有差异。表明在目前的报酬体系下，非年薪制比年薪制的货币性激励更加有效，这与我国的年薪制刚刚起步，还没有成熟完善有关。同时，本文将非年薪制作了更为具体的分类，分为领薪持股、领薪不持股、持股不领薪三类，得出的结论与非年薪制总体样本一致，即非年薪制高管薪酬与公司治理绩效显著正相关，支持了非年薪制货币激励的有效性。在年薪制与非年薪制下，高管持股与公司治理绩效均没有通过显著性检验，未证明股权激励的有效性。

由表 13-2，总经理与董事长两职兼任的公司共有 128 家，占总样本的 11.57%，总经理为非董事会成员的公司共有 157 家，占总样本的 14.19%。数据显示总经理兼任董事长、副董事长和董事的公司治理绩效并不存在显著差异,且明显高于总经理为非董事会成员的公司。同时,总经理为董事长、董事和非董事会成员时的高管薪酬与公司治理绩效显著正相关,相关系数分别为0.350、0.326和0.300,不存在显著性差异。而总经理为副董事长时的高管报酬与公司治理绩效的相关系数较低,且未通过显著性检验。这与谌新民等(2003)的研究结果不同,并不支持董事长与总经理两职分离的观点。而高管持股在四种情况下与公司治理绩效均没有通过显著性检验。部分支持假设一。

(2) 由表13-3,在高管报酬与公司规模的相关性分析中,高管薪酬与公司规模存在正相关,通过了0.10的显著性检验,而高管持股与公司规模并不存在显著相关关系。同时,我们将公司规模进行划分(见表13-2),发现公司治理绩效随着公司规模的增大而逐步上升,这可能与规模经济有关。在高管报酬与公司治理绩效的相关分析中,公司规模在5亿~15亿元、15亿~30亿元和50亿元以上的公司高管薪酬与公司治理绩效存在显著正相关关系,而高管持股在五种情况下与公司治理绩效均没有显著相关关系。部分支持假设二。

(3) 由表13-2,行业竞争环境强的公司治理绩效稍好于行业竞争环境弱的公司,且行业竞争环境强的公司高管薪酬与公司治理绩效存在显著正相关关系,而行业竞争环境弱的公司高管薪酬与公司治理绩效不存在显著相关。东部、中部和西部的公司治理绩效中,东部稍好,且东部、中部、西部的公司高管薪酬均与公司治理绩效存在显著正相关关系,高管持股与公司治理绩效不存在显著相关关系。部分支持假设三。

(4) 由表13-2,第一大股东为流通股的公司治理绩效明显好于第一大股东为国有股和法人股的公司,但在相关性分析中,第一大股东为流通股的公司高管薪酬与公司治理绩效没有通过显著性检验,而第一大股东为国有股和法人股的公司高管薪酬与公司治理绩效存在正相关,均通过了0.01的显著性检验。在高管持股与公司治理绩效的相关分析中,仅有第一大股东为法人股的公司通过了0.10的显著性检验。第一大股东为国有股绝对控股的公司治理绩效明显好于第一大股东为国有股相对控股或不控股的公司,且公司治理绩效随国家持股比例的下降而逐渐降低。究其原因主要在于我国股权结构的非内生性,国家一般先选取绩效较好的公司进行持股,剩余的公司由其他性质的股东持有。同时,在高管报酬与公司治理绩效的相关性分析中,仅有国家绝对控股和相对控股的公司高管薪酬与公司治理绩效存在显著正相关关系。部分支持假设四。

表 13-2　不同样本分类下公司治理绩效的描述性统计和高管报酬、高管持股与公司治理绩效的相关性分析

样本分类		N	CROA 的描述性统计				Ps、Ms 与 CROA 的相关性分析			
			Mini	Maxi	Mean	Std. Deviation	N (Ps)	Beta (Ps)	N (Ms)	Beta (Ms)
D_i	D_1	15	-4.43	27.68	10.8231	8.67033	15	-0.188 (0.503)	15	0.004 (0.988)
	D_3	432	-1.30	60.92	12.2753	7.88872	432	0.307*** (0.000)	432	0.054 (0.263)
	D_4	593	-17.67	67.01	11.0855	8.38856	593	0.237*** (0.000)	—	—
	D_5	15	-4.22	33.43	12.3793	11.03234	—	—	15	-0.332 (0.226)
	D_6	1040	-17.67	67.01	11.5984	8.24007	1038	0.264*** (0.000)	1038	0.041 (0.191)
G_i	G_1	128	-1.75	60.92	12.0765	9.76260	124	0.350*** (0.000)	128	0.014 (0.875)
	G_2	203	-7.34	41.56	12.0465	7.80831	199	0.070 (0.325)	203	0.030 (0.674)
	G_3	619	-17.67	67.01	11.7709	8.40194	607	0.326*** (0.000)	619	0.059 (0.144)
	G_4	157	-2.66	30.62	9.5825	6.29170	154	0.300*** (0.000)	156	-0.024 (0.762)
S_i	S_1	84	-17.67	32.77	8.0115	8.89795	83	0.169 (0.128)	84	0.117 (0.290)
	S_2	426	-7.34	67.01	10.9953	8.33127	419	0.333*** (0.000)	426	0.072 (0.135)
	S_3	302	-0.79	35.57	11.4656	6.77795	295	0.388*** (0.000)	302	0.019 (0.737)
	S_4	152	2.25	60.92	12.7772	9.20094	148	0.068 (0.412)	152	0.064 (0.433)
	S_5	143	1.92	40.13	14.1269	8.34954	140	0.181** (0.033)	143	-0.086 (0.306)
ID_i	ID_1	1042	-17.67	67.01	11.5747	8.23102	1021	0.267*** (0.000)	1042	0.041 (0.187)
	ID_2	65	-0.27	43.82	11.0932	8.29482	64	0.186 (0.140)	65	-0.062 (0.626)
Z_i	Z_1	606	-17.67	67.01	11.9981	8.61520	595	0.235*** (0.000)	606	0.059 (0.146)
	Z_2	264	-16.35	41.33	10.9149	7.62100	259	0.391*** (0.000)	264	0.022 (0.719)
	Z_3	237	-6.45	52.72	11.0947	7.83536	231	0.257*** (0.000)	237	0.073 (0.262)

续表

样本分类		CROA 的描述性统计					Ps、Ms 与 CROA 的相关性分析			
		N	Mini	Maxi	Mean	Std. Deviation	N (Ps)	Beta (Ps)	N (Ms)	Beta (Ms)
E_i	E_1	508	-6.45	43.15	11.9409	7.54015	492	0.177***(0.000)	508	0.053(0.230)
	E_2	575	-16.35	67.01	11.0987	8.49188	569	0.331***(0.000)	575	0.070*(0.096)
	E_3	24	-17.67	60.92	13.9228	13.82811	24	0.107(0.620)	24	-0.008(0.971)
R_i	R_1	240	-1.75	43.15	12.4319	7.90255	231	0.236***(0.000)	240	0.067(0.302)
	R_2	247	-6.45	38.76	11.4879	7.14090	240	0.147**(0.023)	247	0.083(0.196)
	R_3	21	-1.42	29.98	11.6573	7.88960	21	0.344(0.127)	21	0.165(0.474)
C_i	Cs_1	34	-16.35	15.63	2.9000	5.89054	34	0.452***(0.007)	34	-0.092(0.604)
	Cs_2	444	-17.67	67.01	11.5149	8.67477	434	0.275***(0.000)	445	0.049(0.304)
	Cs_3	620	-7.34	60.92	12.1448	7.72478	609	0.216***(0.000)	618	0.027(0.669)

注：Beta 为标准化系数或相关系数，Beta 系数右上方的星号（*）表示显著性水平，一个星号表示显著性水平为 0.10，两个星号表示显著性水平为 0.05，三个星号表示显著性水平为 0.01，Beta 后括号内数据为 Sig-F 检验。N-有效样本数。D_1-报酬形式，D_2-非年薪制，D_3-领薪持股，D_4-领薪不持股，D_5-持股不领薪，D_6-非年薪制总样本。G_i-总经理来源样本，G_1=董事长，G_2=副董事长，G_3=董事，G_4=非董事会成员。S_i-公司规模（总资产），S_1-5 亿元以下，S_2-5 亿~15 亿元，S_3-15 亿~30 亿元，S_4-30 亿~50 亿元，S_5-50 亿元以上。ID_i-行业竞争环境。ID_1-行业竞争环境弱，ID_2-行业竞争环境强。R_i①-第一大股东为国家的持股比例，R_1-国有股绝对控股，R_2-国有股相对控股，R_3-国有股不控股。E_i-国有股，E_1-法人股，E_2-流通股。C_i-代理成本，C_1-C_i，>1，C_2-0.1<C_i<1，C_3-0<C_i<0.1，C_i<0 的情况舍去（不符合代理成本大于 0 的假定）。

① 第一大股东为国家，按第一大股东持股比例进行划分，大于 50% 为绝对控股，大于 20% 小于 50% 为相对控股，小于 20% 为不控股。

表 13 – 3　高管报酬与公司规模、代理成本的相关分析及公司治理绩效与代理成本的相关分析

模型		N	Beta	t	Sig.
(1)	P_s 与 S_i	1085	0.058*	1.924	0.055
	M_s 与 S_i	1107	-0.014	-0.459	0.646
(2)	P_s 与 C_s	1076	-0.052*	-1.723	0.085
	M_s 与 C_s	1098	-0.007	-0.228	0.820
(3)	P_{er} 与 C_s	1098	-0.107***	-3.563	0.000

注：Beta – 标准化系数或相关系数。N – 有效样本数。t – T 检验，Sig – F 检验。Beta 系数右上方的星号（*）表示显著性水平，一个星号表示显著性水平为 0.10，两个星号表示显著性水平为 0.05，三个星号表示显著性水平为 0.01。

(5) 由表 13 – 3 可知，高管薪酬与代理成本显著负相关，高管持股与代理成本存在一定的负相关，但没有通过显著性检验，公司治理绩效与代理成本显著负相关。这说明高管薪酬越低，高管人员在职消费等为私人牟利的代理成本越高，公司治理绩效越低。这从一定程度上验证了代理成本理论，显示了本文代理成本衡量指标具有一定的科学性。同时表 13 – 2 显示，代理成本在 0~1 之间的公司治理绩效明显优于代理成本大于 1 的情况，且随着代理成本的下降，公司治理绩效逐步上升，说明降低代理成本提高公司治理绩效的合理性。三种情况下，高管薪酬与公司治理绩效均通过了显著性检验，而高管持股与公司治理绩效均未通过显著检验。部分支持假设五。

13.4　主要结论与政策建议

13.4.1　主要结论

通过以上分析，我们可以得出以下基本结论：

(1) 上市公司总体治理绩效水平偏低，货币性报酬激励和股权性报酬激励的水平都比较低。

(2) 实行非年薪制公司的治理绩效明显好于年薪制的公司，非年薪制货币报酬与公司治理绩效显著相关，年薪制货币报酬与公司治理绩效不存在显著相关，且实施比例过低。高管持股水平极低，整体上与公司治理

绩效不存在显著相关。因此，我国的年薪制和股权性激励尚未与公司治理绩效有效挂钩，未发挥其应有的激励作用。

（3）总经理为董事长、副董事长和董事的公司治理绩效明显好于总经理为非董事会成员的公司，但总经理为副董事长的公司高管薪酬与公司治理绩效没有通过显著性检验。因此，总经理为董事长或董事的公司治理绩效和激励机制优于其他类型的公司，并不支持总经理与董事长两职分离的观点。

（4）高管薪酬与公司规模显著正相关，公司治理绩效随着规模的增大逐步上升，中型和特大型公司高管薪酬与公司治理绩效存在显著正相关关系。行业竞争环境强的公司治理绩效好于行业竞争环境弱的公司，且行业竞争环境强的公司高管薪酬与公司治理绩效显著正相关。东部公司治理绩效优于中部和西部公司。

（5）虽然第一大股东为流通股的公司治理绩效明显优于其他类型的公司，但仅有第一大股东为国有股和法人股的公司高管薪酬与公司治理绩效通过了显著性检验，国有股绝对控股或相对控股地位的公司高管薪酬与公司治理绩效显著正相关，且公司治理绩效与国有股比例显著正相关。这些结论与理论研究不一致，主要是因为我国的股权结构是外生的"畸形"。

（6）高管薪酬、公司治理绩效与代理成本显著负相关，即高管薪酬越低，代理成本越高，公司治理绩效越低。高管持股与代理成本不存在显著相关关系。

13.4.2 政策建议

针对实证分析的结果，本章提出以下建议：

（1）加大上市公司高管人员的报酬激励，尤其是设计与公司治理绩效有效挂钩的年薪制货币报酬和股权性报酬，提高非年薪制货币报酬的数额，实现对高管人员努力和贡献的回报。

（2）总经理最好为董事会成员（但不是副董事长），不能硬性要求总经理与董事长两职分离，需要视公司实际情况而定。

（3）确定高管报酬时要结合公司规模、地区分布和行业特点，不能统一划定标准，需要加入上述影响因素，综合确定报酬水平。

（4）由于我国股权结构的外生性，影响了股权治理的效率，我们应逐步降低国有股的比例，实现股票全流通，由市场形成"内生的"股权结构，实现资本市场和股票市场的有效性。

（5）降低代理成本，主要是降低管理费用和营业外支出，提高公司治理效率。

参考文献

1. 李维安，张俊喜：《公司治理前沿（经典篇）》，中国财政经济出版社 2003 年版。

2. 李增泉：《激励机制与企业绩效———一项基于上市公司的实证研究》，载《会计研究》，2000 年第 1 期，第 24～30 页。

3. 魏刚：《高级管理层激励与上市公司经营绩效》，载《经济研究》，2000 年第 3 期，第 32～64 页。

4. 谌新民，刘善敏：《上市公司经营者报酬结构性差异的实证研究》，载《经济研究》，2003 年第 8 期，第 55～63 页。

5. 张俊瑞，赵进文，张建：《高级管理层激励与上市公司经营绩效相关性的实证分析》，载《会计研究》，2003 年第 9 期，第 29～34 页。

6. 徐向艺，王俊韡：《股权结构与公司治理绩效实证分析》，载《中国工业经济》，2005 年第 6 期，第 112～118 页。

7. 曹廷求等：《治理机制、高管特征与农村信用社经营绩效———以山东省为例的实证分析》，载《南开管理评论》，2005 年第 4 期，第 97～102 页。

8. Berle, A. and Means G., The Modern Corporation and Private Property, Chicago: Commerce Clearing House, 1932.

9. Murphy, K J., Corporate Performance and Managerial Remuneration: An Empirical Analysis, Journal of Accounting and Economics, 1985, 7 (1 – 3).

10. Murphy, K J., Incentives, Learning, and Compensation: A Theoretical and Empirical Investigation of Managerial labor Contracts, Rand Journal of Economics, 1986, 17 (1).

11. Bebchuk, L. and J. Fried, Executive Compensation: As an Agency problem, Journal of Economic Perspectives, 2003, 17 (3).

12. Morck, Randall, Andrei Shleifer and Robert W. Vishny, Management Ownership and Market Valuation: An Empirical Anlysis, Journal of Financial Economics, 1988, 2.

13. Shieifer, A. and Vishny R. W., A Survey of Corporate Governance, Journal of Finance, 1997, Vol. 52, No. 2.

14. Jensen, M. and Meckling W., Theory of the Firm: Managerial Behavior, Agency Costs and Ownership Structure, Journal of Financial Economics, 1976, 3, 305 – 360.

15. Bebchuk, L., J. Fried and D. Walker, Managerial Power and Rent Extraction in the Design of Executive Compensation [J]. University of Chicago Law Review, 2002, 69 (3).

第14章

股权结构和董事会结构对 CEO 薪酬影响的实证研究*

合理制定首席执行官（chief executive officer，CEO）的薪酬问题，有利于保护股东利益。本章的实证研究表明我国引进独立董事制度以来，尤其是在设立薪酬委员会的上市公司中，CEO 薪酬水平以及薪酬与业绩之间的关联性得到了显著的改善。而第一大股东的国有股属性严重影响了 CEO 的薪酬水平以及薪酬与业绩之间的关联性。因此，独立董事对公司治理机制的完善需要同时进行产权改革，以及通过设立次级委员会的方式，加强独立董事对公司治理的影响程度。

14.1 问题的提出

CEO 的薪酬问题是研究委托代理理论的一个不可回避的话题。根据委托代理理论和不完全合约理论，为了减少管理者和股东之间的利益冲突，需要为 CEO 制定一个不完全的激励性合约，使得 CEO 的薪酬与公司的收益联系起来。引进独立董事并设立薪酬委员会的目的之一就是为公司的 CEO 制定一个合理的薪酬方案，既能够最大化股东利益，也要留得住

---

* 本章内容发表在《东岳论丛》2006 年第 5 期。

有才能的经理人员。目前上市公司中聘请独立董事是一个强制性制度变更，而设立薪酬委员会则是上市公司的一个主动选择的过程，因此，薪酬委员会对 CEO 薪酬的影响更具有研究意义。

国外正式的研究 CEO 薪酬的现代文献开始于 20 世纪 80 年代，与委托代理理论得到主流经济学家的认同几乎平行。委托代理理论始于伯利和米恩斯（Berle and Means, 1932），成型于詹森和梅克林（Jensen and Meckling, 1976），职业经理人的薪酬就成为检验代理理论的试验对象。早期的一些文献主要集中于研究 CEO 薪酬与公司业绩之间的关系，如库格林和施米特（Coughlan and Schmidt, 1985），墨菲（Murphy, 1985, 1986），詹森和墨菲（Jensen and Murphy, 1990）。另外一些人研究当公司业绩变化尤其是公司陷入经营困境之后，是否导致 CEO 被解聘，温斯本斯（Weisbach, 1988），沃纳，沃茨和朗卡（Warner, Watts and Wruck, 1988）主要侧重于这一方面的研究。最近的一些文献主要是一些多学科的综合研究，横跨会计学、经济学、金融学、产业关系、法律、组织行为学和战略管理。例如，研究基于会计利润的奖励计划会不会导致管理层的会计操纵和盈余管理，由此导致了公司业绩应该是基于会计指标还是股价指标之间的争论。金融经济学家则从企业的层面研究了 CEO 薪酬与公司业绩、投资决策、公司的资本结构、股利政策、公司实行并购和分立行为之间的关系。工业组织经济学家研究了政府规制与管理层反规制之间博弈对 CEO 薪酬的影响，研究了薪酬制定政策上的博弈行为及均衡结果，国内研究绝大部分的研究成果还是集中于研究对代理理论及其应用的检验。本章主要目的是通过实证分析，探讨中国上市公司独立董事对 CEO 薪酬的影响，从而得出相应的政策结论。

14.2 研究背景和研究假设

CEO 薪酬的设计因素主要有两个方面，一是薪酬的整体水平，二是薪酬与业绩之间的关联性。薪酬的整体水平本研究中采用 CEO 薪酬与公司总资产之间的比例来计量；薪酬与业绩之间的关联性，则采用薪酬与公司主营业务利润之间的比例来计量。影响 CEO 薪酬的因素很多，主要包括：

14.2.1 第一大股东的股权属性对CEO薪酬的影响

我国上市公司第一大股东的股份属性主要分为国有股、国有法人股、一般法人股和少量的外资、中外合资股份，流通股成为第一大股东获得控制权的公司还比较少。从产权性质来看，国有股终极所有权应该是属于全体人民，产权是明晰的，但国有资产在运作过程中，是直接由国家的政府部门来运作，或者是国家授权经营的机构或组织来运作，它们都只是国有资产的代理人，而不是其终极所有人，由此形成一个相当长的委托代理链条。当真正的所有者因为没有直接收益，没有积极性实行监督时，国有股最终接受委托的代理人很有可能因为委托人的监督不力而产生内部人控制。国有股主导的企业经营目标多元化，造成企业的经营目标更多的是基于政治目标（比如较高的雇佣率，实现社会公平，减小收入差距）的考虑，从而导致了企业经营低效，CEO薪酬更主要是兼顾公平，所以国有股东主导的企业CEO薪酬整体水平偏低。

国有法人股与国有股从终极所有者的身份看没有本质区别，都是全体人民。但是国有法人是国有企业进行再投资形成的，具有明确的利润导向，在企业的经营目标上与国有企业具有显著的差异，国有法人更有积极性对所投资企业的经理人进行监督和激励，制定更合适的激励方案留住有才能的职业经理人，实现投资回报。因此，与国有股东相比，国有法人股东具有相对明确的投资目的，企业的经营目标相对单一，因此对CEO薪酬的制定具有强烈的市场化导向。所以国有法人股东控制的企业CEO薪酬水平比国有股东要高，薪酬与业绩之间的关联性也比较强。

一般法人股是指其他企业进行再投资形成的法人股东。与国有法人股相比，这类法人股东的经济导向更为明确，更有积极性对经理层进行监管和激励。因此，这类上市公司CEO的薪酬与业绩的关联性会更强一些。而整体薪酬水平则难以做出准确的评估。

外资法人股是指由于合资或者进行B股投资而形成的法人股东。由于资本项目下人民币的不可兑换性以及信息的严重不对称性，我们可以预期外资股股东在行使股东权利方面存在着障碍：B股市场的长期低迷而导致的B股的流通性差，使得外资股东"用脚投票"的能力受滞，靠投机活动获得利润的风险过高，因此外资股股东参与公司治理主要需要采用用手投票的方式，因此在制定CEO的薪酬方面会采取相对较高的薪酬方案，留住有才能的职业经理人,并且薪酬与业绩之间的关联性会比较大。

我国证券市场上的流通股股东成为第一大股东的机会相对较少,由于可流通股份的总份额在上市公司总份额中的比重仅占三分之一左右,流通股股东无论有无财力,均难以通过二级市场的收购机制,达到控制上市公司的目的。这样,流通股股东基本没有谋求对上市公司的控制权的动机。根据上述分析,我们提出第一个假设:

假设一:第一大股东的股权属性影响 CEO 薪酬水平和薪酬与业绩的关联性,并且 CEO 的薪酬水平有外资法人 > 普通法人 > 国有法人 > 国有股,而薪酬与业绩的关联性普通法人 > 国有法人 > 外资法人 > 国有股。

14.2.2 公司股东之间的制衡状况对 CEO 薪酬的水平的影响

第一大股东的持股比例越大,就越有积极性对 CEO 进行直接的监督,绝对控股股东和相对控股股东掌握了聘请和解聘 CEO 所需要的投票权比例和董事席位,因此对 CEO 的影响是比较直接的,因此,我们认为第一大股东持股比例越高,CEO 薪酬水平就越低,CEO 薪酬与业绩之间的关联性越强。不存在显著的控股或者相对控股的企业对 CEO 薪酬的制定则主要依赖于市场定价,因此,股权分散的上市公司的 CEO 整体薪酬水平要高于股权集中的企业的 CEO 的整体薪酬水平,其薪酬与业绩的关联性也较强,我们推测可能股权比例和薪酬与业绩的关联性呈二次曲线关系。因此,我们提出第二个假设:

假设二:第一大股东持股比例与 CEO 薪酬水平呈负相关,与 CEO 薪酬与公司业绩之间的关联性成二次曲线关系。

14.2.3 董事会结构对 CEO 薪酬的影响

董事会的独立性较高,CEO 的薪酬业绩关联性会更强一些,可认为独立董事比例能够作为董事会独立性的代理变量。因此本章提出第三个假设:

假设三:独立董事比例越高,公司 CEO 的薪酬与业绩关联性越强。

14.2.4 薪酬委员会对 CEO 薪酬的影响

薪酬委员会的设置在目前的上市公司中并非一个必须设立的机关,薪酬委员会的设置与独立董事的设置相比，前者更具有企业自主性行为的特点，我们认为设立薪酬委员会的公司，CEO 的薪酬业绩关联性会更强一些，而且在我国上市公司中，CEO 薪酬的整体水平偏低，因此，设立薪酬委员会之后，整体薪酬水平会有一个上升。因此，本章提出第四个假设：

假设四：设立薪酬委员会的上市公司，CEO 薪酬与业绩的关联性较强，CEO 薪酬的整体水平也会较高。

14.2.5 两职分离对 CEO 薪酬的影响

董事长和 CEO 两职分离有利于增强董事会的独立性，因此有利于对 CEO 进行监督和控制。两职分离对 CEO 薪酬的整体水平具有负影响，而对于薪酬与业绩之间的关联性则有正面影响。因此，本章提出第五个假设：

假设五：两职分离与 CEO 薪酬水平负相关，与薪酬与业绩的关联性正相关。

14.3 样本选取、变量说明及研究设计

14.3.1 样本选择

本章选择了在上海证券交易所上市的制造业板块中的上市公司作为研究样本。样本选择的标准：一是考虑到样本稳定性的需要，要求能够在上市公司持续了一段较长的时间（2000~2004 年）。二是财务报告质量要合格，能够保证研究的需要。审计报告的审计意见合格包括标准无保留意见，标准无保留意见加事项段和说明段，而剔除审计意见不合格的公司（保留意见、无法发表意见、拒绝发表意见、保留意见加说明段、保留意见加事项段）。因此，笔者选择具有 2000~2004 年的公司年报数据和 2003 年和 2004 年董事会构成数据、CEO 薪酬数据的公司；经过筛选，拥有 5 个会计年度数据的公司共有 288 家，剔除审计意见不合格的公司 34 家，最后的样本共有 254 家。分析中用到的数据来源为国泰安公司发行的

CSMAR 数据库。为保证数据的准确性，笔者还对部分上市公司的年报与中国证监会网站（http：//www.csrc.gov.cn）及《中国证券报》上刊登的相应年报资料进行了校验。本章的数据处理选用的是目前较为流行的社会科学用统计软件 SPSS11.5 for windows。

14.3.2 变量说明

CEO 薪酬的披露并不充分，在上市公司年报中只有前三高管薪酬总和，我们采用取平均值的方法，代表 CEO 的薪酬（PAYCEO）。

公司业绩的衡量指标。既往的研究成果中，衡量公司业绩的指标很多，包括盈利性指标、成长性指标和经营性指标。在这里，笔者主要研究盈利性指标，并且主要研究财务指标，财务指标较为常见的是资产收益率（ROA），净资产收益率（ROE）和主营业务资产收益率（CROA）。主营业务资产收益率相对来说不容易受到操纵和控制，对公司业绩的评价相对更为客观和公正，因此，本研究主要采用 CROA 作为公司业绩的评价指标。

董事会独立性的衡量指标。我们采用独立董事比例，ROIND 作为董事会独立性的衡量指标，ROIND = 独立董事人数÷董事会规模。其他变量的定义和计算方式见表 14-1。

表 14-1　　　　　　　变量名称和计算方式

序号	变量简称	变量名	计算方式
1	CROA	主营资产收益率	主营业务利润÷总资产
2	$CROA^2$	主营资产收益率的平方	
3	STATE	第一大股东是否国有股东	哑变量，是取1，否取0
4	STACOR	第一大股东是否国有法人	哑变量，是取1，否取0
5	NORCOR	第一大股东是否普通法人	哑变量，是取1，否取0
6	FOREIGN	第一大股东是否有外资股份	哑变量，是取1，否取0
7	lnAST	资产规模的对数	总资产取对数
8	Rf	第一大股东持股比例	
9	Rf^2	第一大股东持股比例的平方	
10	lnPAYCEO	高管报酬的自然对数	前三高管报酬均值的对数
11	FENSHE	董事长和总经理两职是否分设	哑变量，是取1，否取0
12	COMPEN	是否设置了薪酬委员会	哑变量，是取1，否取0
13	lnPAYPER	薪酬与业绩的关联性	（薪酬÷主营业务利润）取对数

14.3.3 回归模型设计

薪酬水平的回归分析模型：
$$\ln payceo = \beta_0 + \beta_1 CROA + \beta_2 Roind + \beta_3 Compen + \beta_4 Rf + \beta_5 \ln ast + \beta_6 State$$
$$+ \beta_7 Foreign + \beta_8 Stacor + \beta_9 Fenshe + \varepsilon$$

薪酬与业绩关联性的回归分析模型：
$$\ln payper = \beta_0 + \beta_1 CROA + \beta_2 CROA^2 + \beta_3 \ln ast + \beta_4 Rf + \beta_5 Rf^2 + \beta_6 Compen$$
$$+ \beta_7 Fenshe + \beta_8 State + \beta_9 Stacor + \beta_{10} Foreign + \beta_{11} Roind + \varepsilon$$

14.4 研究结果分析

14.4.1 CEO 薪酬影响因素的相关分析

利用得到的统计数据，我们进行薪酬水平与各自变量间的相关分析，结果见表 14-2。

从表 14-2 可以看出，CEO 薪酬水平与国有股呈显著负相关，部分验证了假设一，第一大股东属性为国有股，CEO 薪酬水平与其呈显著负相关。与第一大股东持股比例相关性不显著，假设二没有得到验证。与独立董事比例没有显著的相关性，假设三没有得到验证。与薪酬委员会的设立具有显著的正相关性，假设四得到验证。与两职分离的相关性并不显著，假设五没有得到验证。

我们进行薪酬与业绩之间的关联性与各自变量间的相关分析，结果见表 14-3。

从表 14-3 可以看出，影响 CEO 薪酬与业绩关联性的因素，第一大股东为国有股与关联性呈显著负相关，验证了假设一，与第一大股东持股比例呈二次曲线关系，验证了假设二。其他没有得到验证。

表 14-2　影响 CEO 薪酬水平因素的相关分析

Correlations		CROA	ROIND	COMPEN	RF	lnAST	STATE	FOREIGN	STACOR	FENSHE	lnPAYCEO
CROA	Pearson	1	0.065	0.134	0.102	0.160	0.070	-0.035	-0.053	0.071	0.357
	Sig.		0.301	0.033	0.103	0.011	0.268	0.574	0.403	0.258	0.000
ROIND	Pearson		1	0.156	0.030	0.155	-0.063	-0.047	0.147	-0.009	0.079
	Sig.			0.014	0.638	0.014	0.324	0.459	0.020	0.891	0.223
COMPEN	Pearson			1	0.002	0.116	0.093	-0.038	0.061	-0.026	0.149
	Sig.				0.975	0.064	0.138	0.546	0.335	0.676	0.020
RF	Pearson				1	0.238	0.297	-0.087	0.019	0.088	-0.072
	Sig.					0.000	0.000	0.165	0.761	0.164	0.265
lnAST	Pearson					1	0.065	0.044	0.055	0.021	0.291
	Sig.						0.302	0.485	0.383	0.734	0.000
STATE	Pearson						1	-0.175	-0.406	0.070	-0.173
	Sig.							0.005	0.000	0.264	0.007
FOREIGN	Pearson							1	-0.076	0.048	0.099
	Sig.								0.230	0.443	0.122
STACOR	Pearson								1	0.024	0.099
	Sig.									0.703	0.123
FENSHE	Pearson									1	-0.029
	Sig.										0.649
lnPAYCEO	Pearson										1
	Sig.										

第14章 股权结构和董事会结构对CEO薪酬影响的实证研究

表14-3　　薪酬与业绩的关联性与其他因变量的相关分析

Correlations		CROA	ROIND	COMPEN	RF	RF²	lnAST	STATE	FOREIGN	STACOR	FENSHE	lnPAYPER
CROA	Pearson	1	0.065	0.134	0.102	0.134	0.160	0.070	−0.035	−0.053	0.071	−0.342
	Sig.		0.301	0.033	0.103	0.033	0.011	0.268	0.574	0.403	0.258	0.000
ROIND	Pearson		1	0.156	0.030	0.022	0.155	−0.063	−0.047	0.147	−0.009	−0.085
	Sig.			0.014	0.638	0.732	0.014	0.324	0.459	0.020	0.891	0.190
COMPEN	Pearson			1	0.002	0.019	0.116	0.093	−0.038	0.061	−0.026	−0.062
	Sig.				0.975	0.764	0.064	0.138	0.546	0.335	0.676	0.341
RF	Pearson				1	0.983	0.238	0.297	−0.087	0.019	0.088	−0.306
	Sig.					0.000	0.000	0.000	0.165	0.761	0.164	0.000
RF²	Pearson					1	0.260	0.287	−0.071	0.009	0.094	−0.316
	Sig.						0.000	0.000	0.258	0.884	0.136	0.000
lnAST	Pearson						1	0.065	0.044	0.055	0.021	−0.672
	Sig.							0.302	0.485	0.383	0.734	0.000
STATE	Pearson							1	−0.175	−0.406	0.070	−0.257
	Sig.								0.005	0.000	0.264	0.000
FOREIGN	Pearson								1	−0.076	0.048	0.036
	Sig.									0.230	0.443	0.582
STACOR	Pearson									1	0.024	0.072
	Sig.										0.703	0.267
FENSHE	Pearson										1	−0.101
	Sig.											0.119

为进一步研究影响 CEO 薪酬水平和与业绩关联性之间的联系，我们进行回归分析。

14.4.2 CEO 薪酬影响因素的回归分析

影响 CEO 薪酬水平因素的回归分析的结果见表 14-4。

表 14-4　　　　　　　　CEO 薪酬影响因素的回归分析

	B	Sig.
(Constant)	6.682	0.000
CROA	3.230	0.000
ROIND	-0.033	0.972
COMPEN	0.155	0.117
RF	-0.887	0.595
RF^2	0.439	0.805
lnAST	0.231	0.000
STATE	-0.256	0.026
STACOR	0.095	0.530
FOREIGN	0.324	0.241
FENSHE	-0.092	0.647
R Square	0.253	
Adjusted R Square	0.221	
F Change	7.821	
Sig. F Change	0.000	

从表 14-4 中我们可以看出，薪酬水平与第一大股东是国有股具有显著的负相关性，与其他属性大股东不具有统计显著性。影响 CEO 薪酬水平的第一大股东持股比例显著性消失。董事会中的独立董事比例对 CEO 薪酬水平的影响也不具有显著性。两职分设和薪酬委员会对 CEO 薪酬水平的影响也不具有统计显著性。

影响 CEO 薪酬与业绩关联性的回归分析结果见表 14-5。

从表 14-5 的回归分析结果看，股权属性中，国有股与 CEO 薪酬与业绩的关联性呈显著负相关，验证了假设一。第一大股东持股比例与薪酬业绩的关联性不具有显著的统计关系，假设二没有得到验证。董事会结构特征与薪酬业绩的关联性也不具有显著的统计关系，假设三也没有得到验证。薪酬委员会的设立与薪酬业绩之间的关联性具有显著的正向关系，验证了假设四。两职分离没有显著的统计关系，假设五没有得到验证。

表 14 - 5　　　　　　　业绩薪酬关联性的回归分析结果

	B	Sig.
(Constant)	12.457	0.000
CROA	-7.274	0.000
CROA^2	8.074	0.005
ROIND	-0.685	0.485
COMPEN	0.170	0.097
RF	-1.225	0.471
RF^2	0.670	0.711
lnAST	-0.812	0.000
FENSHE	-0.102	0.615
STATE	-0.319	0.007
STACOR	0.151	0.330
FOREIGN	0.187	0.504
R Square	0.598	
Adjusted R Square	0.578	
F Change	30.479	
Sig. F Change	0.000	

14.5　结论和政策建议

　　综合以上结果，我们可以看出股东属性对于 CEO 薪酬水平和薪酬与业绩的关联性具有显著影响，国有股作为第一大股东，CEO 的薪酬水平、薪酬与业绩的关联性，都显著低于一般法人股作为第一大股东时的数值。但是国有法人、外资股东区别并不具有统计显著性。我们分析原因可能是因为国有法人和一般法人在投资的目的上具有类似的单一性目标，此时股权最终属性的差异对经营行为没有实质性的影响，都具有足够的动力对经理人进行激励和监督，因此，两者并没有显著区别。外资股东之所以没有达到一个统计性显著水平可能的原因，一是公司数目较少，随机性因素干扰了正常的结果，另外一个原因可能是外资股东在目前的环境下，无法实现公司治理机制的完全移植，受中国公司的影响太大，治理优势并没有显现出来。

　　第一大股东比例对 CEO 薪酬水平的影响在相关分析中具有统计显著性，但是在回归分析中却消失了。可能的原因在于公司规模越大的公司第一大股东持股比例就越高，而公司规模越大，CEO 薪酬水平就会越高，因此，两个变量之间的相关性太大，造成虚假相关。同样道理，第一大股东比例与薪酬业绩之间的关联性也没有显著的相关性。

董事会结构尤其是独立董事比例对两者都没有统计显著性的影响。可能的原因在于，董事会的构成主要受政策影响，独立董事的作用并没有很快地发挥出来，更多公司的董事会只是进行了形式上的改变，独立董事的实质功效还没有发挥出来。

薪酬委员会的设立对企业来说具有自主性。因此与独立董事的设立具有不同的效果，这在实证检验中，我们也能够得到这样的结论：设立薪酬委员会的公司，薪酬业绩之间的关联性具有统计显著性，薪酬水平也在接近10%的显著性水平。薪酬委员会能够提高CEO的薪酬水平和薪酬业绩之间的关联性。

两职分设没有相关的具有显著性的统计关系。两职分设也主要是政策主导型变更，因此，其作用的发挥还需要一段时间。

根据以上实证结论，我们认为第一大股东的国有股属性对CEO薪酬的影响具有负面作用，不仅薪酬水平整体较低，而且薪酬与业绩之间的关联性也不密切。国有股实行国退民进具有积极意义。第一大股东持股比例对CEO薪酬的影响还不具有统计显著性，可能的原因还在于内部人控制造成CEO薪酬的制定具有随意性，因此引进相互制衡的股东，有利于促进CEO薪酬的市场化水平，提高薪酬与业绩的关联性。我国独立董事制度改革具有显著的政策主导性，因此独立董事功能的发挥还需要一个更长的时间去实践。上市公司对独立董事的需求只有进行自主性选择，才可能从实质上对公司治理起到完善作用。那些设立了薪酬委员会等次级委员会的上市公司，可能对独立董事的作用具有更深层次的认识，因此建议上市公司建立次级委员会，以便独立董事更好地履行其义务，促进公司治理机制的完善。

参考文献

1. Berle, A. A. and G. C. Means (1932), The Modern Corporation and Private Property, New York.

2. Jensen, M. and W. Meckling (1976), "Theory of the Firm: Managerial Behavior, Agency Costs and Ownership Structure," Journal of Financial Economics, 3, 305 - 360.

3. Coughlan, A. and R. Schmidt (1985), "Executive Compensation, Management Turnover, and Firm Performance: An Empirical Investigation," Journal of Accounting and Economics, 7 (1 - 3), 43 - 66.

4. Murphy, K. J. (1985), "Corporate Performance and Managerial Remuneration:

An Empirical Analysis," Journal of Accounting and Economics, 7 (1-3), 11-42.

5. Murphy, K. J. (1986), "Incentives, Learning, and Compensation: a Theoretical and Empirical Investigation of Managerial Labor Contracts," Rand Journal of Economics, 17 (1), 59-76.

6. Jensen, M. and K. J. Murphy (1990), "CEO Incentives: It's Not How Much, but How," Harvard Business Review. (May/June)

7. Weisbach, M. (1988), "Outside Directors and CEO Turnover," Journal of Financial Economics, 20 (1-2), 461-462.

8. Warner, J., R. Watts and K. Wruck (1988), "Stock Prices and Top Management Changes," Journal of Financial Economics, 20, 461-462.

第五篇 公司有限责任与股份价值评估权制度

第 15 章

现代企业母子公司体制的法律透视*

本章剖析了母子公司体制有限责任制度在实践中的缺陷,指出由于事实上母子公司之间已经形成了控制与被控制、领导与被领导的关系,子公司已经丧失了独立财产权、独立意志能力和独立法人人格。因此,现代公司法人制度中的独立法人人格、有限责任制度对母子公司已不完全适用。对此,本章提出了公司法人人格否认法理的应用、实施举证责任倒置原则、公司董事应履行"诚信义务"及子公司自我保护的对策建议。

15.1 问题的提出

随着我国经济体制改革的深入开展,母子公司体制在许多大企业逐步确立。母子公司体制适应了社会化大生产的要求,突破了单体公司的边界限制,促进了企业规模经济的发展。现代母子公司管理体制之所以被普遍采用,首先是因为子公司具有独立的法律人格,在一般情况下以自身财产对外承担责任,作为大股东的母公司以出资额为限对子公司的债务承担责

---

* 本章内容发表于《财经研究》2002 年第 9 期。

任，得到有限责任的保护，能够降低投资风险。所以在企业经营风险很大时，母子公司制往往是母公司的最佳选择。

尽管母子公司管理体制具有很多经济和法律优点，但是也给公司独立法人人格和有限责任制度带来很大挑战。根据传统的和现行的法律观点，公司是法人，具有独立人格，是一个人格实体（juristic person），是特定的法律体系赋予其法人资格并在法律上以其具有那种人格来对待，因此而享有权利、义务的自然人实体或团体，以出资额为限对外承担有限责任。在形成初期，这一制度适应了经济发展的要求，发挥了很好的积极作用。但是母子公司体制的确立，在很大程度上破坏了公司法人和有限责任制度的存在基础和前提，其适用性也就值得进一步研究了。

15.2 母子公司体制中有限责任制度在实践中的缺陷

股东有限责任和公司法人人格独立是现代公司法人制度的两大基石，是其存在和发展的前提和基础。如果丧失了人格独立，公司法人制度就失去了存在和发展的基础，其存续和发展就会造成制度的低效率甚至无效率。

公司法人制度和有限责任制度的确立使得终极投资者从企业债务中解脱出来。当公司被普遍地授予取得和持有其他公司股份的权力时，母子公司的形成才成为可能，法律就面临着是否对母公司继续适用有限责任的问题，也就是说是否对母公司提供免于承担无限责任的法律保护。法院的反应纯粹局限于独立法人人格这一传统观念上，在事实上成为股东的母公司身上仍然应用同样的标准，而这里根本不涉及终极股东。因而，原本用于区分投资者和企业的有限责任制度，被延伸成为母公司提供庇护的法律制度，从而使其免于承担低级成员的债务，尽管二者都从事同一商业活动并应共同承担责任。因此，将有限责任适用于母子公司中的成员公司，抹煞了企业与终极投资者之间的明显界限。

当有限责任制度适用于母子公司，即母子公司共同经营一个商业实体时，不仅保护了终极投资者不承担责任，而且也保护了作为高级分子的母公司不对其他成员公司的债务承担责任。结果，公司的有限责任变成了关联企业内部高一级分子的有限责任。根据传统的学说，这种母子公司享有与普通公司法中个人投资者有限责任相同的利益。今天，母公司及其数目众多的子公司组成的巨型企业集团在世界经济中起着举足轻重的作用，不加调整就对其适用有限责任，违背了隔离终极投资者不承担债务的初衷，与设立有限责任制度的法律政策目标相去甚远。

从有限责任存在的法律环境来考察，有限责任赖以存在的前提条件是公司具有独立法人人格。而独立法人人格至少要具备两大要素：一是独立的财产，二是独立的意志。但是在母子公司形式下，由于控制因素的存在，子公司虽然还保持着法律形式上的"独立存在"，但已经丧失了事实上的独立人格，丧失了自我存在。这是因为：（1）为了母子公司整体利益的需要，母公司势必要掌握子公司的决策权，这种决策不仅包括公司事务，更重要的是子公司的财务。通过股东表决权或连锁高管的方式，母公司直接参与子公司的经营管理。事实上，在母子公司体制下，母公司往往实行统一管理、统一决策，子公司丧失了自我利益和自我意志，它必须以母公司的利益为最高利益，以母公司的意志为最高意志。（2）在母子公司中，子公司财产失去了真正意义上的独立。在大多数情形下，母公司就和处理自己的财产一样处理子公司的财产，或者实行资产混合，或者要求子公司转移利润。

综上所述，有限责任制度在母子公司中已经失去了存在的基础和前提。从实务上来看，与母子公司关系最密切相关的一个问题是，若在母子公司中实行有限责任，将会对从属公司的债权人等利益相关者产生极大的不公正。同时，对控股股东的行为缺乏必要的监督，很容易导致控股股东滥用有限责任和独立法人权利，规避其自身行为造成的责任，从而危害社会经济的良性运行。

通过以上分析可知，在母子公司制度下，无论其形成方式是资本参与、合同手段或其他形式，母子公司之间已经形成了控制与被控制、领导与被领导的关系，子公司已经丧失了事实上的独立财产权、独立意志能力和独立法人人格。由于子公司的业务经营活动已经完全由母公司掌握，母公司就应该对子公司的经营负责。在母公司的统一管理下，子公司事实上丧失了自己的独立人格，法律上的人格独立已经不再适用于现有的经济活动。换言之，在母子公司体制下，现代公司法人制度已经失去了赖以存在的前提和基础，独立法人人格和有限责任制度对母子公司已不再完全适用。

15.3 公司法人人格否认法理及其在实践中的应用

15.3.1 公司法人人格否认理论

公司法人人格否认又称"刺破公司面纱"或"揭开公司面纱"，是指为了防止滥用公司独立人格、保护公司债权人的利益和社会公众利益，就具体法律关系中的有限责任，责令公司的股东（包括自然人股东和法人股东）对公司利益或公共利益直接负责，以实现公平、正义目标而设置的一种法律措施。这里的公司面纱是指维护公司各为独立法人人格，他公司不对本公司承担出资额以外责任的法律外壳。公司法人人格否认理论是通过大量判例建立起来的，已为许多国家和地区采纳和应用，是在处理关联企业中成员企业对其他企业应负责任时所运用的重要方法。

15.3.2 实施举证责任倒置原则

母公司实施的控制是否适当，是否导致子公司的损失，都涉及举证责任问题。一般的，不能因为存在母公司对子公司控制的表面现象，就决定母公司要对子公司直接承担责任，我们还需要证明母公司的控制行为导致子公司实施了不合营业常规的行为。通常来说，这种举证责任应由原告来承担。但是，子公司各利益相关者根本无法掌握母公司控制子公司的详细证据，或者获得这些证据所付出的成本代价太高，以至于子公司各利益相关者都不愿进行详细调查，宁愿坐等"搭便车"，这就影响了否认公司法人人格的应用效果。因此，从公平和效率角度来考虑，我们应把否认公司法人人格时的举证责任移转给母公司。因为由母公司负责准备母子公司的往来资料，这要比由子公司方面的利益相关者负责搜集材料来证明母公司确实实施了不当控制更符合经济效益原则。如果原告无法证明母公司确实对子公司实施了控制权力，依布隆伯格（Blumberg）教授的观点，则认为是因为母公司对子公司的"控制证据"都掌握在母公司手中。所以原告只要证明了存在"随时可行使的控制"（working control），就应视为母公司事实上已经对子公司行使了控制权力，而不允许以反证方式推翻之。美国、德国等国家已经在司法实践中应用了举证责任倒置原则，取得了很好的效果。我国司法实践也应实施举证责任倒置原则，以保护弱者、维护公平。但是必须明确的是，一定要避免子公司滥用举证责任倒置的权利，影响母公司的正常运作，并进而侵犯其利益。

15.3.3 公司法人人格否认法理的运用

除"揭开公司面纱"以外，英美国家在"揭开公司面纱"理论的基础上，发展了以下几种公司法人人格否认形式：（1）实质合并原则（substantive consolidation doctrine）。是在母公司或子公司或两者同时破产时，确定母子公司各自债权人如何分配各公司财产，或者说确定母公司债权人与子公司债权人受偿顺序的一项原则。该原则的目的就是要确保母子公司债权人的利益，尽量达到公平、正义之目标。（2）深石原则（deep rock doctrine）。是指在母子公司场合下，如果子公司资本不足，并且存在为了母公司利益而不按照常规进行经营的情况，在子公司破产或重整时，母公司对子公司债权的地位应该在子公司优先股股东的权益后面。它在美国法院审理 Taylor v. Standard Gas and Electric Co. 案中涉诉的子公司——深石石油公司（deep rock oil corp.）时创立，并因此而得名。在以下几种情况下，母公司的债权应次于子公司的其他债权人：第一，子公司资本显著不足；第二，母公司行使对子公司的控制权，违反受托人应有的标准；第三，母公司不遵守独立公司应遵循的规范；第四，资产混合或利益输送。依此原则，子公司的债权人将能获得更好的保障，能够很好地防止母公司转嫁投资者风险、逃避债务责任现象的发生。

15.3.4 公司法人人格否认法理对中国立法的借鉴意义

否定公司法人人格法理对中国的相关立法，如公司法、破产法、关联交易法等，具有重要的借鉴意义。首先，可以借鉴这一理论对国内母子公司破产时的债务问题做出规定。母子公司作为企业扩大经营规模的一种手段，已经为人们普遍接受。但与此不相适应的是，中国法律在这方面的规定很不完善，有关母子公司破产方面的规定更是欠缺。目前唯一与此有关的法律性文件是最高人民法院《关于企业开办的其他企业被撤销或歇业后民事责任承担问题的批复》。但是从内容来看，《批复》主要侧重于对被开办企业的投资充足和是否具有法人资格的考虑，没有针对被开办企业的破产问题做出相应规定，也没有考虑母公司对子公司的不当行为可能引起的责任问题，其局限性和效力都是显而易见的。我国公司法承认一个公司可以向其他公司投资，但却没有就这种投资行为可能带来的一些负面后果，如对有关债权人利益造成的损害及保护问题，做出相应规定。但这种情况是客观存在的，如果母公司实施了不当行为，则很有必要为追究其责任提供必要的法律依据。在这种情况下，如果对母子公司中的子公司债权人的利益进行保护，否认子公司法人人格不失为一种可行的考虑。其次，鉴于部分合资公司的非常规经营，可以借鉴公司法人人格否认法理对跨国公司破产时的债务做出规定。特别是在一定条件下，当外国母公司在中国设立的子公司破产时，对外国母公司施以连带责任。如果国外母公司对子公司实施了过度控制，并通过这种控制进行欺诈或从事其他违法行为；或者对子公司实施侵权行为，不当干涉子公司的合同履行或自主管理；或者与子公司资产和财务存在着严重混同，那么子公司破产时，就应该考虑否认子公司的独立人格，追究国外母公司的责任。但是否认公司人格时，必须有严格的条件和充足的理由。否则，滥用这一理论会影响外商在华的投资积极性。总之，作为处理母子公司关系法律问题的重要理论，公司法人人格否认法理对中国立法的借鉴意义是不可忽视的。

15.4 公司董事的"诚信义务"及子公司的自我保护

15.4.1 公司董事应履行"诚信义务"

作为为他人利益而拥有权力、行使权力的人，公司董事在履行其职责时，必须符合特定的标准。这种特定的标准通常被称为诚信义务。斯托里（J. Story）法官曾对诚信义务做了这样的归纳："只要委以信任，那就必须全力以赴地为他人利益，而不得有任何欺骗。一旦获得了影响力，那就不得利欲熏心、工于心计和损人利己。一旦掌握了个人控制的手段，这些手段就必须只限于用在诚实的目的。"[①] 诚信义务的基本原则是子公司的

---

① J. Story：Commentaries on Equity Jurisprudence as Administrated in England and America.

利益不受侵犯，只要股东或董事处于一种可能施加影响的地位，诚信义务就限制他们的行为。

某人代表某股份有限公司大股东出任其董事，该公司董事会要就某重大事项进行讨论，而该事项将导致这位董事所代表的股东利益与公司利益发生冲突。由于涉及金额较大，即便公司董事会通过了，还要召开股东大会审议讨论。在董事会讨论该议案和在股东大会审议表决时，该董事应该投什么票？如果该事项将使公司和全体股东利益受损，该董事应该反对。但他毕竟是代表大股东的意志，不能违背大股东的意志。正确的答案是，该董事在董事会讨论时与在股东大会上应该投相反的票，因为他在董事会和股东大会上的身份角色有所不同。在董事会上，他应该承担诚信义务，从全体股东也就是公司利益出发，对可能有损（或有利）全体股东和公司利益的议案进行反对（或赞成）。而在股东大会上，由于他的身份已经转变为代表某大股东，所以投下与在董事会上意见相反的票，是在行使其股东权利，无可非议。

但是在现实操作中，子公司的董事往往混淆这两种身份，始终把自己代表的大股东的利益放在第一位。如在某上市公司股东年会上，老总居然代表控股股东向全体与会股东报告说："我们成为我们省第一家拥有上市公司的企业"，他连自己的身份都忘记了，怎能想象他会考虑全体股东的利益？还有些公司作为大股东随心所欲地占用子公司巨额资金，长期不还，就是这种角色无法互换的结果。而由股东单位更换其在公司董事会中的董事人选，在股东大会对此表决时相关股东又不予回避，更是造成董事们忘记自己是全体股东选举出来的，不能仅代表自己的股东单位的原因。事实上，上市公司的全体董事必须牢固树立对全体股东负责的观念，切实改变董事只对派出公司负责的不正常现象。

为了充分体现母公司的诚信义务，母子公司之间的关系必须符合"公平原则"（fairness as the standard）。判断这种公平原则的测试标准主要有："诈欺"标准（fraud test）；"合法程序"标准（lawful procedure test）；"常规交易"标准（arm's length test）；"合理期待"标准（expectation test）；"利益与否"标准（advantage/disadvantage test）；"经营判断"标准等。[①] 一旦子公司董事违反了这些标准，就可以认定他们违反了诚信义务，就要追究他们的连带责任。

---

① 施天涛著：《关联企业法律问题研究》，中国法律出版社1998年版，第190页。

15.4.2 子公司应增强自我保护意识

子公司各利益相关者处于明显的控制权劣势和信息劣势地位,这是一个不争的事实。因此,要想改善子公司的不利地位,就必须采取措施,削弱母公司的控制权地位和信息优势。由于母子公司体制对子公司运行方式的制约和限制,子公司职工、债权人、中小股东等利益相关者基本丧失了对公司的控制权,母公司作为控股股东处于绝对的控制权优势地位。在此情况下,必须努力提高子公司各利益相关者的自身素质,增强他们的自我保护意识。

第一,在服从母公司集中控制、整体利益的前提下,子公司不应把所有的经营管理权都交给母公司,即使交给母公司,也不应该放手不管。在掌握母公司经营决策信息的基础上,子公司的经营管理人员应该对母公司的控制进行监督,一旦母公司的决策行为严重超出了正常商业活动的限度,就要提出严重抗议,通过集体表决、诉诸上级主管部门等方式制止母公司的恶意行为。

第二,子公司应该尽量拓宽自身的业务范围,避免与母公司或其他子公司的业务完全相同,减少母公司实施利润转移、资金转移的机会。如前所述,子公司与母公司或其他子公司之间的业务雷同,是导致母公司实施恶意经营行为的一个重要前提条件。在汤普逊教授的统计分析中,母子公司经营的业务相同导致公司法人人格否认法理成立的比例极高,约占样本总数的81%。所以,子公司自身业务的多样化是避免母公司过度控制的一个重要手段。

第三,对子公司具有重要影响的决策问题,不应完全由母公司控制,子公司应拥有部分表决权。比如,母公司指使子公司的管理层做出决策,决定出售子公司70%以上的重要资产。一旦这项决策被实施,对子公司的影响是极大的。在这种情况下,建立一定的利益平衡机制,比如建立对关键事项的职工代表表决制度,是保证子公司权益不受侵害的一项重要措施。

第四,子公司职工、当地政府部门、重要债权人参与子公司的董事会、监事会,保留对重要事项的决策、监督权利,避免母公司大权独揽的做法。对母公司通过购买股份设立的子公司,这一措施具有更为重要的意义。这是因为,母公司通过减免债务、无形资产投资来接管该子公司,其目的、动机的诚信度是值得怀疑的；即使它的最初目的是好的，也可能由于子公司经营状况不佳而改变。如果子公司的利益相关者参与董事会、监事会，就可实现对母公司的经营行为的直接监管，双方的信息不对称也会得到一定改观。由于股权份额的限制，子公司的各利益相关者可能已经失去了参加董事会、监事会的权利，但可以通过协议参与等方式加以弥补。随着双方关系的逐渐稳固，子公司利益相关者的管理参与也会因失去存在的必要性而逐渐弱化、消失。

参考文献

1. 徐向艺等：《现代公司组织与管理》，经济科学出版社1999年版。
2. 施天涛：《关联企业法律问题研究》，中国法律出版社1998年版。
3. 朱慈蕴：《公司法人人格否认法理研究》，中国法律出版社1998年版。
4. 王志诚：《关系企业之法律规范》，载《比较法研究》1999年3～4期。
5. Judith Freedman, Limited Liability：Large Company Theory and Small Firms, the Modern Law Review. Vol. 63. 2000.
6. Jill Poole and Pauliine Roberts, Shareholder Remedies——Corporate Wrongs and the Deriative Action, Journal of Business Law. 1999.

第 16 章

母子公司制条件下母公司恶意经营行为及其治理*

随着我国经济体制改革的深入开展，母子公司管理体制在许多大企业中已经逐步确立。但是，由于现行法律法规存在诸多缺陷，部分母公司利用自身的管理优势、技术优势、信息优势和控制权优势，对子公司实施恶意经营行为，严重损害了子公司利益相关者的利益。本章结合我国实践，分析母公司恶意经营行为的方式及成因，并提出对母公司恶意经营行为的控制途径。

16.1 母公司恶意经营行为方式的分析

16.1.1 向子公司高价出让商标等无形资产

通过把自有的或与子公司共有的商标等无形资产高价转让给子公司，从子公司攫取大量利润和资金，是母公司普遍采用的一种方式，已经引起了社会的普遍关注。

---

* 本章内容发表于《山东科技大学学报（社科版）》2002 年第 4 期。

（1）万家乐集团出让"万家乐"商标。[①] 2000年6月22日，万家乐股份（0533）董事会审议通过了以抵减万家乐集团公司应付公司往来款及历年利息的方式购买集团公司持有的"万家乐"商标的使用权，作价3亿元。但是，集团公司（母公司）仅比股份公司早成立1年零7个月，怎能说"万家乐"无形资产为母公司独创？在集团公司成立一年多的时间里，"万家乐"的品牌价值又有几何？

（2）湖北美尔雅集团出让"美尔雅"商标。[②] 2000年4月27日，美尔雅集团公司与美尔雅股份（60010）协商签订《商标转让合同》，决定采用现值收益法，以2000年3月31日为基准日，商标评估价格为2.33亿元，协商转让价格为2.2亿元。5月8日，股东大会通过了以1.2亿元现金向集团公司收购"美尔雅"商标所有权的议案。对此，股份公司董事长郑重其事地称：收购的目的是要进一步减少上市公司与母公司之间的关联交易。

（3）恒泰集团收取商标使用费。[③] 从恒泰芒果（600097）1998年年报中得知，公司为母公司代垫了广告费5751万元。对此，恒泰芒果的解决方案为：根据双方协议，截至1998年底，广告费由双方各承担50%，但全部由子公司垫付，母公司的应付账款由恒泰芒果分五年摊销，抵减其商标使用费。实际上，通过收取商标使用费，母公司转移了恒泰芒果的利润，达到了利用控制权获取非正常收益的目的。

（4）宏远集团出让宏远商标。[④] 2000年7月，粤宏远（0573）董事会公告，以6.6亿元受让集团公司的"宏远"商标。时隔不久，为宏远集团进行资产评估的广东大正联合资产评估有限责任公司发表声明：为宏远集团评出的7.57亿元价值并非"宏远"品牌，而是集团公司及股份公司四个经营项目的无形资产；同时还要求宏远集团和大鹏证券因"误解"、"曲用"其评估报告而发布澄清公告。在审核这一决议时，证券监管部门发现有四个关联董事参与了表决，违背了进行关联交易时关联董事必须回避的原则。在深交所的敦促下，粤宏远于8月9日重新召开董事会表决议案，关联董事回避了这次表决，但另外三位董事仍一致通过了该关联交易。在9月6日的公告中，迫于舆论压力，粤宏远声称"暂停购买宏远品牌"，但仍没有表明"终止购买宏远品牌"。尽管如此，这也是中国上市公司第一次对大股东（母公司）说出响亮的"不"字。

[①②③] 何晓晴：《小股东眼看着大股东巧取利益》，载《中国经营报》，2000年7月18日。
[④] 何晓晴：《宏远品牌转让的台前幕后》，载《中国经营报》，2000年9月12日。

上述四项交易均涉及上市公司购买"母公司"的商标等无形资产，然而为创立无形资产立下了汗马功劳的也正是这些子公司。事实上，子公司被迫购买其母公司无形资产（商标、专有技术、专利权等）的事件甚多，被披露出来的只是极少一部分。

16.1.2 子公司为母公司及其关联公司进行高额贷款担保[①]

近年来，上市公司为母公司及关联公司经济担保事件层出不穷，导致涉讼频繁、官司不断。

（1）涉及担保的公司数量众多。25.3%的上市公司（即有300多家上市公司）涉及对外担保，而由担保引发的诉讼案件更是有增无减。根据最新年报的初步统计，有327家公司披露出来涉及重大担保事项，还有137家涉及诉讼仲裁，二者合计达464家之多，几乎每两家上市公司中就有一家涉及贷款担保问题。截至1999年底，PT中共发生债务诉讼案件156起，其中涉及债务担保的多达102起，涉及标的总额9.1亿元。

（2）为控股股东及关联企业提供巨额担保。1999年年报显示，猴王股份为母公司猴王集团的1.87亿元借款提供担保，而董事会公告则宣称：对外担保合计24笔，涉及金额3.09亿元，其中包括为猴王集团及其下属企业提供融资担保19笔，担保金额2.43亿元，占总担保额的78.8%。截至1999年底，PT农商社为上海农工商集团总公司及其所属子公司、公司下属子公司、公司已经剥离的原下属子公司和外系统单位提供贷款担保71047.4万元、55万美元、3500万港元，而自身的资产状况极为恶化，7.069亿元总资产中有12.05亿元负债，企业早已资不抵债。

（3）涉及担保的时间长。如西南药业为西南合成制药股份公司提供贷款担保7000万元，从1995年11月30日到2002年8月31日，担保时间长达6年零9个月。在如此长的担保期内会发生多大变故，恐怕谁也说不清楚。

（4）不履行担保的信息披露义务。上市公司对担保守口如瓶，即使披露，也是惜墨如金、点到为止，所以投资者将此称为"地雷"。例如，宏业股份在2000年之所以被特别处理，不是因为1999年经营亏损，而是

[①] 何晓晴：《宏远品牌转让的台前幕后》，载《中国经营报》，2000年9月12日。

由于要为2.68亿元贷款担保承担连带责任。对于一笔发生于1998年4月的这么大的担保事项，在两年多的时间里，宏业股份竟然只字未露。自1996年上市以来，幸福实业没有及时披露大股东占用公司巨额资金等5起涉及公司经营的重大事件，也遭到上交所的公开谴责。

巨额贷款担保虽然方便了母公司及其关联公司的融资要求，为母公司创造了极大的经济利益，但是这种经济利益是建立在对他人利益损害的基础之上的。巨额担保增加了担保公司的经营风险，使中小股东及其他利益相关者在被蒙在鼓里的情况下损失了相当利益。鉴于此，中国证监会于2000年6月6日发出《关于上市公司为他人提供担保有关问题的通知》，从担保程序、防范风险措施以及全面信息披露等方面对上市公司的担保行为进行了规范。

16.1.3 严重拖欠子公司的往来账款且金额巨大

从上市公司的年报可以看出，很多母公司对其子公司（上市公司）负有巨额贷款和应付账款责任，占用了子公司的大笔资金，部分上市公司甚至因此被拖垮。如为猴王集团提供巨额担保的猴王股份同时拥有母公司高达8.9亿元的应收账款，远远超过猴王股份自身的资产存量。前述美尔雅集团及其子公司拖欠股份公司应收账款1.86亿元、其他应收款3.34亿元，累计金额高达5.2亿元，经出售"美尔雅"商标所有权所得1.2亿元抵减后，仍有4亿元的欠账。粤宏远1999年年报披露，宏远集团（母公司）欠股份公司的其他应收款高达2.4亿元，再加上企业贷款等往来款项，欠款总额更是巨大。而恒泰集团做得更绝，将商标使用费与广告费混在一起，把应付给子公司的5751万元（由子公司事先垫付）列入待摊费用和其他应收款予以摊销，抹煞了"欠款"的直接含义。类似的挤占子公司资金的案例还有很多，它们都有一个共同点：母公司经营不善、无力偿还子公司的欠款，而子公司也对要求母公司归还借款不抱希望，不想抑或不敢与母公司搞僵关系。

目前，资本市场上资金紧张，各上市公司都在努力增股、配股进行融资。然而在所融资金中，母公司占用了很大一部分。大量的资金占用制约了子公司把握市场机会的能力，限制了子公司的发展，大大降低了子公司的盈利能力和发展潜力。此外，母公司往往对欠款采取消极态度，到问题非常严重、非解决不可时，又动起无形资产转让的脑筋。而子公司要钱无望，也乐于做个人情，接受这种明显不平等的交易。

16.1.4 通过转移定价，实现利润转移

转移定价是在跨国公司理论中提出的，是指跨国公司根据全球战略目标，在母子公司、子公司与子公司之间销售商品和劳务的一种内部价格。笔者认为，转移定价理论也适用于母子公司问题，在母子公司内部，无论是国内还是国际贸易，都存在着转移定价问题。所谓母子公司内部的转移定价，是指母公司根据自身整体发展的战略经营目标，在母公司与子公司之间、子公司与子公司之间销售产品、劳务的一种内部价格，它服从于母公司的整体战略目标，可能会损害某些公司的利益，但会使整体利益最大化。一般而言，转移定价有高定价和低定价两种形式，其目的都是为了降低母子公司的总成本，满足利益最大化和战略目标的需要。从某种程度上讲，转移定价对母子公司制度的发展起到很大的促进作用。

目前，我国合资企业表面上亏损非常普遍，但事实并非如此。北京有一家外资企业，自投产以来每年都亏损，但是外方投资者仍然每年都投资2000万美元。这就奇怪了，怎么会有这样的投资者呢？但经过查账就明白了：这个合资公司是"两头在外"的加工企业，产品的材料成本价格竟然高于美国成品价格的25%，应得利润早就通过转移定价的方式转移到国外了。在接受采访时，这个"亏损"企业的总经理承认自己很清楚这种情况，但是这种定价方式是由董事会决议通过的，她无权过问。这家合资公司实施转移定价的目的是规避中国的外汇管制、实现利润汇出。

许多企业都负有除实现经济效益以外的责任、目标，从而在实际运作中不得不采用转移定价的方法来平衡利益关系。例如，山东某产业集团的主导产品为阅卷机，市场销路较好，而这种阅卷机需要有配套的答题纸。目前，这种答题纸的印制技术已被许多印刷厂掌握，不再是专有技术。市场上其他的印刷厂服务态度好、印刷质量高、交货及时，但是集团公司却指定子公司（某印刷厂）为答题纸的印刷点，而该印刷厂的印制质量差、服务态度不好、交货不能保证阅卷及销售的需要，报价也要比其他公司高出20%以上。销售公司虽然有改换供应商的动机，但是囿于集团公司的制约和威胁，该公司不得不花大钱买便宜货，做赔本生意。

类似案例还有很多，其目的都是为了实现集团公司的目标：规避税

费，扶弱济贫，集中资金，抽逃资金等。而子公司之所以会接受这种定价方式，是因为其大部分股权都掌握在大股东手中，董事会也被大股东控制，公司领导人的任免都直接掌握在母公司手中，经营者为了追求地位稳定、关系融洽而不得不放弃一定的经济利益。

16.1.5 恶意经营子公司的品牌等无形资产

在企业合并特别是合资以后，母公司往往会对子公司的原有品牌实施不发广告、不加推广甚至不再使用、加以封存等压制手段，限制子公司发展，自身争取市场机会，从而达到不战而胜的目的。出现这种情况的子公司，与其原合资方之间无一例外地存在着业务重叠和品牌竞争、冲突。母公司通过品牌恶意经营手段，可以使对方的品牌在不知不觉中失去市场竞争力，等到对方察觉，往往为时已晚、回天无力。

1994 年，北京日化二厂与美国宝洁公司合资建厂，协议租用"熊猫"品牌 50 年。但合资厂成立以后，宝洁对"熊猫"品牌的推广力度不够，致使"熊猫"品牌严重贬值。六年后，"熊猫"年销售量从合资前的 6 万吨降至当时的 1 万吨，而宝洁公司的产品销售额和品牌价值都得到了很大发展和提升。与外商合资的过程竟成了"熊猫"品牌被慢慢消灭的过程。鉴于此，北京日化二厂被迫收回"熊猫"品牌。

1989 年，上海家化的"美加净"品牌销售量约占全国化妆品销售总额的 10%；1991 年初"美加净"与美国庄臣公司合资，但当年"美加净"的品牌销售额就从以前的 2.4 亿元降到 600 万元。"美加净"面临着被外资吃掉的危险，上海家化被迫以 1900 万元购回"美加净"，由自己独立开发使用该品牌。收回当年，"美加净"的销售额就实现了大幅回升。

16.1.6 任意提高子公司的管理费用、经营费用

在向子公司派遣人员时，母公司往往为他们提供很高的工资报酬和差旅补助，将子公司（尤其是海外子公司）作为本公司员工的培训、度假基地；不顾子公司的实际经营情况，过度分配利润；不合实际地提高经理人员的办公费用和职务补助，形成另一种形式的利润转移。如中美合资南京艾欧史密斯公司给外方管理人员支付很高的报酬，租用高档写字楼，租住五星级宾馆，并且频繁更换外方管理人员，将南京公司当

成了外籍员工的培训基地、"度假胜地",将到南京公司工作作为高级员工的一种"福利收入"。种种行径致使南京公司一年的差旅费、招待费等超过1000万元,远远背离常规。提高子公司管理费用、经营费用的方法,侵蚀了子公司的正常经营利润,提高了子公司的经营成本,侵吞了子公司的大量资金,造成子公司虚假亏损的局面,影响了子公司的正常经营和发展。

16.1.7 迫使子公司从事高风险事业项目

各国公司法规定,有限责任公司的股东对外以出资额为限承担有限责任,最初这里的股东是指自然人股东,也是公司的最终投资者。但是,当有限责任制度自动移植到母子公司关系时,子公司的股东就变成了法人股东(母公司),对(法人)股东的保护就成为母公司滥用有限责任制度的保护伞。在进入新兴、高风险事业领域时,母公司往往设立、分离或兼并一个公司,使其成为该项目的试验基地。如果项目运作状况良好,母公司就继续加大投资力度,甚至将其吸收合并;一旦经营状况出现偏差,前景看淡,母公司就会利用有限责任的面纱来保护自己免受无限责任之牵连,仅仅承担以出资额为限的责任,这样可以很好地保护自身财产的安全。比如一家公司计划购买一台价格高昂的先进设备,而且设备购入后的收益并不明确。这时,它就会设立一家子公司(可为全资、也可为控股)独立运作这一项目,即使亏损,也不会遭受更多的损失;但项目成功的收益却可以尽收囊中。通过把高风险的专用性投资交由子公司实施,将子公司的经营风险转嫁给子公司的其他利益相关者,母公司锁定了自己可能遭受的最大风险。这种现象早已引起了人们的关注,早在20世纪40年代,美国公司法就将其作为刺破公司面纱的依据之一应用于司法实践中。

16.1.8 通过后勤保障、资产租赁等方式转移子公司的利润[①]

目前,大部分子公司都与集团公司共用办公设备、水电供应及其他后勤服务。通过查阅上市公司的资料,笔者发现,许多上市公司都租用了母

---

① 何晓晴:《宏远品牌转让的台前幕后》,载《中国经营报》,2000年9月12日。

公司的办公设施和后勤服务,如轻骑股份公司租用了轻骑(集团)公司的办公设施,浪潮科技公司租用了浪潮(集团)公司的办公设施等。由于后勤服务的计量、计价非常困难,缺乏统一的行业标准,操作起来没有什么标准可资参考,给母公司提供了转移定价的机会,对子公司的利润实施转移。对此,非上市子公司的问题更为严重。

母公司通过低价租入子公司的优质资产,也可以获得部分非正常收益,比如当母公司需要某种先进设备时,往往指使子公司投资购买,再转租给母公司或其他关联公司,仅象征性地缴纳部分租赁费。特别是对高风险、高淘汰率、高专用性设备进行投资时,母公司采取这种方式的倾向更加明显。这种方式降低了母公司的资金占用,有效转移投资风险,还能创造机会转移子公司的利润。在母公司严格控制子公司的情况下,这种情况最易发生,因为这样可以有效避免非一体化风险。

16.2 母公司恶意经营行为的负面影响分析

在恶意经营行为过程中,母公司利用较少的努力和成本侵占了子公司利益,并进而影响子公司其他利益相关者的利益,制造了极大的外部性。

16.2.1 对子公司债权人的损害

向子公司提供借款时,债权人按照一般公司经营的情况来考察借款的风险与收益,一般不会考虑母子公司体制下子公司的非完全独立性,仍将其视为意思自治、财产独立的法人实体,忽略了子公司受母公司控制、为外部利益运作的现实情况。一旦母公司对子公司实施了过度控制,使子公司丧失了完全意义上的独立人格,子公司的还款风险就大大增加了。比如,母公司迫使子公司对母公司的贷款进行担保,一旦母公司不能按期还债,子公司将承担连带责任,这种非系统风险大大降低了子公司的收益指标。前述宏业股份因为承担母公司贷款的连带责任而被特别处理,就属于这种情况。如果母公司对子公司实施转移资产、买空卖空,债权人的利益将同样被损害。有些外资企业打着投资建厂的旗号,在向地方政府大量贷款的同时，自身却通过转移定价等措施转出利润，降低子公司的利润率，子公司的资产保值增值能力受很大影响，债权人的利益又作何保障呢?[①]总之，母公司通过对子公司实施过度控制、实施恶意经营行为，是对子公司利润、资产的肆意侵占。在这一过程中，由于系统外的因素，子公司生产经营受到母公司的控制，资产不再独立、意思不再自治；如果债权人不能很好地预测这种系统外风险，其名义贷款成本就会低于实际成本，贷款风险指标受到很大影响。

16.2.2 对子公司中小股东的损害

由于控制股份的数量较少，子公司的中小股东往往不能很好地监控公司的运作行为，因为其监控成本要由自身来承担，而收益却要归所有股东分享，具有很强的外部性，所以他们只好放弃监控公司运作状况的想法，"用脚投票"，消极地处理公司的股票。

母公司实施过度控制，转移子公司资产、利润，降低子公司的账面利润，减少了子公司的可分配利润，直接影响了中小股东的应得红利；转移子公司资产，使子公司的资产净值受损，降低了子公司的股价；占用子公司的大量资金，限制子公司发展，降低了子公司的盈利能力。此外，与母公司之间的非正常经营行为，还会降低子公司在资本市场、产品市场、原材料市场的信誉和形象，必然进一步影响子公司的经营运作，降低其盈利能力，对中小股东的损害不言而喻。

利用子公司中小股东资金实力薄弱的缺陷，通过增资扩股，挤占子公司中小股东的股权份额，母公司可能将子公司的控制权集中到自己手中，达到排挤中小股东的目的。在前述案例中，艾欧史密斯在南京公司连续几年亏损的情况下，提出等比例增资扩股的要求，实际上就是利用中方合资方玉环公司资金紧张的弱点，来达到收购中方股权的目的。一旦外方全面控制了合资公司的股权，作为中小股东的玉环公司就被完全排挤出局，利益损失不言而喻。

[①] 济南市东外环有一家台商独资企业，台商共投资700万元，其中设备（多为破旧、淘汰设备）作价500万元。公司成立后，先后向地方政府借款高达1000万元，两年后公司因为经营不善而破产时，政府的债权全部成为坏账，台商则顺利转移了上千万元的资金。

16.2.3 对子公司职工及管理人员的损害

子公司职工和管理人员长期供职在企业，对企业已经产生了很深的感情，公司经营的成败与否与其休戚相关，因此母公司的过度控制和恶意经营行为会直接影响他们的利益。母公司通过转移定价等方式，转出子公司的利润，使子公司的经营业绩大大降低，从而减少了可分配利润和公司资产。在这种情况下，子公司职工的工资、福利待遇就会受到影响，而管理人员的工资、奖金、提升机会等也不能幸免。如果子公司因为母公司的过度控制而破产，公司员工的就业不可避免地受到影响，其工资奖金不能正常发放，就连各种生活补助金也可能失去保障，员工的损失可谓惨重。子公司的经理人员也会因为破产而遭遇失业境况，即使母公司将其召回，也很难再有大的发展。破产公司的经理人员在经理市场上的价值被不同程度地贬低了，试想，在同样的素质条件下，谁会选择一个有经营失败历史的经理人员？如果公司员工和经理人员对公司有着很深的感情成分，那么公司破产还会对他们造成很大的情感伤害。

16.2.4 对子公司所在地政府的损害

一般情况下，公司利润是政府征税的基础，税基越大，政府的收益就越大；反之亦然。但在母子公司关系下，母公司往往对子公司存在过度控制行为，子公司的经营活动不能按照经济常规运转，其利润可能被大量转出，税基就会降低，政府收益受到相应影响。当母子公司异地时，子公司所在地政府受到的影响最大，因为母公司将税金都转移到了母公司所在地。如前所述，很大一部分合资企业经营亏损，但是仍然每年继续大量投资，其实质就是母公司转移利润导致虚假亏损。如果是当地国有企业与其合资经营，那么部分国有资产也会被转移出去，这种资产的流失对地方政府来说也是一种损失。大量利润、资产的转出，不利于子公司所在地政府积累资金、发展经济，而经济发展较慢又会进一步影响当地居民的生活水平，形成恶性循环，出现多米诺骨牌效应；同时，政府主管部门官员的个人发展也会因此而受到一定影响。

16.2.5 对子公司供应商、销售商等业务关联企业的损害

母公司对子公司的控制剥夺了子公司的独立财产、独立意志，使子公司丧失了实施有限责任的前提和条件，并进而影响子公司的利润、资产和发展机会，加大了各业务关联企业的利益风险。例如，以正常商业经营为依据，在计算子公司的收益时，供应商认为各种经营指标都合乎其供货的要求，于是就决定按照商业标准为其供货。但是，由于存在母公司的过度控制，子公司的经营活动受到很大影响，经营利润、资产保值增值率都有很大偏差，供应商的回款风险就会增大，其实际供货成本比原来有了很大提高，经济利益受到很大损害。同样，对销售商来讲，在决定销售某种商品前，销售商要先考察厂商的信誉水平和售后服务水平。但是，由于母公司对子公司经营活动的介入，对子公司的考察掺入不确定因素，论证分析结果的可信度降低，销售商的营业成本就会提高，并进一步降低整体商业信用。

16.3 公司法人人格否认理论及应用

公司法人人格否认，不是否认所有子公司的独立人格，而是在特定条件下才可以采用的。在司法实践中，适用公司法人人格否认法理的场合较为繁杂，学术界对此也众说纷纭，但基本都包括以下几种情况：

（1）公司资本显著不足。在股东有限责任原则的条件下，公司资本作为公司对外独立承担责任的最低保证，对公司债权人至关重要。所以，公司资本显著不足始终被作为导致适用公司法人人格否认法理的重要因素之一。在实践中，大多数法院也都是依靠显示公司资本不足的事实来证明公司独立存在的不公平性而应当否认公司法人人格。公司资本显著不足就会增加任何与公司发生关系的第三人的风险。衡量公司资本是否充足的时间标准为公司设立的时刻。若公司设立时资本充足，只是由于经营不善或其他原因而导致资本减少时，就不能认为是资本不足。但是因为支配股东的不当行为或不法行为（如故意减少、抽逃资金）发生公司资本不足的，就应视为否认公司法人人格的重要因素，而不能以公司设立时资本充足为由来要求免除责任。公司资本不足表明股东没有利用公司法人人格经营的诚意。利用较少资本经营大规模企业或高风险事业的目的，就在于利用有

限责任制度把投资风险降到必要极限之下,并通过公司形式将投资风险转嫁给公司的债权人。

(2) 资产和事务的过度混同(extreme commingling)。过度混同是美国法院常用的一种否认公司法人人格的依据,是指子公司与母公司的资产和事务混合在一起,自己没有独立的财产和对事务的决策权。过度混同的表现有:共同的董事和雇员,合并的会计记录与账户,子公司对母公司在财务和经济上的依赖,子公司没有遵守公司的正常设立程序、共同的利润分配政策等。

(3) 利用公司形式规避法律义务的情形。利用公司法人人格规避法律义务,通常指受强制性法律规范制约的特定主体,应承担作为或不作为的义务,但它利用新设公司或既有公司的法人人格,人为地改变了强制性法律规范的真正目的,从而使法律规范的目的落空。强制性法律规范是以调整社会整体利益为目的的,强调公司的社会责任。当事人规避法律义务的行为不仅具有欺诈性,还难以实现调整社会整体的利益,破坏了公平、正义的价值目标,违反了公司法人制度的根本宗旨。

(4) 公司法人人格形骸化的情形。公司法人人格形骸化是指公司与股东完全混同,公司成为股东或另一公司的另一个自我,或成为其代理机构和工具,以至于形成股东即公司、公司即股东的情况。一旦发生类似情形,否认公司法人人格的诉讼成功率几乎接近百分之百。公司形骸化的表现主要有:公司与股东或母子公司、关联公司之间的财产混同;股东之间特别是母子公司内部各公司之间的业务混同;组织机构的混同。

应该注意的是,上述几种否认公司法人人格的理由彼此之间有重复因素,只是由于各国司法实践的差别,所援引的侧重点有所不同。此外,母公司对子公司的控制、对子公司资产和财务状况进行虚假陈述等也可以用来否认公司法人人格。

参考文献

1. 朱慈蕴:《公司法人人格否认法理研究》,中国法律出版社1998年版。
2. 张民安:《现代英美董事法律地位研究》,法律出版社2000年版。
3. 何晓晴:《小股东眼看着大股东巧取利益》,载《中国经营报》,2000年7月18日。
4. 何晓晴:《宏远品牌转让的台前幕后》,载《中国经营报》,2000年9月12日。

第17章

异议股东股份价值评估权的适用性分析[*]

公司立法中对于异议股东股份价值评估权制度是否适用于股份公司这一问题存在着争论,这一争论在金融经济学中的反映是人们对市场有效假说与资本资产定价模型所持的不同观点。近年来行为金融理论的出现,对市场有效假说与资本资产定价模型提出了强有力的挑战,从而为股份公司适用异议股东股份价值评估权制度提供了理论基础。

17.1 异议股东股份价值评估权的由来

异议股东股份价值评估权又有公司异议者权利、异议股东司法估价权、异议股东股份买取请求权、解约补偿权或退出权等不同称谓。所谓异议股东股份价值评估权,是指对于提交股东大会表决的公司重大交易事项(如兼并收购、重大资产出售、公司章程修改等事项)持有异议的股东,在该事项经股东大会资本多数表决通过时,有权依法定程序要求对其所持有的公司股份的"公平价值"进行评估并由公司以此买回股票,从而实现自身退出公司的目的。该制度的实质是一种小股东在特定条件下的解约退出权。该制度是公司立法利益平衡的产物,是在公司表决制度由全

---

[*] 本章内容发表于《东岳论丛》2004年第4期。

体股东"一致同意"原则向"资本多数决"原则演变过程中，法律为保护小股东的利益与意志不受资本多数与公司实际控制人的压迫与侵害，赋予小股东制衡公司实际控制人（董事会、经理或大股东）滥用权力而产生的。

对于股东缺乏有效退出途径的公司形式而言，异议股东股份价值评估权制度的作用是毋庸置疑的。但是，对于股份公司而言，股票市场的存在可以使股东将其所持有的股票在市场上流通变现，对公司发展前景或公司管理层的表现不满意的股东可以随时行使用"脚"投票权退出公司。对于这些公司而言，异议股东价值评估权制度是否有其存在的必要呢？对于这一问题的争论，在法学界由来已久。

17.1.1 限制司法估价权在股份公司适用的"市场例外原则"

曼宁（Manning）教授不认可在股票市场之外对股票价值进行评估的做法，认为股票市场的存在，使得异议股东价值评估权制度的存在是毫无意义和没有必要的。在这种观点的影响下，《美国特拉华州普通公司法》从1967年首先规定了针对异议股东价值评估权适用范围的"股票市场例外原则"：规定在上市公司与股份分散到一定程度的公司中不适用异议股东股份价值评估权；但在异议股东在并购议案中被要求接受的股票对价不是存续公司的股票或者其他公众公司的股票的情况下，市场例外原则不适用，异议股东仍享有股票价值评估权。其后，股票市场例外原则得到了许多州公司立法的效仿。《美国标准商事公司法》的1969年版本也采用了市场例外原则。目前美国约有半数州的公司立法实行"股票市场例外原则"，规定异议股东股份价值评估权制度不适用于上市公司的股东。

17.1.2 法学界对"市场例外原则"的批评与质疑

然而，单纯依赖市场定价机制对异议股东股票价值进行评估的做法在美国公司法实践中远没有得到广泛的认同。《美国标准商事公司法》在1987年的修订中取消了"市场例外"原则，美国法律协会的《公司治理原则：分析与建议》中对于"市场例外"原则也未予认可，美国所有的州公司法中仍有过半数的不承认"市场例外"原则，允许司法估价权制度在股份公司中适用。这些公司立法体例认为,"市场例外"原则过分依赖市场定价机制进行股票价值评估的做法是难以令人信服的,在很多情况下,股票市场定价机制不能对小股东利益提供充分的保护。

(1) 股价的剧烈波动。实证研究的结果已经表明,即使在缺乏公司经营形势、行业发展趋势发生变化的信息支持的情况下,一个公司股票价格也会在很短的时间周期内发生较大幅度的波动。由于对异议股东股票的"公平价值"进行评估时要求剔除触发交易事项的完成或者由其引起的预期所导致的股票价值的变化,在依赖股票市场进行股票定价的情况下,一般选择触发交易前的市场价格作为异议股东股票价值的参照标准。然而,由于股票价格在短期内的大幅度波动,很难相信任一时点的股票价格会比其他时点的股票价格更能准确反映股票的内在价值。因此,对触发交易时间的选择成为决定股票价值的关键因素。而对交易时间的决定权则由掌握在提议进行触发交易的公司控制人手中(多数情况下是公司的控股股东或管理层),如果公司控制人选择在公司股票价格低迷时提议进行触发交易,单纯依赖市场机制进行股票定价就会造成对小股东利益的损害。

(2) 信息不对称与内部人控制。触发异议股东股票价值评估权的交易事项,如公司并购议案等,大多是由公司的控股股东提起的。在提议进行交易过程中,控股股东作为内部人有相对于小股东的信息优势,他们可能获得市场所无法获得的信息。如果单纯依赖市场机制进行股票价值评估,内部人可以通过这些信息优势谋取私人收益,这不利于对小股东利益的保护。另外,在现金挤出并购中,掌握公司经营控制权的控股股东为了能够以较低的价格收购小股东的股份,可以在并购交易之前,通过操纵公司的经营活动对股票市场上的公司股价进行打压。在这种情况下,股票市场上的股价并不是公司内在价值的反映,以此来决定小股东的权益价值是显失公允的。

正是基于上述理由,许多美国公司法学者认为,股票市场定价机制不能为小股东提供足够的利益保护,异议股东股份价值评估权应当在股份公司中适用,至少在公司控制人与小股东的利益冲突型交易中,应当完全废除"市场例外"原则,保障异议股东享有股份价值评估权。这对于防止公司内部人的代理风险、改善股份公司的治理结构有着重要的意义。

17.2 行为金融与数理金融之争：两种立法体例的金融经济学基础

在公司法学关于异议股东股份价值评估权制度是否应在公众公司中适用的争论中，焦点问题是股票市场定价机制是否是有效的，它是否能够为小股东利益提供足够的保护。对此问题的不同态度，反映出不同的金融经济学基础。

17.2.1 "市场例外"原则的金融经济学基础

公司立法中反对在股票市场价格之外对股票价值进行司法估价的"市场例外"原则认为，股票市场价格是股票内在价值的真实反映。这种观点是建立在以有效市场假说（EMH）与资本资产定价模型（CAPM）为核心的经典金融经济学理论基础之上的。

有效市场假说（EMH）认为，如果证券市场上的证券价格能够迅速充分地反映所有有关证券价格的信息，则证券市场上的证券价格变化就是完全随机的，投资者不可能利用某些分析模式和相关信息始终如一地在证券市场上获取超额利润。根据证券价格对信息反映的程度不同，效率市场可以分为弱势有效市场、半强势有效市场和强势有效市场。在弱势有效市场上，投资者无法利用历史信息牟取超额利润，在半强势有效市场上，投资者不但无法利用历史信息牟取超额利润，而且也无法利用所有公开发布的信息牟取超额利润，在强势有效市场上，投资者不但无法利用历史信息和所有公开发布的信息牟取超额利润，而且无法利用各种内幕消息牟取超额利润。有效市场假说由三个逐渐弱化的假定组成：第一，假定投资者是理性的，所以投资者能够根据每种证券未来现金流量经风险折合调整后的净现值，对证券价值做出理性评估；第二，假定即使有些投资者不是理性的，但由于交易的随机性，非理性的交易相互抵消，证券的价格不会受到影响；第三，即使投资者的非理性行为具有相关性，但由于市场中理性投资者套利行为，非理性投资者的财富在交易中将不断减少，其对证券价格的影响将被消除。

在有效市场假说基础上形成的 CAPM 假定，市场中的投资者的信念与预期是相同的，他们以相同的方式解读信息，有着同质的收益率预期。在一个有效的股票市场中，股票的价格反映了投资者根据风险与收益对股票内在价值的统一估计。从而，那些能够将其所持有的股票在一个高度发达的市场上卖出的投资者并没有获得估价权的需要。

以投资者理性为核心、建立在若干严格假定基础上的有效市场假说（EMH）与资本资产定价模型（CAPM）在 20 世纪 60 年代后期发达国家自由市场经济繁荣时期开始盛行，被认为是经典现代金融理论的基石。它为美国的公司立法提供了经济学基础并形成了巨大的影响，公司法中否认异议股东股份价值评估权在股份公司中适用的"市场例外"原则正是这种影响的产物。

17.2.2 评估救济在股份公司中的适用性：行为金融的解释

众多的涉及股份公司异议股东股份价值评估权的司法判例说明，异议股东股份价值评估权制度有在股份公司中存在的合理性。然而，这种制度的金融经济学基础是什么呢？尽管在大量司法判例的基础上，法院已经认识到，"如果股票市场作为一个所有因素依赖完全准确信息的完美市场而起作用，那么法院只需要参照股票市场的价格，对异议股东股票价值的评估将大大简化。不幸的是，完美的股票市场只是一个理论上的抽象的观点，现实世界中股票市场的变化程度并不是公司股份价值的完美反映"，但是，要解释异议股东股份价值评估权制度在股份公司适用的合理性，还要到行为金融理论那里寻找答案。

行为金融理论是在经济学家不断对有效市场假说、资本资产定价模型等经典金融理论进行质疑与挑战的过程中逐渐形成与发展起来的。特别是在 20 世纪 80 年代以来，有效市场假说、资本资产定价模型在现代金融理论中的地位受到了逐渐兴起的行为金融理论的强烈挑战。

行为金融学的代表作是 2002 年诺贝尔经济学奖得主卡尼曼（Kahenmann）与托夫尔斯基（Tvershy）于 1979 年提出的关于人们在不确定条件下决策行为的期望理论。这两位集中于对人们的风险心理进行研究的学者指出，人们在现实经济决策过程中表现出来的行为特征与经典的现代金融理论的理性预期（Rational Expectation）、风险规避（Risk Aversion）等假定是相冲突的。比如，在投资决策过程中，人们并不看重其财富的绝对水平，而更关注相对于某一参考点的财富的变化情况；人们在收益确定条件下的决策表现出风险回避特征，但在损失确定条件下则呈现追求风险的行为特征等。在此基础上，行为金融学家总结了"心理账户"、"过于自信"等现实决策过程中人们的非理性行为模式，说明了行为人的实际决策过程受到其感知、信念、情绪、心态等许多方面的影响，并非总是理性的，并且这些系统性的非理性行为是以认知心理学的规律为基础的，不会因为统计平均而被消除。从而，有效市场假说（EMH）的前两个理论假定被推翻。

针对 EMH 的理性投资者的套利行为会消除噪音交易者非理性行为对证券价格的影响、使其回归基本价值的理论假定，行为金融学认为，完美的替代证券可能并不存在，或者即使存在这样的证券，套利行为的执行成本也是高昂的；另外，在噪音交易者众多的情况下，理性交易者承担风险的能力有限，其套利行为无力纠正价格的偏离。因此，套利行为总是受到限制并充满风险的，证券的错误定价不能因套利行为得到完全消除，市场并非是有效的。

针对资本资产定价模型中的同质信念假定，行为金融认为，在现实的投资行为中，面对风险与不确定性的人们的信念与预期是不同的，对相同信息的不同解读与判断，会导致投资者对某一投资回报的不同的估计。价值感受的不同导致了投资者对相同股票的不同投资需求。

行为金融理论从注重对人类个体与群体行为的研究出发，并以更贴近金融市场现实的解释能力，得到了现代经济学的认同。它的研究结果表明，股票市场有效定价只是一个特殊的例子，大多数情况下，股票价格并不是对其内在价值的真实反映；同时，股东对其所持有的股票的价值感受是不同的，单纯依赖市场机制进行股票价值评估的办法对那些对其持有的股票估价更为乐观的投资者而言是不公平的。尽管限制异议股东股份价值评估权制度在股份公司中适用的"市场例外"原则仍存在于美国许多州的公司立法中，但它只应被看作是司法界解决诉讼过程中股票定价困难的一个实用性的工具，而不应被看作对有效市场假说的称颂。从而，行为金融理论为公司立法中异议股东股份价值评估权制度在股份公司中适用提供了一个经济学解释。

17.3 小　　结

无论是公司法的理论研究、外国公司法的司法实践，还是金融经济学的新发展都说明,在股份公司中,单纯依赖股票市场进行股票价值评估的做法在很多情况下不利于对小股东的利益保护。异议股东股份价值评估权制度在股份公司中适用是合理的。该制度在保护小股东利益、改善公司治理方面有着重要作用,对于我国完善公司立法与上市公司治理结构具有非常大的借鉴意义。

参考文献

1. 刘力:《行为金融对效率市场假说的挑战》,载《经济科学》,1999 年第 3 期,第 63~67 页。

2. Bayless Manning, The Shareholder's Appraisal Remedy: An Essay for Frank Coker, Yale Law Journal 1962, 72: 223 – 262。

3. Lynn A. Stout, Are Takeover Premiums Really Premiums? Market Price, Fair Value, and Corporate Law, Yale Law Journal, 1990, 99: 1235 – 1296.

4. Barry M. Wertheimer, The Shareholders' Appraisal Remedy and How Courts Determine Fair Value, Duke Law Journal, 1998, 47: 613.

5. Joel Seligan, Reappraising the Appraisal Remedy, Geo. Wash. L. Rev, 1984, 52: 829 – 864.

6. Paul G. Mahoney and Mark Weinstein, The Appraisal Remedy and Merger Premiums, American Law and Economics Review, 1999, Vol. 1: 239 – 75, note 2.

7. Daniel Kahneman and Amos Tversky, Prospect Theory: An Analysis of Decision Making Under Risk, Econometrica, 1979, Vol. 47: 263 – 291.

8. Andrei Shleifer, Inefficient Markets: An Introduction to Behavioral Finance, New York: Oxford University Press, 2000. 13 – 16.

9. Miller, Risk, Uncertainty, and Divergence of Opinion, Journal of Finance, 1977, Vol. 32: 1151 – 1168.

10. Lawrence A. Cunningham, Behavior Finance and Investor Governance, Wash. & Lee L. Rev. 2002, Vol. 59: 767 – 838.

第 18 章

公司治理中的中小股东权益保护机制[*]

公司治理制度安排是围绕着对股东利益的保护而展开的。公司是一个包含各参与方在内的不完备契约的集合。在这样一个契约结构中，由于不确定性的存在，股东作为剩余风险的最后承担者，其利益不能像债权人、公司雇员的利益那样通过签订较为完备的契约得到保障。因此，如何确保股东的利益，特别是作为弱势群体的中小股东的利益，是公司治理所要解决的核心问题。

18.1 公司治理结构中小股东权力配置之缺陷

18.1.1 股东权利结构的一般性分析[①]

在公司制度安排中，司法救济制度之外股东个体所享有的权利一般可以分为收益权（剩余索取权）、股东大会投票权（剩余控制权）与退出权

---

[*] 本章内容发表于《中国工业经济》2004 年第 9 期。
[①] 权利（right）与权力（power）的区别在于，后者指以某种行为控制与影响别人以达到某种效果的能力；前者除了这种意思之外，还指对物质资产所拥有的利益。因此，股东权利（shareholder rights）包括股东在公司契约中所拥有的权力（power）以及所享受的利益（interests）。

（股票市场用"脚"投票权）三种。

（1）股东收益权。股东收益权就是其剩余索取权，因为剩余索取权就是指对企业的全部收入减去所有的固定合约支付后的剩余额的要求权。它是与股东作为最终的风险承担者的角色相对应的权利。同时，它也是股东最为根本的目的性权利，因为股东参与公司契约的目的，就是为了在承担风险的同时获得收益，即资本的增值。股东的收益权或者剩余索取权，是股东利益保护的重点，也是公司治理结构的目标。公司治理的经典文献（Shleifer and Vishny，1997）认为，公司治理要解决的问题是，公司的资本供给者如何确保自己可以得到投资回报，他们怎样使得经理人员将利润分配给他们，如何确保经理人员不会盗用资本或者将其投入到业绩差的项目中，他们是怎样对经理人员进行控制的。由此可以看出，股东的收益权是股东参与公司契约的目的所在。与此权利对应的股东所享有的其他权利，如投票权、市场选择权等等，可以被看作实现收益权的手段。

（2）股东大会投票权。股东大会投票权，即股东表决权，是股东为了约束代理人行为而保留的部分控制权。从委托代理链条看，这部分权力属于委托人的剩余控制权。企业的契约理论把公司视为一个包括股东与经理人在内不同主体之间的不完备契约的集合，由于契约的不完备性，财产的控制权在所有者与代理人之间呈现一定的分配结构。格罗斯曼和哈特（Grossman and Hart，1986）将财产控制权分为特定控制权与剩余控制权，前者为契约中明确的那部分对财产的控制权，即经理人员的日常控制权，后者指契约中没有指定的权利，即股东的"所有权"。法玛与詹森（Fama and Jensen，1983）将经理人员的日常控制权称为"决策管理权"（包括对决策方案的提议权与执行权），而将股东（风险承担者）的剩余控制权描述为"决策控制权"（对经理人员的决策建议的批准权以及对其决策执行过程的监督权）。由此可见，股东大会投票权，即股东的剩余控制权，既是对经理人员日常管理活动的控制权，也是对自身财产权利的控制权，它的实质，是财产所有者通过对代理人决策管理活动的批准、监督、评价等控制权，实现保护自身财产权益之目的的行为与权利，它是股东防范代理风险的重要手段。伊斯特布鲁克和菲谢尔（Easterbrook and Fischel，1991）认为，如果有限责任是公司法的第一显著特征的话，则股东表决权就是公司法的第二显著特征。股东大会投票权的内容根据法律或公司章程的不同约定而不同。

(3) 用"脚"投票退出权。股东用"脚"投票权，又称为市场选择权，即不满意代理人表现的股东或者在二级股票市场上进行股份转让与资本变现、在不同的公司契约与代理人之间进行选择的权力。就其本质而言，它是股东所享有的退出权。但是应当指出，股东的退出权并不一定呈现为市场退出权的制度安排，也就是说，股东退出公司契约的方式，并不一定要借助股票市场、通过股份转让的形式来实现。① 公司法中的异议股东股份价值评估权就是股东在市场机制之外所享有的另一种退出权。②

一般意义上的股东退出权，就是股东为了保护自身的利益，防范代理风险与经营风险，在不能有效控制代理人行为时，及时终止与公司代理人的委托代理关系，从而退出公司契约的权力。股东（委托人）的退出权在契约结构中的地位是相当重要的。不完全契约理论格罗斯曼和哈特（1986）、哈特（1995）的不完全契约理论已经指出，由于签约成本的存在，在订立契约过程中要想预期所有可能发生的事情、从而拟订一份无所不包的完全的契约是不可能的。在签订不完全契约的情况下，权力或者控制的配置变得十分重要；并且，由于契约一定会发生修订和重新谈判，所以契约最好是被看作是为这种谈判提供合适的背景或起点，而不应被看作是对最后结果的规定。由此可见，退出权可以被看作委托人在契约结构中的对于自身权益的最后的控制权。

所以从本质上，上述模型中股东所享有的权利可以概括为收益权（剩余索取权）、投票权（决策控制权）以及退出权三种。其中，收益权是投资的目的性权利，投票权与退出权是实现收益权、对代理人进行控制的两种手段。

18.1.2 退出权对于中小股东利益保护的重要意义

尽管股东大会投票权在理论上保证了股东参与公司治理的地位，但由于现代公司最高权力机关——公司股东大会的表决制度是资本多数表决原则，并且股权高度分散，这意味着掌握公司控制权的大股东可以通过用手

---

① 学者赫希曼（Hirschman，1970）、科斯特（Kostant，1999）将股东的用"脚"投票权等同于股东的退出权，进而把前者对于公司治理的缺陷等同于股东退出机制的缺陷，笔者认为这种观点值得商榷。
② 对于异议股东股份价值评估权作为股东退出机制的讨论，参见汤普森（Thompson，1995）的文章以及本章第二部分的论述。

投票的权力行使过程来左右公司的经营与管理，但就分散的中小股东而言，即使他们参加股东大会行使投票权，由于持股数量有限，在一股一票的表决方式下，也很难通过投票权的行使抗衡控制股东及其代理人的意志，防范代理风险。因而中小股东往往对于参与股东大会、行使股东投票权表现出"理性的漠然"，即缺乏行使投票权的激励。另外，传统条件下股东大会投票权的行使具有较高的交易成本，这更加剧了中小股东对于股东大会表决事项所具有的搭便车倾向。这种中小股东理性的漠然或者说搭便车行为，成为制约中小股东参与公司治理的重要因素。在投票权不能保护中小股东的切身利益的情况下，退出权对于中小股东而言意义非同寻常，因为自由、公平的退出机制，成为中小股东保护自身的财产权利免受代理风险侵蚀的最后的"武器"。

18.1.3 市场主导型股东退出机制的效率缺陷

（1）用"脚"投票权的核心地位。在传统公司治理理论中，用"脚"投票权这种市场主导的权力配置机制居于核心地位（Fama, 1980; Fama and Jensen, 1983）。具体而言，由于普通股中剩余要求权的无限制可转让产生了一个对这些组织而言特有的外部监督机构——具体是对普通股定价和以低成本转让普通股的股票市场。股票价格是简要说明有关现在和未来净现金流量的内部决策的各种含义的无形标志。资本市场通常能根据不确定与不完美信息的表象对企业价值做出理性评价。所以，在股票市场的作用下，所有权与管理权的分离不但不会削弱反而会加强私人财产权对管理的间接控制。因为虽然股东对企业管理发言权很少，中小股东对经理的任用几乎根本没有影响力，但是股东可以通过自由买卖股票来控制自己的财产值。这种自由买卖可以压低或抬高股票价格，形成对经理的强大的间接控制能力，此种压力比股东直接管理企业时要大得多。如果经理经营不善或机会主义行为，企业的股票价格会下跌。一方面，该经理人员在管理劳动市场的声誉下降，从而影响其未来人力资本的价值；另一方面，有能力的企业家或其他公司就能用低价买进足够的股份，从而接管该企业，赶走在任的经理，重新组织经营，获取利润。股票市场所施加的外部监督的压力，使公司决策程序以享有剩余要求权者利益为目的。

上述市场主导的公司治理权力配置机制是建立在股票市场有效性假说基础之上的。其前提是市场上的股票价格是其内在价值的准确反映。这种公司治理理论可以用图 18-1 模型来表示。

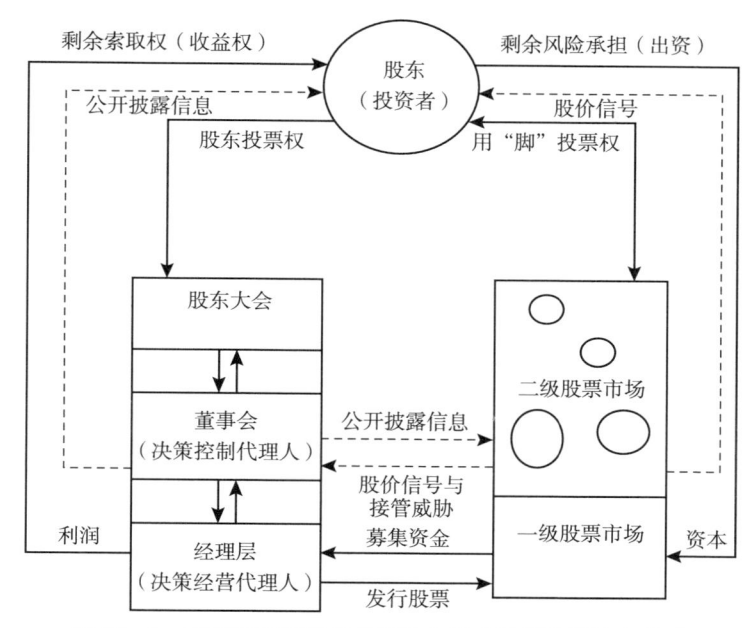

图 18-1　有效市场假说条件下的市场主导型公司治理模式
（图中股价信号用单虚线表示，意味着股价是股票内在价值的真实反映）

（2）用"脚"投票权的低效率：行为金融的启示。股票市场有效性假说是传统金融理论的核心命题，它是以投资者理性选择理论与完全套利理论两大理论模块为支撑的。

然而，近年来行为金融理论的逐渐兴起，却对市场有效性假说提出了全面的挑战。行为金融心理学实验和对金融市场的实证研究为基础，以期望理论与有限套利理论两大理论模块分别挑战理性选择理论与完全套利理论，其基本的结论之一是，由于行为人的心理因素的影响导致了其对理性认知的偏离，以及现实金融市场中套利策略充满了风险并且成本高昂，因而股票市场的定价并非是有效率的。在绝大多数情况下，股票价格并非是其内在价值的准确反映。[①] 行为金融理论对于公司治理结构的影响可以用图 18-2 表示。

---

① 对于行为金融理论的综述参见（Barberis and Thaler, 2002）；对于行为金融对公司治理结构之影响的讨论参见（卞江，徐向艺，2004）。

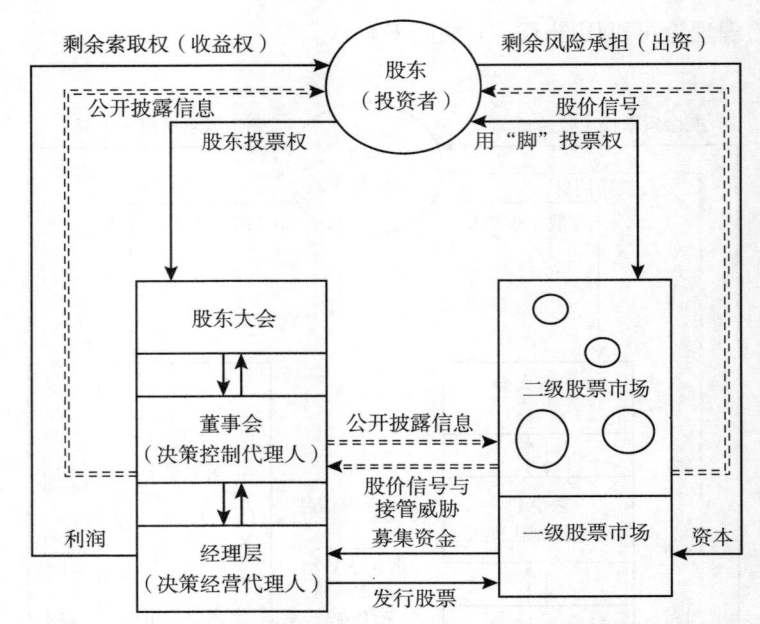

图 18-2　非效率市场条件下的市场主导型公司治理模式
（图中股价信号用双虚线表示，意味着股价对股票内在价值的偏离）

股票价格并非是其内在价值的反映意味着，股票市场在保护股东利益、约束公司代理人方面的作用是非常有限的：第一，股东在股票市场上的用"脚"投票权并不能有效保护自身的权益，在价格低于股票内在价值的情况下，股东无法通过市场退出机制收回其所投入的资本。特别是对于无表决权优势、无法通过股东大会投票权保护自身利益的中小股东而言，在股票市场上用"脚"投票的选择往往是面对代理风险时的无奈之举。第二，由于噪音交易者的存在，理性股东用"脚"投票的行为并不一定导致股票价格的下跌，出于私人控制权收益之目的而滥用控制权的公司代理人通常情况下不会受到由于股票价格下跌所导致的接管威胁。公司财务理论中的"红利之谜""自由现金流"现象很好地说明了这一点。

上述公司治理结构中股东投票制度与市场退出机制的种种缺陷表明，中小股东在公司制度中处于弱势地位，其利益不能通过股票市场机制得到充分保护，应该借助法律手段对其施以必要的救济。

18.2 主要的中小股东法律救济手段及其法经济学分析

为了防止公司董事、经理人员或者控制股东侵害中小股东的利益，各国公司法都赋予了作为公司意思机关的董事会及其成员种种义务，或者赋予了中小股东种种权利。① 然而，当代理人或控制股东违反自身的义务，使法律规定形同虚设时，中小股东最终可以实际选择的保护自身利益的手段主要有异议股东股份价值评估权制度与股东诉讼制度两种。

18.2.1 异议股东股份价值评估权

异议股东股份价值评估权是指对于提交股东大会表决的公司重大交易事项持有异议的股东，在该事项经股东大会资本多数表决通过时，有权依法定程序要求对其所持有的公司股份的"公平价值"进行评估并由公司以此买回股票，从而实现自身退出公司的目的。它是股东从公司契约中的直接退出机制，导致了股权资本与公司契约的直接分离。在股东利益保护与约束代理人机会主义行为方面，该种直接退出行为可以起到两方面的效果：一方面，异议股东通过司法估价权得到了与其所持有的股份相对应的公平价值，通过直接退出公司契约而保护了自身的财产免受潜在代理风险的进一步侵蚀；另一方面，对于公司或者公司的代理人而言，由于买回异议股东的股份所导致的资金流出会直接导致公司规模的缩小，即代理人可控制的资产的减少，因此，这种直接退出机制会对代理人的行为产生威慑与约束作用，迫使他们在特定行动之前必须考虑公司众多中小股东对于其所选择的行动方案的意见。

18.2.2 股东诉讼制度

中小股东在权利受到公司代理人或者控制股东侵害时，还可以通过股东诉讼制度来保护自身的权益。股东诉讼制度分为直接诉讼与派生诉讼两种形

---

① 对于股东所享有的各种权利的性质、分类以及保护措施的详细论述，参见（刘俊海，2004）；对于董事所负有的各种义务的详细论述，参见（张民安，2003）。

式。前者是指股东在作为公司成员所享有的个人权利受到侵害时所提起的一种诉讼；而派生诉讼是指当董事、经理等公司高级管理人员实施某种越权行为或不当行为时，由于公司董事会、监事会或股东大会对此不提起诉讼，而由公司一个或多个股东代表公司对实施越权行为或不当行为者提起的诉讼。在司法实践中，股东派生诉讼是中小股东利益保护的主要诉讼形式。

18.2.3 两种救济制度的效率比较

从法经济学的角度来分析，笔者认为，异议股东股份价值评估权制度与股东派生诉讼制度相比，前者是更有效率的一种中小股东救济制度，这是因为异议股东股份价值评估权制度具有以下几方面的优势。

第一，对股东行使权利的激励程度更加明显。异议股东股份价值评估权在性质上是一种股东自益权。也就是说，从产权的角度看，异议股东享有司法估价权，是契约自由思想的体现。异议股东并没有直接阻止公司从事由公司代理人或者大股东所发起的特定交易事项的权利，对此权利的行使，只是在支配属于股东自身的那一份公司资产，司法估价收益归异议股东个人所有。并且，由于在公司契约中，公司所积聚的资产规模是一定的，异议股东行使司法估价权并退出公司契约的行为，势必造成公司资产规模的缩减，这种资产规模的缩减积累到一定程度，将导致管理层原计划实施的特定交易事项或企业发展战略无法实施。异议股东股份价值评估权制度的自益权属性以及对代理人的约束功能对异议股东起激励作用。相比较而言，派生诉讼则属于股东的共益权，即使股东最终胜诉，胜诉后的判决收益则归公司所有。作为原告的股东只能根据公司法的规定与其他股东分享此收益。派生诉讼的这种外部性特征容易使股东在公司利益被侵害时产生"搭便车"的行为，造成股东选择提起诉讼的激励不足。

第二，适用范围更加确定。各国公司法对于异议股东股份价值评估权制度的适用范围的规定各不相同，但一般都适用于公司并购、资产出售、章程修改等重大交易事项，并允许公司章程就该制度的适用范围做出各自的规定。从而，中小股东对于在何种情况下自身享有异议者权利有明确的预期，权利的行使不必以对公司的利益造成侵害为前提，而只是取决于自己对风险程度的判断。从而可以明确地做出是否行使异议者权利的选择。但在派生诉讼制度中，股东对于何种侵害公司利益的行为能够提起诉讼的判断，则是不确定的。因为在派生诉讼制度中，股东针对其认为的侵害公司利益的行为而提起的诉讼请求，可能被公司特别诉讼委员会以"商事判断原则"为借口而驳回。一旦这种情况发生，尽管法庭对于是否驳回诉讼具有自由裁量权，但多数情况下会适用"商事判断原则"驳回股东的派生诉讼。

第三，制度成本更加低廉。先行协商与支付模式，股东可以在较短的时间内获得公司所认可的估价支付，并在法院最终司法估价裁决后有进一步获得估价补偿的可能。而在股东派生诉讼制度中，为了防止一些非善意的股东企图通过提起派生诉讼的方式而追求自身利益所造成的诉权滥用行为，同时也为了使被告能在胜诉时从原告处获得补偿，各国公司法一般都规定了原告提供诉讼费用担保的制度。这无疑加大了派生诉讼制度的交易成本。

第四，权利行使程序更加便捷。在异议股东股份价值评估权制度中，股东只要就异议事项在股东大会表决前向公司提交反对通知，在股东大会表决时表明自己的反对态度，并在规定期限内提出股份买取请求，就可以获得相应的司法估价救济。而派生诉讼制度则适用"竭尽公司内部救济"之原则，即准备提起诉讼的股东必须首先向公司董事会或股东大会提出要求对侵害公司利益的行为人之侵害事实采取纠正措施的请求，只有这种请求被拒绝后才能提起诉讼。派生诉讼繁杂的程序以及时间的延误都大大降低了该制度对中小股东的救济效率。

上述分析表明，异议股东股份价值评估权制度较之股东派生诉讼制度，有较为明显的效率优势。它为中小股东在自身利益受到潜在威胁时提供了一条市场机制之外的退出机制，应当成为中小股东权益保护机制的主要内容。

18.3　异议股东股份价值评估权：我国中小股东权益保护机制创新

针对公司治理中中小股东利益保护的问题，学者们近年来仁者见仁，提出了许多对策建议，如规范股东大会制度，实行累积投票制度；建立股东派生诉讼制度；确立控股股东对上市公司及其他股东的诚信义务；规范关联交易、回避表决与上市公司的担保行为，等等[①]。笔者认为，我国中小股东利益保护机制建设的重点应该是充分借鉴西方国家公司立法的经

---

① 对于公司法学界学者们近年来就中小股东利益保护问题的对策建议的提炼，参见（顾功耕，2002，2003）中的综述性文章，以及（王保树，朱慈蕴，施天涛，汤欣，2004）。

验，建立和完善异议股东股份价值评估权制度，使其成为公司契约中的强制性规范，使中小股东在利益不能得到保障的情况下有自由公平地退出公司契约的权利。

目前，我国异议股东股份价值评估权制度的引入尚处于萌芽阶段，我国《公司法》中无相关内容，其他法规中仅有《上市公司章程指引》以及《到境外上市公司章程必备条款》中有极少泛泛的规定。结合目前我国公司立法与公司治理结构之现状，笔者认为以下几方面的配套改革对于发挥异议股东股份价值评估权制度公司监管及中小股东利益保护的功能有着重要的现实意义。

18.3.1 网络股东大会与股东电子投票权技术的实施

异议股东对股份价值评估权的享有一般要以其履行对公司的通知义务以及参与股东大会的表决为前提的，这涉及公司与股东之间较为频繁的信息传递，并使司法估价权与股东大会投票权紧密联系在一起，从而前者救济功能的充分发挥必须以其积极参与股东大会为前提。在传统的股东大会表决机制下，由于参与股东大会的交易成本高昂，中小股东行使投票权的激励不足。这在客观上会导致异议股东股份价值评估权制度对中小股东救济功能的减弱。

近年来在西方国家逐渐兴起的网络股东大会与股东电子投票权技术，为充分解决传统股东大会投票表决机制的弊端、降低股东参与股东大会的交易成本，提供了有效的技术支撑。以美国为例，美国《特拉华州普通公司法》自2000年开始，已经认可了网络股东大会的法律效力，允许公司董事会自主决定股东大会是否以网络形式召开，《美国修正标准商事公司法》也允许股东授权代理人以电子邮件或其他电子形式进行代理投票。近年来股东对于电子文件传输、在线授权代理投票权以及在线参与股东大会的需求成倍的增长，这充分说明网络股东大会与电子投票权的实施不仅可以降低股东大会的会议成本，而且可以唤醒个人投资者积极参与公司治理的热情。

就我国现状而言，目前，网络股东大会投票系统分别在上海证券交易所与深圳证券交易所测试成功，这说明网络股东大会与股东电子投票权技术在我国的应用已具备了条件。因此，我国公司立法改革应充分认识到网络技术的进步对于中小股东参与公司治理的激励作用，积极推广网络股东大会与电子投票权技术在我国公司治理中的应用,为中小股东利益保护创造条件。

18.3.2 公司资本制度向授权资本制的改革

异议股东股份价值评估权制度的本质是中小股东在利益受到潜在侵害情况下的退出权,异议股东收回资本的退出行为以及公司为维持正常运营而补充资本的需求,必将导致公司资本的增减变化,这就要求公司适用灵活的资本制度。英美法系国家实行的授权资本制度适应了这一要求,从而为异议股东股份价值评估权制度的实施奠定了基础。而我国目前实行的是以法定资本制为主的混合资本制度,即内资企业实施法定资本制度、外资企业实行授权资本制度。法定资本制中"资本三原则"对于公司资本要求过于僵化、缺乏弹性的时代局限[1],客观上不能适应公司法引入异议股东股份价值评估权制度后公司资本灵活调整的需要。在国际范围内,公司资本制度由法定资本制向授权资本制的变化是各国公司立法改革的普遍趋势,我国目前的公司法修改应顺应这一改革趋势,尽快实施公司资本制度由法定资本制向授权资本制的改革,为异议股东股份价值评估权制度的真正实施创造必要的前提条件。

18.3.3 异议股东司法救济范围的确定

我国对于异议股东股份价值评估权制度的引入存在着其适用范围与条件的设计问题,就此,国内已有学者根据英美等国的立法经验提出了对我国异议股东股份价值评估权制度的构想。[2] 笔者认为,要充分发挥异议股东股份价值评估权制度对于中小股东的救济功能,必须在借鉴国外立法经验的同时,还要看到国际上公司治理变革的趋势与我国公司治理所面临的体制背景,从而在制度设计中进行必要的改革。

(1) 就适用交易事项的范围而言,英美等国的异议股东股份价值评估权制度一般是仅限于公司并购、资产出售、章程修改等交易事项。仅以这些交易事项为基础对于我国异议股东实施司法救济是不够的,这是因为:

---

[1] 对于法定资本制中"资本三原则"的局限性的详细论述,参见(冯果,2001)。
[2] 参见(蒋大兴,2002)中的相关专题。

首先，近年来全球范围内的公司治理危机使得重新界定股东与管理者之间的权利分配、扩大股东参与公司治理的范围已经成为各国公司立法改革所普遍面临的任务。我国作为一个股票市场发展程度相对落后、中小股东利益保护机制不健全的发展中国家，更应该积极扩大股东的权利。在这方面，有学者指出，股份公司的股东应该在公司"游戏规则决策"（"rule-of-the-game" decisions，包括关于公司章程修改与注册地变更的决策）、"游戏终止决策"（game-ending decisions，包括并购、资产出售以及清算等决策）、"缩减规模决策"（scaling-down decisions，即以现金或非现金形式的分配来缩减公司规模的决策）等三方面拥有提议及批准的权利（Lucian Bebchuk，2004）。笔者认为，这一扩大股东权利的基本思路对于我国确定异议股东的司法救济范围有极大的参考价值。

其次，我国上市公司中流通股与非流通股股东并存、国有股"一股独大"等独特的公司制度特征决定了多数派股东可以通过形式多样的关联交易抽取上市公司及中小股东的利益，因而上市公司与控股股东等关联方的关联交易应当被纳入到对中小股东实施司法救济的触发交易事项范围内。

（2）异议股东股份价值评估权制度在股份公司中的适用性问题。美国半数州的公司法令限制异议股东股份价值评估权制度在股票公开交易的股份公司中适用，认为股票市场的作用可以对中小股东利益提供充分的保护，这就是该制度的"市场例外（market exception）"原则。然而近年来迅速兴起的行为金融理论对于股票市场定价效率的质疑，以及国内外股票市场大幅度动荡的经济现实都表明，单纯依赖股票市场退出机制不能有效保护中小股东的利益，异议股东股份价值评估权制度的"市场例外"原则缺乏合理的理论基础，已经受到了国外学者的广泛质疑。[①] 因此，我国在引入异议股东股份价值评估权制度时，不应采用"市场例外"原则，应该确保该制度对于众多上市公司的广大中小股东救济功能的发挥。

18.4 结　　论

公司治理模式是否能对代理人形成有效的约束机制，取决于委托人所享有的投票权与退出权这两种控制手段是否能够有效约束代理人。由于股

[①] 学者们对于"市场例外"原则的质疑与批评，参见（Wertheimer，1998）、（Cunningham，2002）。

东大会实行资本多数表决原则,中小股东不能以投票权的行使来控制代理人;又由于投资者的非理性因素导致了股票市场定价效率的缺陷,使得中小股东在市场上用"脚"投票的退出行为也难以约束代理人并保护自身利益。因而,中小股东的利益保护需要借助法律救济手段来实现。在众多可供选择的法律救济手段中,异议股东股份价值评估权制度为中小股东提供了一种在利益受到潜在威胁时自由退出公司契约的机制,是一种富有效率的手段,应当成为我国中小股东利益保护机制建设的重点。对于该制度的引入,应该在借鉴国外立法经验的基础上,结合我国公司立法的现状以及国际范围内公司治理与公司立法改革之趋势进行。重点需要解决的问题是通过网络技术的应用降低该司法救济制度的交易成本,进行配套的公司资本制度改革,以及设计适合我国国情的司法救济制度的适用范围。

参考文献

1. 张民安:《公司法上的利益平衡》,北京大学出版社2003年版。
2. 蒋大兴:《公司法的展开与评判——方法·判例·制度》,法律出版社2001年版。
3. 王保树,朱慈蕴,施天涛,汤欣:《投资者利益保护》,社会科学文献出版社2003年版。
4. 顾功耘:《公司法律评论》,上海人民出版社2002,2003年卷。
5. 冯果:《论资本三原则的时代局限》,载《中国法学》,2001年。
6. 刘俊海:《股份有限公司股东权的保护》,法律出版社2004年版。
7. 卞江,徐向艺:《异议股东股份价值评估权在股份公司中的实用性研究》,载《东岳论丛》2004年第4期。
8. Albert O., Hirschman, Exit, Voice, and Loyalty: Response to Decline in Firms, Organizations, and States, Harvard University Press, 1970.
9. Andrei Shleifer, Inefficient Markets: An Introduction to Behavioral Finance, New York: Oxford Press, 2001.
10. Andrei Shleifer and Robert W., Vishny, A Survey of Corporate Governance, Journal of Finance, 1997.
11. Barry M. Wertheimer, The Shareholders' Appraisal Remedy and How Courts Determine Fair Value, Duke Law Journal, 1998.
12. Fama, Eugene F., Agency Problem and the Theory of Firm. Journal of Political Economy, 1980.
13. Fama, Eugene F. and Michael C. Jensen, Separation of Ownership and Control, Journal of Law and Economics, 1983.

14. Frank H. Easterbrook & Daniel R. Fischel, The Economic Structure of Corporate Law, Harvard University Press, 1991.

15. Grossman S. and O. Hart, The Cost and Benefits of Ownership: A Theory of Vertical Integration, Journal of Political Economy, 1986.

16. Lawrence A. Cunningham, Behavior Finance and Investor Governance, Wash. & Lee Law Review, 2002.

17. Lucian Bebchuk. The Case for Increasing Shareholder Power, forthcoming in Harvard Law Review, 2004.

18. Nicholas Barberis and Richard Thaler, A Survey of Behavioral Finance, NBER Working Paper 9222, Http://www.nber.org/paper/w9222, 2002.

19. Oliver Hart, Firms, Contracts and Financial Structure, Oxford University Press, 1995.

20. Robert B. Thompson, Exit Liquidity and Majority Rule: Appraisal's Role in Corporate Law, Georgetown Law Journal, 1995.

第六篇
公司管理层收购与价值评估

第 19 章

管理层收购的投资价值及最优投资时机选择[*]

在管理层收购中,基于实物期权的评估方法充分考虑到企业未来增长机会、收购灵活性、收购后企业经营柔性产生的期权价值,但是,由于自身资源及能力限制,企业只能选择利用实物期权,同时,竞争的存在,改变了管理层收购决策灵活性及投资机会的价值。管理层只有在对目标企业自身内部优劣势、外部竞争条件进行充分分析,并对管理层收购中竞争对手的反应和可能采取的措施分析的基础上,才能准确确定管理层收购的实物期权价值并做出最优投资决策。

19.1 引 言

在实物期权的框架下,管理层收购中目标企业的投资价值由企业的自身价值、自身增长机会价值、管理层收购的实物期权价值与管理成本节约及战略整合效应而产生的收购增加价值构成。这种方法充分考虑到企业未来增长机会、收购灵活性、收购后企业经营柔性产生的期权价值和管理层收购所创造的价值,对准确衡量企业的价值具有重要的意义。但是,由于

---

[*] 本章主要内容发表于《经济与管理研究》2007 年第 3 期。

自身资源及能力限制，企业只能选择利用一部分符合自身发展战略的投资机会。在不确定条件下，由于存在期权价值，管理层有动力延迟收购投资，但竞争对手的抢先投资威胁，使管理层投资时必须在两者之间进行权衡。管理层只有在对目标企业自身内部优劣势、外部竞争条件进行充分分析，并对管理层收购中竞争对手可能采取的措施和反应分析的基础上，才能准确确定管理层收购的实物期权价值并做出最优投资决策。本章利用期权博弈方法，结合传统的战略分析，研究在不确定和竞争条件下，影响管理层收购中目标企业投资价值的各种因素，确定出期权博弈投资战略分析的价值函数，并在竞争条件下确定出管理层收购的最佳时机，最终形成最优投资战略。

19.2 实物期权框架下管理层收购中目标企业投资价值评估模型

19.2.1 实物期权框架下管理层收购的投资价值

在实物期权的框架下，管理层收购中的目标企业投资价值的评估模型为：

$$V_I = Va + C + Vo + Vs \tag{1}$$

式（1）中，V_I 代表企业的投资价值；Va 代表管理层收购中目标企业自身现实价值，是目标企业自身已公开的投资机会和现有业务未来的增长所能产生的现金流；C 代表管理层收购中目标企业自身拥有的未来投资增长机会的价值，即在将来的某一时段内，支付一定的投资费用而得到投资收益，企业可以根据行使期间内项目投资形式的好坏来决定行使或放弃这种权利的实物期权价值；Vo 代表管理层收购的期权价值，是管理层在收购过程中所获得的收购灵活性、收购后企业经营柔性产生的期权价值；Vs 代表管理层收购所创造的管理成本节约及战略整合效应价值。

19.2.2 管理层收购中实物期权的分析

斯特沃特·迈尔斯（Stetwart Myers, 1977）指出一个企业的价值包括"现实资产"的价值，再加上一个对未来投资机会的选择，由 DCF 方法得到的价值只是企业价值的一部分，另一部分则是代表未来增长机会的实物期权价值，这些投资机会可以看作目标企业持有的增长期权。管理层收购作为一种战略投资行为，也具有一定的期权特征，表现为管理层在收购过程中所获得的实物期权。开始时，管理层要做出是否收购的决策，这一决策可能带给管理层取得企业控制权、充分施展个人才能、获取企业剩余索取权及整合业务改善管理的机会，可以看作增长期权，管理层可以通过收购投资执行期权；当管理层拥有了收购企业的权利后，可以考虑等待、观察一段时间，等信息明确时再选择有利的时机进行收购，这表现为延迟期权；在有效期内，如果市场状况非常差以至于执行收购对管理层反而不利时，管理层可以放弃该项收购，即拥有放弃期权；收购活动实施后，管理层拥有的相机处理目标企业资产的权利，也可以视为实物期权。比如，管理层有权终止企业的已有项目，延缓到市场行情较好的时候进行开发，这表现为悬置期权。管理层可以根据形势的发展，在多种决策间进行选择：当有利情况出现、投资的产出和市场状况比预期好的时候，不同程度地对目标企业追加投资；反之，则缩减投资，这表现为投资规模变动期权；管理层还有权根据目标企业的优势，更为有效地运用目标企业资源，这表现为变换期权。如果并购后整合的情况相当差或者当存在良好的套利机会时，管理层甚至可以在适宜的时机，将资产出售或者包装上市，以获取更多的收益，减少收购的损失，这表现为放弃期权。

管理层收购的投资决策，从准备收购到收购实施再到战略整合以及后期投资或转让出售等，决策信息是一个随着时间推移不断积累的过程，投资决策往往要分阶段进行，每一阶段的投资时间及投资额都取决于前一阶段的投资成果。在管理层收购中，存在着后一个期权是在前一个期权的基础上产生，后续期权的存在会改变前面期权的价值，这样就构成了复合期权。由于彼此间的相关性，复合期权的价值不是孤立的、单个实物期权的价值或者它们价值的简单相加。

综上所述，在管理层收购中，存在许多实物期权，既有各种类型的单一期权，也有复合实物期权，对企业发展和价值形成具有重要的作用，在价值评估中如何理清复合期权之间的相互关系，发现主要的实物期权，对于目标企业的投资价值评估至关重要。

19.2.3 实物期权的特征

实物期权（real options）是与金融期权相对的概念，与金融期权相比，实物期权具有以下四个特性：（1）非交易性。实物期权与金融期权本质的区别在于非交易性。不仅作为实物期权标的物的实物资产一般不存在交易市场，而且实物期权本身也不大可能进行市场交易。（2）非独占性。许多实物期权不具备所有权的独占性，即它可能被多个竞争者共同拥有，因而是可以共享的。对于共享实物期权来说，其价值不仅取决于影响期权价值的一般参数，而且还与竞争者可能的策略选择有关。（3）先占性。先占性是由非独占性所导致的，它是指抢先执行实物期权可获得的先发制人的效应，结果表现为取得战略主动权和实现实物期权的最大价值。（4）复合性。在大多数场合，各种实物期权存在着一定的相关性，这种相关性不仅表现在同一项目内部各子项目之间的前后相关，而且表现在多个投资项目之间的相互关联。

19.3 实物期权价值的影响因素

19.3.1 竞争因素的影响

吴建祖、宣慧玉（2006）的研究表明，竞争促使企业提前进行 R&D 投资，从而削减了企业 R&D 等待期权的价值；市场需求的不确定程度越大，投资成本越高，企业越晚投资；而先动优势越大，企业越早投资；在不确定的竞争环境中，企业选择其最优的 R&D 投资时机时，将面临等待以获得期权价值和抢先投资以获得先动优势之间的权衡。格伦德（Grenadier, 2002）指出，在竞争激烈的市场中期权价值由"企业联合组织"共同享有，期权的价值将低于垄断时的期权价值，并且在一般情况下，实物期权价值将随着产品市场中竞争者的数量的增加而非常迅速地降低。宁文昕、于明涛（2006）的研究认为由于企业资源的有限性和基于核心竞争力的考虑，企业不可能对所有成长期权都进行相应的投资。企业要根据自己的资源和发展战略去确定实施相应的期权类型，而放弃其他的期权，竞争的加剧必然会减少期权的价值，并根据格伦德（2002）的研究，先计算垄断情况下的整个行业的期权价值。安瑛晖、张维（2001）在对实物期权进行估价的同时，引入博弈分析，在两家竞争的市场情况下，经济租金可以由垄断租金（monopolyrents）转化为两家共享租金（duopoly rents）。在完全竞争和垄断竞争的市场情况下，不存在博弈分析，项目投资决策仅仅依赖于含实物期权的项目价值估价结果并追求利润最大化，也不存在博弈分析，而寡头竞争的情况下，在进行项目投资估价和决策时则必须考虑其他竞争者经营策略、经营状况以及经济租金的转化和竞争者进入后的期权变化问题，即必须引入博弈分析方法。雷星晖、李来俊（2004）、杨勇、达庆利（2005）等结合实物期权方法和博弈论的期权博弈方法评价双寡头垄断的市场结构下企业 R&D 投资决策问题，分析了两家实力均衡的企业在进行研发投资决策时可能采取的策略。

在没有竞争的情况下，投资机会是专有的，投资者只需考虑项目未来的收益和其中所包含的实物期权价值即可做出正确决策。但是，由于竞争的存在，还必须考虑竞争对项目价值，尤其是实物期权价值的影响。在管理层收购中部分实物期权是非独占性的，因此竞争的加剧必然会减少期权的价值。不同的投资外部性可能会带来不同的影响，这种影响在具有战略替代性的市场上（负的外部性）是负面的，会减少实物期权的价值；而在具有战略互补性的市场上（正的外部性）是正向的，会增加实物期权的价值。

19.3.2 企业自身因素的影响

在管理层收购中，存在许多实物期权，但是并不是所有的实物期权对企业发展和价值形成都具有重要的作用，只有那些符合企业发展战略、具有竞争价值和潜力而且能够带来竞争优势的投资机会和决策选择权才能够给目标企业的发展起到积极的作用。在某些相对于竞争对手处于弱势的投资机会可能会给企业的发展带来不利的影响，因此，管理层和目标企业要根据自己的资源和发展战略去确定实施相应的期权类型，而放弃其他的期权。另一方面，管理层和目标企业是否有足够的资源来利用所有理论上可以利用的期权呢？回答是否定的，因为出于管理层收购目的、管理层自身能力、资本市场等环境条件的限制，管理层对收购中的时间延长、转换投资、战略整合等不可能进行无限制的选择，有限的公司资源不可能支撑无限的市场需求，更不可能在未来的每一个增长机会上进行"试验"。因此在价值评估中如何从中发现主要的实物期权，同时如何理清复合期权之间的相互关系，对于管理层收购中实物期权的价值评估至关重要，我们必须根据管理层收购的具体情况和企业的核心竞争力的要求进行相应的期权选择。

　　管理层首先应该对目标企业未来可能的投资机会、管理层收购中的决策灵活性、收购后相机处理企业资产和业务的机会进行分析，充分发现管理层收购中可能出现的实物期权及类型和性质，对所有的实物期权进行梳理，明确管理层收购以及企业自身发展过程中全部实物期权，并分析其特点、价值及依存条件，再根据收购的目的、收购后企业的发展战略、管理层自身的专业素质和管理能力、融资能力、资本市场的状况、企业的资源和核心竞争力、产品市场的状况等确定有价值的实物期权。如果一个决策灵活性的实物期权的存在，可以给管理层留下更广阔的决策空间，并且是管理层在现有或未来可预测状况下可实现的，是当前或未来可预测外部环境条件下可操作的，这样的决策柔性或相机资产处置的实物期权是适用的实物期权；如果一个目标企业的潜在的投资机会符合企业的发展战略，可以给企业增长搭建一个新的平台，如果这些新的市场机会能够给企业带来新的增长，同时企业又有能力进入这样的市场并在市场中保持自己的优势地位，那么这样的增长机会就可以定义为主要实物期权；如果由于竞争的存在等而使得收入的潜在增长没有增加，那么就不能把这一市场机会当作主要实物期权；如果在第二步中所确定的实物期权，已经被大量的有战略资产的竞争者所共享，那么我们就必须把这个实物期权取消。

19.3.3　考虑竞争因素及企业自身因素条件下管理层收购的投资价值

　　实物期权博弈投资战略分析方法的基本依据是建立在扩展的净现值最大化基础之上的。考虑竞争因素及管理层和目标企业自身条件影响时，不确定条件下竞争的管理层收购中目标企业的投资价值可以表示为：竞争条件下的投资价值 = 静态的投资价值 − 根据企业自身情况不能有效利用的实物期权的价值 − 竞争的影响

即：$V'_t = Va + Vs + C' + Vo'$ (2)

式中，V'_t 代表目标企业考虑到竞争因素和自身资源及发展战略调整后的投资价值；Va 代表管理层收购中目标企业自身现实价值；C' 代表管理层收购中目标企业考虑到竞争因素和自身资源及发展战略调整后的自身拥有的未来投资增长机会的价值；Vo' 代表管理层收购中考虑到竞争因素和自身资源及发展战略调整后的收购灵活性、收购后企业经营柔性产生的期权价值；Vs 代表管理层收购所创造的管理成本节约及战略整合效应价值。

19.4 管理层收购最优投资时机的期权博弈分析

现在以延迟期权为例分析竞争对管理层收购决策和实物期权价值的影响。当管理层拥有了收购企业的权利后，可以考虑等待、观察一段时间，等信息明确时再选择有利的时机进行收购，管理层拥有的这个可延迟的投资机会，就如同拥有一个标的物未支付红利股票的美式看涨期权，也就是说他可以在项目所允许的延迟期内，选择最佳的投资点，而不必马上做出投资与否的决定，这就是管理层在收购中所拥有的延迟期权。延迟期权的作用在于，在投资机会有效期内等待一定的时间，等待是否有对管理层收购决策产生重大影响的信息，以便做出更优的决策。

假设管理层对企业实施收购所要支付的收购成本为 I，企业是风险中性的，收购是不可逆的，无风险利率为 r，管理层收购实施后，目标企业的投资价值 $V(t)$ 服从几何布朗运动：

$$dV(t) = \alpha V(t) + \sigma V(t) dz \quad (3)$$

其中，V 是目标企业的投资价值，$V(t)$ 表示在时刻 t 进行投资目标企业的投资价值，α 是期望增长率，σ 是瞬时波动率，dz 是标准的维纳过程增量，$dz = \varepsilon t dt, \varepsilon t \sim N(0,1)$。

19.4.1 垄断情形下的最优投资时机分析

按照传统的 NPV 法，当 V > I 时，应当投资；当 V < I 时，应当放弃

投资。但在考虑存在实物期权的情况下，V 往往是不确定的，所以，投资决策就需要找出最优投资临界点 Vm 和管理层收购的最优投资时机。当管理层处于独占地位时，即不存在竞争对手抢先投资威胁的情况下，管理层收购的最优投资决策，根据实物期权理论，是一个最优停止问题，即存在某个投资临界值 Vm，当 V≤Vm 时，等待是最优的；当 V≥Vm 时，投资是最优的，相应的最优投资时机 Tm 为 V 首次到达 Vm 的时刻，即Tm = inf (t| V≥Vm)。由于投资时机本身是与投资临界值相关的随机变量，在下面的讨论中，我们将只给出有关的投资临界值，不再给出相应的最优投资时机。

假设延迟期权的价值为 F(V)，根据资本市场均衡条件：
$$rF\mathrm{d}t = E(\mathrm{d}F)$$

式中 E 为期望收益，即延迟期权的价值在单位时间的期望变化等于资本量为 F 的无风险收益，由伊藤引理可知：
$$\mathrm{d}F = F'(V)\mathrm{d}V + F''(V)(\mathrm{d}V)^2 \tag{4}$$

整理得到：
$$E(\mathrm{d}F) = \alpha V F'(V)\mathrm{d}t + \sigma^2 V^2 F''(V)\mathrm{d}t$$

两边同除以 dt 得到微分方程：
$$\alpha V F'(V) + \frac{1}{2}\sigma^2 V^2 F''(V) - rF = 0 \tag{5}$$

这个方程为一个二阶齐次线性方程式，在最优投资临界点 Vm，该方程必须满足：
$$F(0) = 0 \tag{6}$$
$$F(Vm) = 1 \tag{7}$$
$$F'(Vm) = 1 \tag{8}$$

其中式（6）表示当管理层收购中目标企业的投资价值为 0 时，拥有这个项目的期权也为 0，式（7）表示价值匹配条件（value matching），即期权的价值必须等于通过执行期权获得的净值，Vm 投资最优时的管理层收购项目的价值，式（8）表示平滑粘贴条件（smooth pasting），即连续平滑。

其解为：
$$F(V) = AV^{\beta_0}$$

其中，$A = V_m^{(1-\beta_0)}/(r-\alpha)^{\beta_0}$

β_0 为下列方程的正根：

$$\frac{1}{2}\alpha^2\beta^2 + \left(\alpha - \frac{1}{2}\sigma^2\right)\beta - r = 0 \tag{9}$$

可以得到管理层收购前后的投资收益 E 和投资临界值 Vm：

$$E = (V/Vm)^{\beta_0}[Vm/(r-\alpha) - I], \quad V \leqslant Vm \tag{10}$$

$$E = V/(r-\alpha) - I, \quad V \geqslant Vm \tag{11}$$

$$Vm = \beta_0(r-\alpha)I/(\beta_0 - 1) \tag{12}$$

按照传统的 NPV 法，当 V＞I 时，应当投资；当 V＜I 时，应当放弃投资，即 Vnpv。由式（9）可以证明 $\beta_1 > 1$，因此，Vm＞I，即实物期权理论中的最优投资临界值 Vm 应大于传统 NPV 法的最优投资临界值 Vnpv，实物期权方法与投资净现值比较，导致投资阈值提高。这说明，在不确定条件下，由于存在等待的期权价值，管理层有动力延迟收购投资。

投资决策规则为：当管理层收购中目标企业的投资价值超过投资成本一定幅度（到达 Vm）时才进行投资，换言之，$x = \max\{V - Vm, 0\}$，如果 $x \geqslant 0$，则进行投资决策，反之，继续等待，即继续持有期权，因为延迟收购的机会即期权拥有价值。

19.4.2 竞争情况下投资战略分析

当管理层要对目标企业实施收购时，可能有其他的投资者出于战略投资或产业发展的需要等已经对该目标企业产生兴趣，特别是在中国国有企业目前正在推动的产权制度改革中，为民营企业、外资企业实施并购、迅速扩大规模提供了一个有力的平台，随着资本市场的发展，企业的资本运作意识增强，通过并购实现迅速扩张案例每年在大量增长。因此管理层收购同样可能面临着竞争。

为了研究方便，假设企业管理层在目前市场上存在一个竞争对手，有意收购目标企业，两者中先投资实施收购者将得到收购机会，另一方同时失去该投资机会，成功的收购方获得所有可能的利润。目标企业原股东在选择股权转让对象时无明显偏好，并且，任何一方实施收购均可取得收购成功，企业的决策符合理性预期，即企业行为的出发点是以最少的投入获得最大的利益。

19.4.3 完全信息条件下的最优投资时机

假设管理层完全知道竞争对手对目标企业的评价，在所有参与者当前收购价值给定的前提下，管理层的策略是指在当前无人投资的情况下，他是否投资。

(1) 管理层与竞争对手对目标企业期望价值和收购成本完全相同时。当管理层与竞争者对目标企业的期望价值完全相同时，即 $V = V_C, I = I_C$，可以证明在条件对称时，纳什均衡策略也是对称的，临界值（设为 VN）（N 代表 Nash）对所有参与者来说都是相同的。当 $V = V_C, I = I_C$，所有参与者的均衡策略是唯一的，即 VN = I。

当管理层与竞争者对目标企业的期望价值完全相同时，如果被竞争对手抢先投资，就意味着丧失整个项目的价值，在这种情况下，投资变成了一个 now or never 的机会问题。在这种情况下，当管理层对目标企业期望价值大于收购成本的情况下，管理层的最优决策是立即投资。此时，管理层收购所拥有的延迟期权的价值为 0。相对于传统的投资评价方法，期权价值趋向于导致投资延迟，但在行动失败（被竞争对手抢先投资）的极端的状况下，延迟期权的价值完全消除，在这个意义上讲，抢先行动的激励是与期权价值直接相矛盾的。

(2) 管理层与竞争者对目标企业期望价值和收购成本并不完全相同时。现在假设管理层与竞争者对目标企业期望价值和收购成本并不完全相同，那么如果一方对目标企业的期望价值在对方之前超过 I，该公司的投资回报就为正值。

在完全知道竞争者对项目评价前提下，唯一的纳什均衡策略是：

延迟，$if\ V < I$

延迟，$if\ I < V < Vm$ and $V < Ic$

收购，$if\ I < V < Vm$ and $Vc \geqslant Ic$

收购，$if\ V \geqslant Vm$

表明当管理层对收购的期望价值超过临界值而竞争对手没有到达相应的临界值时，管理层可以推迟收购。然而当竞争对手的期望回报为正时，非合作竞争使得管理层在这之前进行投资。

19.4.4 不完全信息条件下的最优投资时机

假设管理层关于竞争对手的信息是不完全的，管理层不知道竞争对手抢先投资的临界值 V_{cp} 的值，只知道 V_{cp} 是服从分布 $Y(x)$ 的独立随机变量。换句话说，管理层不知道竞争对手的抢先投资时机，但可以按某个概率分布对此做出推测。$Y(x)$ 是累积概率函数，$0 \leq Y(x) \leq 1$ 且单调递增，并且在分布区间 $[VL, VU]$ 上，$Y(x)$ 具有连续可导的概率密度函数 $y(x) = Y'(x)$。

由于管理层推测只有期望价值 V 首次到达某个临界值 V_p 时，竞争对手才投资，所以，当 V 在时刻 t 到达某个新的更高的值 V' 时，管理层通过观察竞争对手的投资行为获得有关竞争对手的最新信息。具体讲，如果此时竞争对手投资，则其临界值就是当前值 V'。如果此时竞争对手没有投资，则管理层知道竞争对手的投资临界值是介于当前值 V' 和分布区间上界 VU 之间的一个值，即 $V_{2P} \in [V', VU]$。根据贝叶斯法则，此时管理层对竞争对手投资临界值 V_{2P} 分布的条件推测为：

$$Y(V_{2P}|V') = P\{V \leq V_{2P}|V \geq V'\} = [Y(V_{2P}) - Y(V')]/[1 - F(V')] \tag{13}$$

$$V' = \sup_{0 \leq \tau \leq t}[V(\tau)] \tag{14}$$

由式 (11) 可知，$Y(V_{2P}|V')$ 为管理层推测的投资临界值为 V_{2P} 的竞争对手在未来 ($V \geq V'$) 继续持有期权 (不投资) 的可能性。相应地，$1 - Y(V_{2P}|V')$ 为管理层推测的竞争对手在未来抢先投资的可能性。为了反映管理层对竞争对手在 V_{2P} 处瞬时抢先投资威胁程度的推测，我们定义危险率 (hazard rate) $h(V_{cp}|V')$ 为：

$$h(V_{2P}|V') = \lim_{\varepsilon \to 0} P\{V_{2P} \leq V \leq V_{2P} + \varepsilon | V \geq V'\}\varepsilon = y(V_{2P})/[1 - Y(V_{2P})] \tag{15}$$

在给定竞争对手投资临界值的分布 $Y(x)$ 后，危险率 $h(V_{2P}|V')$ 表示管理层推测的竞争对手在临界值 V_{2P} 处抢先投资的可能性。注意到，由于 $V_{2P} \geq V'$，所以，$h(V_{2P}|V') = h(V_{2P})$，即危险率 $h(V_{2P}|V')$ 与 V' 无关，而只与分布 $Y(x)$ 和投资临界值 V_{2P} 有关。也就是说，管理层对竞争对手在 V_{2P} 处抢先投资可能性的推测，只与它对竞争对手投资临界值 V_{2P} 的推测有关，而与 V 的当前值 V' 无关。

由于管理层需要随时根据新的更高的 V' 值来更新对竞争对手投资临界值 V_{2P} 的推测，并据此做出自己的投资时机决策，因此，不难知道，管理层的收益 V_{1P} 也是 V' 的函数，即 $V_{1P} = V_{1P}(V, V')$。而且，管理层要确保抢在竞争对手之前投资，就必须有 $V_{1P} < V_{2P}$，其中，V_{1P} 为管理层的抢先投资临界值。由式 (14) 可知，V' 是一个跳跃的单调递增的变量，其值域为一个递增的序列。当 $V' \leq Y \leq V_{1P}$ 时，在 V' 保持不变的区域，即

不考虑 V' 的情况下，根据标准的实物期权模型，E_{1P} 满足如下微分方程：

$$\frac{1}{2}\sigma^2 V^2 E''_{1P}(V, V') + \alpha E'_{1P}(V, V') - r E_{1P}(V, V') = 0 \quad (16)$$

并且满足如下边界条件：

$$E(V_{1P}) = V_{1P}/(r-\alpha) - I$$

$$\lim_{Y \to 0} E(V, V) = 0$$

根据风险中性条件，管理层在 V' 处的收益 $\partial E(V, V')/\partial V'$ 应该等于它被竞争对手抢先的期望损失，后者为投资收益与危险率的乘积，即 $E(V, V') h(V')$，因此，结合式（15），我们有：

$$\partial E(V, V')/\partial V' = E(V, V') \times \partial Y(V')/\partial V'/[1 - Y(V')]$$

结合上述边界条件，求解式（16），可得：

$$E_{1P}(V, V') = (V/V_{1P})^{\beta_0} [V_{1P}/(r-\alpha) - I] \times [1 - Y(V_{1P})]/[1 - Y(V')]$$
$$(17)$$

为了求管理层的投资临界值 V_P，我们对式（15）关于 V_P 求导并令其等于零，得：

$$1/(r-\alpha) - \beta_0/V_{1P} \times [V_{1P}/(r-\alpha) - I] - y(V_{1P})/[1 - Y(V_{1P})]$$
$$\times [V_{1P}/(r-\alpha) - I] = 0 \quad (18)$$

根据危险率定义，将 $h(V_{1P}) = y(V_{1P})/[1 - Y(V_{1P})]$ 代入式（18），整理可得：

$$V_P^2 + [(\beta_0 - 1)/h(V_P) - (r-\alpha)I]V_P - \beta_0/h(V_P)$$
$$\times [V_p(r-\alpha)I] \quad (19)$$

求解方程（17），即可得到管理层的投资临界值 V_{1P}。

下面，我们来证明方程（17）有解，并分析 V_{1P} 与 Va 和 Vm 的关系。令方程（17）的左边等于函数 $g(V_{1P})$，由于 $h(V_{1P}) > 0$，结合式（3）和（4），可知 $g(0) < 0$，$g(Vm) > 0$，$g(Va) < 0$，从而，二次方程（14）存在唯一的正根 V_{1P}，且

$$Vnpv \leq V_{1P} \leq Vm \quad (20)$$

由此可知，企业 1 的投资临界值 V_{1P} 介于收购成本和垄断情型下投资临界值 Vm 之间。这表明，不完全信息减缓了竞争对管理层收购投资等待期权价值的侵蚀，使得管理层即使在面临竞争对手抢先投资威胁的情况下，等待而非立即投资仍然是有价值的。换句话说，不完全信息延缓了企业的投资。

19.5 竞争条件下管理层收购中目标企业投资价值及决策步骤

通过上面的分析可以看出,管理层收购中的实物期权价值评估首先要强调竞争和战略分析,然后进行相应的数学计算和科学决策,只有这样我们才能得出一个比较合理的评估价值。

第一步:分析管理层收购中所包含的实物期权及其种类。对目标企业未来可能的投资机会、管理层收购中的决策灵活性、收购后相机处理企业资产和业务的机会进行分析,充分发现管理层收购中可能出现的实物期权及类型和性质。

第二步:利用战略分析确定主要实物期权。根据管理层收购的目的及收购后企业的发展战略和方向,结合收购过程中潜在的竞争对手及目标企业所在的行业竞争环境和企业核心竞争力的分析,得出哪些实物期权可以给管理层的投资及企业带来最大化的价值,在现有的可利用资源情况下,管理层和目标企业有没有能力执行这样的期权。根据战略分析,确定企业的主要实物期权。

第三步:进行竞争分析,确定竞争者的交互作用对实物期权价值的影响。对管理层收购过程中及收购完成后潜在市场中竞争者的数量、实力等情况,进行期权博弈分析,分析在各种可能的竞争状况下管理层收购中期权的价值将会受到怎样的影响,管理层和目标企业在不同状况下应该采取怎样的最优投资策略。

第四步:计算在竞争状况下实物期权的价值。根据上述分析,针对不同的实物期权采用不同的方法和公式计算出可被管理层和目标企业利用的每个实物期权的价值,再计算出所有实物期权的价值

$$Vo' = \sum_{i=1}^{n} Vci \tag{21}$$

第五步:计算管理层收购中目标企业的投资价值。

第六步:根据步骤五中计算的投资价值和步骤三的博弈分析做出科学的投资决策。

投资价值分析及决策步骤如图 19-1 所示。

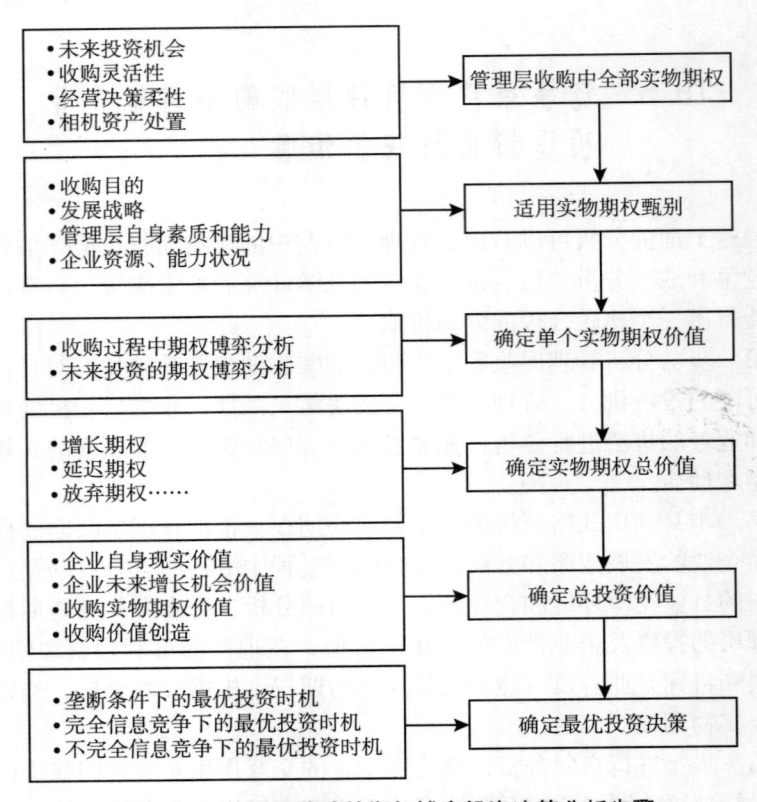

```
┌─────────────────────┐
│ •未来投资机会       │
│ •收购灵活性         │──→ ┌──────────────────────┐
│ •经营决策柔性       │    │ 管理层收购中全部实物期权 │
│ •相机资产处置       │    └──────────────────────┘
└─────────────────────┘                │
                                       ↓
┌─────────────────────┐    ┌──────────────────────┐
│ •收购目的           │    │ 适用实物期权甄别      │
│ •发展战略           │──→ └──────────────────────┘
│ •管理层自身素质和能力│                │
│ •企业资源、能力状况 │                ↓
└─────────────────────┘    ┌──────────────────────┐
                           │ 确定单个实物期权价值  │
┌─────────────────────┐──→ └──────────────────────┘
│ •收购过程中期权博弈分析│              │
│ •未来投资的期权博弈分析│              ↓
└─────────────────────┘    ┌──────────────────────┐
                           │ 确定实物期权总价值    │
┌─────────────────────┐──→ └──────────────────────┘
│ •增长期权           │                │
│ •延迟期权           │                ↓
│ •放弃期权……        │    ┌──────────────────────┐
└─────────────────────┘    │ 确定总投资价值        │
                           └──────────────────────┘
┌─────────────────────┐──→             │
│ •企业自身现实价值   │                ↓
│ •企业未来增长机会价值│    ┌──────────────────────┐
│ •收购实物期权价值   │    │ 确定最优投资决策      │
│ •收购价值创造       │    └──────────────────────┘
└─────────────────────┘

┌─────────────────────────┐
│ •垄断条件下的最优投资时机│
│ •完全信息竞争下的最优投资时机│──→
│ •不完全信息竞争下的最优投资时机│
└─────────────────────────┘
```

图 19-1 管理层收购的期权博弈投资决策分析步骤

19.6 结 束 语

在管理层收购中，存在许多实物期权，对企业发展和价值形成具有重要的作用，但是由于企业资源、能力及管理层收购目的、管理层自身能力、资本市场等环境条件的有限性，企业不可能对所有期权都进行相应的投资，管理层应该根据收购的目的、收购后企业的发展战略、管理层自身的专业素质和管理能力、融资能力、资本市场的状况、企业的资源和核心竞争力、产品市场的状况等确定有价值的实物期权，而放弃其他的期权。当管理层处于独占地位时，目标企业的投资价值超过投资成本一定幅度（到达 Vm）时才进行投资；当存在竞争时，要根据竞争对手的情况，进行期权博弈分析，分析在各种可能的竞争状况下管理层收购的最优投资决策，确定实物期权的价值。

参考文献

1. 安瑛晖、张维：《期权博弈理论的方法模型分析与发展》，载《管理科学学报》，2001年第2期，第38~431页。

2. 雷星晖、李来俊：《竞争环境下基于期权博弈的R&D投资决策研究》，载《管理科学》，2004年第17期。

3. 吴建祖、宣慧玉：《不完全信息条件下企业R&D最优投资时机的期权博弈分析》，载《系统工程理论与实践》，2006年第4期，第50~54页。

4. 宁文昕、于明涛：《实物期权理论在高新技术企业价值评估中的应用》，载《工业技术经济》，2006年第1期，第90~93页。

5. 王五祥、李松、刘冰：《不确定条件下投资战略期权博弈分析》，载《西安电子科技大学学报（社会科学版）》，2006年第3期，第36~38页。

6. 杨勇、达庆利：《R&D投资评价的期权博弈方法应用研究》，载《东南大学学报（哲学社会科学版）》，2005年第7期，第51~54页。

7. 孟力、张青新：《竞争条件下公司最优投资策略纳什均衡分析》，载《数学的实践与认识》，2005年第5期，第44~48页。

8. 黄见柏、扶缚龙、熊凌云：《策略互动条件下实物期权评估方法的应用》，载《科技进步与对策》，2006年第5期，第133~135页。

9. 张润东、吴育华：《基于实物期权博弈的企业技术创新投资策略的研究》，载《科学管理研究》，2005年第6期，第25~28页。

10. 孟力、孙威：《期权博弈理论在房地产投资决策中的应用》，载《沈阳工业大学学报》，2006年第2期，第102~106页。

11. Dixit A, Pindyck R S., Investment under uncertainty, Canbride：Princeton University Press. 1994.

12. Lambrecht B, Perraudin W., Real options and preemption under incomplete information, Journal of Economic Dynamics & Control, 2003, 27 (4)：619–643.

第20章

基于实物期权方法的管理层收购中企业价值评估

管理层收购（MBO，Manage Buy-out）是指企业的管理者或经理层利用自有或借贷所融资本购买本企业的股份，从而改变企业所有权结构、控制权结构和资本结构，进而重组企业并获取预期收益的一种收购行为。实施管理层收购的核心问题是定价问题，而企业的价值评估是定价的基础。传统的企业价值评估方法没有考虑到企业未来增长机会、收购灵活性、收购后企业经营柔性产生的期权价值和管理层收购所创造的价值，因此，不能准确衡量企业的价值。管理层收购作为企业战略并购的一种特殊方式，具有一定的期权特征。本章采用实物期权方法从交易双方的角度研究管理层收购中的企业价值评估模型，首先介绍企业自身价值评估的实物期权方法，随后对企业的投资价值进行分析计算，最后形成企业价值评估的整体框架。

20.1 企业的价值区间及其确定

目前，在我国已经实施的管理层收购中，一般采用的是净资产定价法，即对目标企业的资产进行评估，以评估后的净资产为基础，综合考虑职工安置、债务承担等因素，由转让双方协商确定转让价格。净资产定价法的计算依据直接来自于企业财务报表的数据资料，具有客观性强、计算简单、资料易得等特点，但以净资产定价有着不可逾越的缺陷：其一，净资产的计算很大程度上取决于公司选择的会计政策，容易被操纵；其二，净资产并不能反映企业的未来盈利能力，它反映的是历史成本；其三，由于当前会计核算的局限，某些无形资产，如客户关系、自创的商誉等未能在资产负债表上反映出来。另一方面，企业资产评估后给出的净资产值是一个确定的、具体的数值，而非一个数值区间，这种缺乏弹性的评估结论使得其在定价时的实用性、可操作性及可信度大打折扣。管理层收购作为企业战略并购的一种特殊方式，科学的定价方法应选择适当的评估方法从交易双方的角度对企业的自身价值和战略投资价值分别进行全面的评估，形成一个合理的价值区间，以此价值区间为基础，结合转让双方的谈判能力及管理层收购实施的实际情况具体确定转让价格。

20.1.1 企业的自身价值和投资价值

企业的自身价值是指企业的内在价值，是从企业的角度提出的，从财务角度出发的公司价值。目标企业的投资价值是指收购方在特定环境与投资要求下的价值，这种价值包括了特定的战略收购者通过收购取得的战略整合和综合收益，又称战略价值或期望价值。同样的目标企业对不同的战略收购者具有不同的投资价值，因为不同的收购者得到的收购收益不同。企业的投资价值超出自身价值的部分是企业控制权价值。企业控制权之所以具有价值，是因为持有大宗股权的股东可以得到与其所持股份不相称的超额收益。管理层收购的主要目的之一就是获得企业的控制权，因此，合理的管理层收购的定价应该包括控制权的价值。

20.1.2 管理层收购中企业的价值区间

管理层收购中企业价值区间的下限，是转让方即原股东能够接受的最低价格，低于此价，原股东不会出售企业。企业价值区间的上限，是从收购方管理层的角度提出的，是指管理层愿意支付的最高价格，高于此价，管理层不会收购目标企业。假设企业的自身内在价值为 TV，投资价值为 V_1，转让价格为 P。从转让方原股东的角度看，只有 $P \geq TV$ 时，原股东才有可能出售其所持有的企业的股权，低于企业的自身内在价值，原股东不会出售企业。因此，企业的自身价值构成了价值区域的下限。从受让方管理层的角度看，当价格离目标企业自身价值越远，离其投资价值越近，交易对管理层就变得越没有吸引力，因为，以接近于投资价值的价格收购，要求收购方必须充分取得所有预期的收益，而且必须及时获得预期的价值，同时，收购价格越接近收购方的投资价值，则该收购为管理层创造的价值就越少，允许管理层犯错误的可能性也越小，当转让方要价太高时，管理层最好的选择就是拒绝这笔交易，转而寻找具有更大的创造价值潜力的企业，因此，只有 $P \leq V_I$ 时，管理层才会收购目标企业，这样，企业的投资价值构成了价值区间的上限。故企业的价值区间为：$TV \leq P \leq V_I$

20.2　管理层收购中企业自身价值的确定

20.2.1　基于现金流折现法的企业现实资产价值的评估

传统的企业价值评估方法主要有三类，一是以资产价值为基础的成本法，如账面价值调整法、清算价值法和重置成本法等；二是以交易乘数为基础的市场法，又称相对价值法，是以市场上类似企业的相关指标为基础估算企业价值，如市盈率法，托宾 Q 值法等；三是以未来盈利为基础的收益法，包括现金流贴现法、利润贴现法、红利贴现法、EVA 法等。现金流折现法是以企业过去的历史经营情况为基础，将企业所有的资产在未来继续经营的情况下产生的预期收益，按照设定的折扣率折算成现值作为企业价值，被认为是最为科学的企业价值评估方法，是世界著名的咨询公司麦肯锡公司推荐的企业价值评估的最佳方法，用公式表达为：

$$Va = \sum_{i=1}^{n} FCFt/(1+WACC)^t + Vn/(1+WACC)^n \qquad (1)$$

式中，Va 表示企业自身的现实价值；$FCFt$ 表示各年份的自由现金流量；$WACC$ 表示贴现率或加权平均资本成本；Vn 表示战略期末目标企业的现金流量（或说为终值）；n 表示预测期。

20.2.2 企业自身的期权价值的评估

斯特沃特·迈尔斯（Stetwart Myers，1977）指出一个企业的价值包括"现实资产"的价值，再加上一个对未来投资机会的选择，由 DCF 方法得到的价值只是企业价值的一部分，另一部分则是代表未来增长机会的实物期权价值。这主要是因为目标企业在管理层收购实施前作为一个独立的企业，必然拥有一些投资机会，这也相当于目标企业拥有这样一种权利，在将来的某一时段内，支付一定的投资费用而得到投资收益，企业可以根据有效期内项目投资形势的好坏来决定执行或放弃这种权利。

根据 Black-Scholes 期权定价公式（Black-Scholes，1973），企业自身的期权价值为：

$$C = S N(d_1) - Ke^{-r(T-t)} N(d_2) \tag{2}$$

其中：

$$d_1 = [\ln(S/K) + (r + \sigma^2/2)T]/\sigma(T-t)^{1/2}$$
$$d_2 = [\ln(S/K) + (r - \sigma^2/2)T]/\sigma(T-t)^{1/2} = d_1 - \sigma(T)^{1/2}$$

在上式中，C 表示企业自身的期权价值；S 表示标的物的价格，即投资产生的现金流量的折现值；$N(x)$ 表示标准正态分布的累计概率分布函数；K 表示期权的协定价格，即项目的投资支出；e 是自然对数之底的近似值 2.71828；r 表示无风险利率；T 表示期权的有效期，即在不丧失投资机会的前提下，投资决策可能推迟的最长时间；$\ln(x)$ 表示自然对数；σ 表示标的资产收益的波动性，即投资收益的不确定性。

20.2.3 基于实物期权方法的企业自身价值的计算

在考虑了企业自身增长机会的评估体系下，企业自身的价值由两部分组成，一部分是由 DCF 方法得到的价值，另一部分则是代表未来增长机会的实物期权价值。

即：$TV = Va + C$ \qquad(3)

式中：TV 表示企业的自身价值；Va 表示企业现实资产价值；C 表示企业自身的期权价值。

20.3 管理层收购中企业投资价值的确定

20.3.1 管理层收购的期权价值确定

1. 管理层收购的期权特征分析。管理层收购作为一种战略投资行为，具有一定的期权特征，表现为管理层在收购过程中所获得的实物期权。开始时，管理层要做出是否收购的决策，这一决策可能带给管理层取得企业控制权、充分施展个人才能、获取企业剩余索取权及整合业务改善管理的机会，可以看作增长期权，管理层可以通过收购投资执行期权。管理层一旦做出要收购的决策，就拥有了这一收购的买权，可以得到收购收益。当管理层拥有了收购企业的权利后，可以考虑等待、观察一段时间，等信息明确时再选择有利的时机进行收购，这表现为延迟期权。在有效期内，如果市场状况非常差以至于执行收购对管理层反而不利时，管理层可以放弃该项收购，即拥有放弃期权。收购活动实施后，管理层拥有的相机处理目标企业资产的权利，也可以视为实物期权。比如，管理层有权终止企业的已有项目，延缓到市场行情较好的时候进行开发，这表现为悬置期权。管理层可以根据形势的发展，在多种决策间进行选择：当有利情况出现、投资的产出和市场状况比预期好的时候，不同程度地对目标企业追加投资；反之，则缩减投资，这表现为投资规模变动期权；管理层还有权根据目标企业的优势，更为有效地运用目标企业资源，这表现为变换期权。如果并购后整合的情况相当差或者当存在良好的套利机会时，管理层甚至可以在适宜的时机，将资产出售或者包装上市，以获取更多的收益，减少收购的损失，这表现为放弃期权。

事实上，管理层收购的投资决策，从准备收购到收购实施再到战略整合以及后期投资或转让出售等，决策信息是一个随着时间推移不断积累的过程，投资决策往往要分阶段进行，每一阶段的投资时间及投资额都取决于前一阶段的投资成果。在准备阶段，管理层根据所掌握的信息与有关股东接触，就管理层收购实施的可行性进行分析论证，在对公司现状、发展前景、实施管理层收购后的战略调整、投资收益及收购资金的来源等情况进行了充分论证并取得股东及政府相关部门的支持和批准后，管理层取得了收购企业的权利；在取得收购的资格和权利后，管理层可以根据市场行情、政府政策导向等选择有利时机与企业原股东商定转让价格、融资、组织交易以及办理产权过户等实施收购；在管理层支付收购价款取得目标企业的控制权后进入战略整合阶段，根据企业的发展战略对企业的资源和业务进行重新分配和调整，根据战略整合情况决定增加投资或出让退出。企业的投资价值，不仅取决于初始准备阶段所产生的现金流入，还取决于由于收购实施阶段及后续战略整合阶段投资机会的价值，即以一个管理层收购的机会开始，以此购买了实施管理层收购的期权，进而以此购买了一个战略整合的期权，这就是说，后一个期权是在前一个期权的基础上产生的，这样就构成了一个复合期权。由于彼此间的相关性，后续期权的存在会改变前面期权的价值，因此，复合期权的价值不是孤立的、单个实物期权的价值或者它们价值的简单相加。

2. 基于复合实物期权模型的管理层收购期权价值的计算。管理层收购的投资决策，从准备收购到收购实施再到战略整合，每个阶段都可以看作下一个阶段的看涨期权，这样就构成了一个复合看涨期权。现以看涨期权为例来计算管理层收购中所存在的复合期权的价值（见图20-1）。图20-1中，在 t_0 时刻对准备阶段的投资 K_0 将获得实施管理层收购的机会，从而形成了第一个看涨期权，其到期时间为 t^*，执行价格是在实施阶段所需的投资 K^*。如果在 t^* 时刻，第一个期权被执行，即实施阶段的投资通过评估达到预期的效果，投资成功，这将获得在 T 时刻进入战略整合阶段的投资机会，从而形成了第二个看涨期权，其到期时间是 $(T-t^*)$，执行价格是对战略整合阶段的投资 K。由于这里存在两个期权，且第一个期权导致了第二个期权的产生，所以它是一个复合期权。只有当第二个期权的价值大于第一个期权的交割价格时，复合期权可在第一个到期日执行。

准备阶段	实施阶段	战略整合阶段
$t_1 K_1$	$t^* K^* F_C$	TKF

图20-1 管理层收购各阶段示意图

在复合期权到期日 t^* 使得标的买权的价值等于复合期权执行价格 K^* 的标的资产价格时，标的资产价格 F_C 为第一个看涨期权被交割时项目的临界值，即 F_C 满足：

$$F_C e^{-\delta(T-t^*)}N(d_1') - K e^{-r(T-t)}(d_2') = K^* \quad (4)$$

式中，$d_1' = [\ln(F_C/K) + (r - \delta + \sigma^2/2)(T - t^*)]/\sigma(T - t^*)^{1/2}$；$d_2' = d_1' - \sigma(T - t^*)^{1/2}$；$N(.)$ 为单维正态分布的累计概率分布函数；σ 为描述不确定性的波动率；r 表示无风险利率；δ 为股利支付率。此式是一个非线性方程，可通过迭代方法解出 F_C。

对于复合期权买方，在该复合期权到期时，如果 F 大于 F_C，标的期权的价值大于 K^*，看涨期权的看涨期权将被执行，而看涨期权的看跌期权将被放弃。反之，如果 F 小于 F_C，标的期权的价值小于 K^*，看涨期权的看涨期权将被放弃，而看涨期权的看跌期权将被执行。

假设管理层收购的价值遵循一般的几何布朗运动，并且考虑到类似股利支付率的滞后影响，即生产与销售产量价值比，则评价该复合实物期权可利用盖斯克模型：

$$Vo = Fe^{-\delta(T-t^*)}M(a, b, \rho) - K e^{-r(T-t)}M(a - \sigma(t-t^*)^{1/2}, b - \sigma(T-t)^{1/2}, \rho) - K^* e^{-r(t^*-t)}N(a - \sigma(t-t^*)^{1/2}) \quad (5)$$

式中：$a = [\ln(F/F_C) + (r - \delta + \sigma^2/2)(t^* - t)]/\sigma$；$b = [\ln(F/K) + (r - \delta + \sigma^2/2)(T - t)]/\sigma$；$M(a, b, \rho)$ 为第一个变量小于 a，第二个变量小于 b，而变量之间相关系数为 ρ 的标准二维正态分布的累计概率函数；$\rho = (t^* - t)/(T - t)$；F 为在 T 时刻进行整合后得到的现金流入的现值；F_C 为第一个看涨期权被交割时项目的临界值，即第二个期权价值等于第一个期权交割价格时项目的价值，可利用 Black-Scholes 模型计算；t 为任意时刻。

20.3.2 管理层收购的管理成本节约及战略整合效应价值的确定

1. 管理层收购的管理成本节约及战略整合效应分析。由于管理层收购所具有的降低代理成本、增强激励以及管理层收购后对企业战略调整，必然会促使企业提高经营效率、改善企业收益，这就是管理层收购的管理成本节约及战略整合效应。这种效应主要表现为以下四种基本形式：一是经营效率提高效应，表现为管理层收购实施后由于公司的业务整顿所带来的经营效果的提高和费用节约等；二是管理改善效应，表现为管理层自己成为企业的所有者时，受到强烈的产权激励而带来的管理效率的提高；三是财务效应，这种效应表现为公司投资活动更为审慎，有效利用资金，不断降低资金成本，提高资金利用效果；四是战略调整效应，表现为管理层取得企业的控制权后对企业进行战略调整、重新整合带来的资源充分利用、企业竞争能力的提高等。管理层收购的管理成本节约及战略整合效应经常是很多管理层收购的动机和原因，战略整合效应本身因为可以为企业带来更多的收益而具有价值，因此，在评估企业的投资价值时，应该考虑这部分潜在价值。

2. 管理成本节约及战略整合效应价值的确定。管理成本节约及战略整合效应的价值由管理层收购给企业带来的未来收益的增加值决定，可以采用改进的折现现金流模型计算：

$$V_s = \sum_{i=1}^{n} \Delta FCFt/(1 + WACC)^t \quad (t=1, 2, \cdots n) \tag{6}$$

式中，V_s 代表管理层收购管理成本节约及战略整合效应的价值；$\Delta FCFt$ 代表管理层收购后第 t 年由于管理成本节约及战略整合效应而产生的自由现金流增量；n 代表预测期；r 代表折现率。

（1）预测未来每年自由现金净流量增加值。即：

$$FCFt = EBIT + DEP - T - Ct \tag{7}$$

式中：$FCFt$ 为自由现金流量；$EBIT$ 表示息税前利润；DEP 表示折旧；T 表示所得税；Ct 表示资本性支出和营运资本的净增加，即资本需求；

增量现金流为：$\Delta FCFt = \Delta EBIT + \Delta DEP - \Delta T - \Delta Ct = \Delta St - \Delta Co - \Delta T - \Delta Ct$

这样，通过测算管理层收购实施后企业销售收入的增加额（增量现金流 ΔSt）、产品成本的降低额（ΔCo）、所得税的减少额（ΔT）和资本需求的减少额（ΔCt）可以得到增量现金流 $\Delta FCFt$。

（2）确定折现率（资本成本）。DCF 模型中的 WACC，体现的是收购方管理层的期望报酬率，也就是管理层收购投资的资金成本。

$$WACC = \lambda Ks + (1 - \lambda) \cdot K_b \cdot (1 - T) \tag{8}$$

式中：$WACC$ 为加权平均资本成本；Ks 为股东资本成本；K_b 为长期负债资本成本；T 为企业所得税率；λ 为股本占企业总资本的比重；$(1-\lambda)$ 为长期债务占企业总资本的比重。

Ks 可用资本资产定价模型（Capital Asset Pricing Model，简称 CAPM 模型）计算。

$$Ks = K_f + (Km - K_f) \cdot \beta \tag{9}$$

式中 K_f 为市场无风险报酬率；Km 为市场风险报酬率；β 为企业的风

险程度。

（3）预测年限。根据企业的行业情况、企业实施管理层收购前企业的经营及产品情况、管理层实施收购的目的、管理层收购实施后的战略整合方案等具体情况进行。

20.3.3 管理层收购中目标企业投资价值评估模型

综合上面的分析，管理层收购中的企业投资价值的评估模型为：

$$V_I = TV + Vo + Vs = Va + C + Vo + Vs$$

式中，V_I 代表企业的投资价值；TV 代表企业自身价值；Va 代表企业自身现实资产的价值；C 代表企业自身的实物期权价值；Vo 代表管理层收购的期权价值；Vs 代表管理层收购的管理成本节约及战略整合效应价值。

20.4 管理层收购中目标企业价值评估的整体框架

通过运用实物期权调整的现金流折现法得到了企业自身的内在价值，通过复合期权定价模型和改进的现金流折现模型确定了管理层收购的期权价值和管理成本节约及战略整合效应价值，两者构成了企业的价值区间，作为管理层收购中企业定价的基础和依据。通过以上分析，本章构建了管理层收购中企业价值评估的总体框架和思路，如图 20-2 所示。

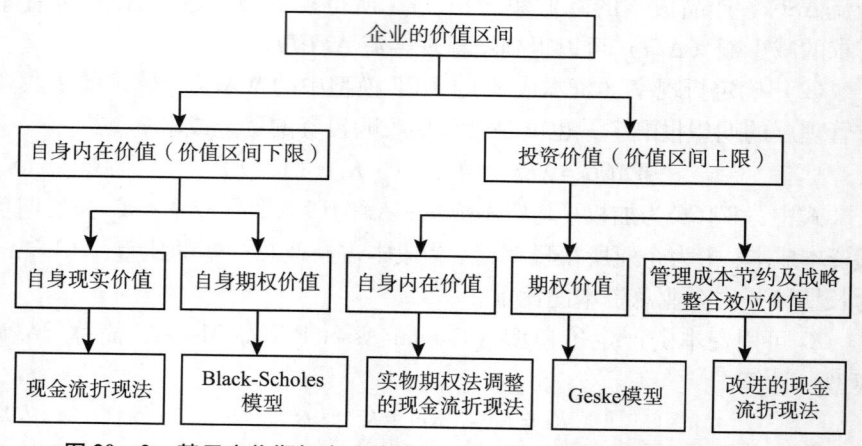

图 20-2 基于实物期权方法的管理层收购中企业价值评估的总体框架

参考文献

1. 齐安甜、张维:《实物期权框架下的企业并购价值评估》,载《系统工程学报》,2004年第4期。

2. 弗兰克·埃文斯、大卫·M. 毕晓普著,郭瑛英译:《并购价值评估——非上市并购企业价值创造和计算》,机械工业出版社2003年版。

3. 蒋顺才:《我国上市公司 MBO 定价问题研究》,载《上海会计》,2003年第11期。

4. 曹艳、孙彦琳等:《石油工程项目投资决策中复合期权模型的应用》,载《大庆石油学院学报》,2003年第4期。

5. 龚朴、何志伟:《复合期权理论方法及应用最新研究进展》,载《管理学报》,2004年第11期。

6. 殷仲民、杨莎:《基于实物期权方法的并购中目标企业价值评估》,载《经济管理·新管理》,2005年第16期。

7. Black F, Scholes M., The pricing of options and corporate liabilities, Journal of Political Economy, 1973, 81 (3): 637–659.

8. Jensen K, Warren P., The use of options theory to value research in the service sector, R&D Management, 2001, 31: 173–180.

9. Kestr W C., Turning Growth Options into Real Assets, In: R. Aggarwal (ed.), Capital Budgeting Under Uncertainty, Prentice Hall, 1993, 187–207.

10. Lee J, Paxson D A., Valuation of R&D real American sequential exchange options, R&D Management, 2001, 31: 191–201.

责任编辑：吕　萍　王　娟
责任校对：杨晓莹
版式设计：代小卫
技术编辑：邱　天

公司治理：理论与实证研究
徐向艺　著
经济科学出版社出版、发行　新华书店经销
社址：北京市海淀区阜成路甲 28 号　邮编：100036
总编室电话：88191217　发行部电话：88191540
网址：www.esp.com.cn
电子邮件：esp@esp.com.cn
北京汉德鼎印刷厂印刷
永胜装订厂装订
787×1092　16 开　15.75 印张　260000 字
2008 年 7 月第 1 版　2008 年 7 月第 1 次印刷
ISBN 978-7-5058-7314-8/F·6565　定价：27.00 元
（图书出现印装问题，本社负责调换）
（版权所有　翻印必究）